Réussir les épreuves d'économie-gestion
CAPET, CAPLP, Agrégation

Éditions Eyrolles
61, bd Saint-Germain
75240 Paris cedex 05

www.editions-organisation.com
www.editions-eyrolles.com

Le Code de la propriété intellectuelle du 1er juillet 1992 interdit en effet expressément la photocopie à usage collectif sans autorisation des ayants droit. Or, cette pratique s'est généralisée notamment dans l'enseignement provoquant une baisse brutale des achats de livres, au point que la possibilité même pour les auteurs de créer des œuvres nouvelles et de les faire éditer correctement est aujourd'hui menacée.
En application de la loi du 11 mars 1957, il est interdit de reproduire intégralement ou partiellement le présent ouvrage, sur quelque support que ce soit, sans autorisation de l'Éditeur ou du Centre Français d'Exploitation du Droit de copie, 20, rue des Grands-Augustins, 75006 Paris.

© Groupe Eyrolles, 2007
© Éditions Eyrolles, 2018
ISBN : 978-2-212-53926-4

Cyrille AST

Réussir les épreuves d'économie-gestion CAPET, CAPLP, Agrégation

EYROLLES
Éditions d'Organisation

*À mes parents,
à Anne.*

« *Le savoir est le seul outil de production
qui ne soit pas sujet aux rendements décroissants.* »
John Maurice Clark, économiste américain (1884-1963).

Sommaire

Préface 13

Introduction 15

Partie 1
Méthodologie

Chapitre 1 – Méthodologie de travail 21
Prérequis : comment fonctionnons-nous ? 21
  Le cerveau 21
    Un peu de biologie en guise d'avant-propos 21
    Quel est votre profil cérébral dominant ? 22
  La mémoire 26
    Qu'est-ce que la mémoire ? 26
    Comment améliorer sa mémorisation ? 27
  L'écoute 30
    Écouter n'est pas entendre 30
    Comment améliorer sa qualité d'écoute ? 31

Comment devenir plus performant ? 34
  Gérer son temps 34
    Effectuer une prévision annuelle ou semestrielle 35
    Faire des choix 35
    De la difficulté de se mettre au travail 36
    Réduire les périodes d'inactivité 37
  Organiser son travail 37
    Testez votre profil organisationnel 37
    Quelles conséquences devez-vous tirer de ce test ? 39
    Tenir compte de la loi biologique des performances intellectuelles 39
    Optimiser la durée des séquences de travail 40
    Alterner les disciplines et les activités 41
    Être en forme 41

Travailler en groupe 42
  Pourquoi travailler en groupe ? 42
  Comment organiser concrètement le travail en groupe ? 42

Chapitre 2 – Méthodologie de la dissertation ... 45
Présentation de la méthode ... 45
Schéma général de la méthode de la dissertation ... 45
L'introduction ... 47
Le développement ... 50
La conclusion ... 52
Typologie des sujets ... 53
Méthodes de recherche d'idées ... 54
Le QQOQCP (ou QQOQCCP) ... 55
Le brainstorming ... 55
Le schéma heuristique ... 56
Vers l'ordonnancement des idées ... 58
Grille d'évaluation de la dissertation ... 58
Sujet commenté : pilotage de l'entreprise et modifications de l'environnement ... 60
Les idées recensées au brouillon ... 60
Le plan détaillé ... 65
L'introduction ... 67
La conclusion ... 68
La rédaction ... 68

Partie 2
Sujets traités en temps réel

Chapitre 3 – Économie générale ... 81
Sujet 1 : l'immatériel dans l'économie ... 81
Sujet 2 : commerce international et inégalités économiques ... 87
Sujet 3 : l'efficacité des politiques économiques ... 97

Chapitre 4 – Management ... 105
Sujet 1 : peut-on gérer un hôpital comme une entreprise ? ... 105
Sujet 2 : entreprise globale et proximité ... 118
Sujet 3 : entreprise étendue et création de valeur ... 124

Chapitre 5 – Gestion ... 133
Sujet 1 : indicateurs de performance et analyse de la valeur ... 133
Sujet 2 : test de dépréciation des actifs et image fidèle ... 141
Sujet 3 : coûts et décisions de gestion ... 155

Chapitre 6 – **Thème économique, juridique et social (TEJS)** 167
Sujet 1 : comment protéger efficacement l'environnement ? 167
Sujet 2 : la propriété intellectuelle, c'est le vol ? 186
Sujet 3 : politiques de l'emploi et chômage en France. 203

Partie 3
Supports de révisions

Chapitre 7 – **Économie générale** 217
Théories économiques et tableaux de bord 217
Les théories économiques 217
Tableaux de bord économiques 228
Définitions importantes 230
Thème d'actualité : politique industrielle et libre-échange 237

Chapitre 8 – **Management** 247
Les théories managériales 247
Définitions importantes 263
Thème d'actualité : innovation et création d'un avantage concurrentiel de la PME 269
Pilotage de l'entreprise et modifications de l'environnement : travail de recherche sur les concepts clés du sujet 286

Chapitre 9 – **Gestion** 291
Définitions importantes 291
Thème d'actualité : la normalisation comptable internationale 296
Les enjeux de la normalisation 296
Pourquoi une normalisation comptable internationale ? 296
La normalisation comptable internationale implique des choix 297
Comment effectuer la normalisation comptable internationale ? 298
L'existence de plusieurs référentiels comptables 298
L'évolution de la normalisation comptable internationale 302
Thème d'actualité : évaluation et choix des investissements 306
L'investissement 306
Définition 306
Caractéristiques d'un projet d'investissement 307

  Critères d'évaluation des projets d'investissement 308
   La VAN 308
   L'indice de profitabilité (IP) 309
   Le taux de rentabilité interne (TRI) 310
   Le délai de récupération du capital investi (DRCI) 311

Chapitre 10 – **Thème économique, juridique et social (TEJS)** 315
 Définitions importantes 315
 Thème d'actualité n° 1 : le développement durable 322
  Histoire du développement durable 322
  Textes à portée normative concernant le développement durable 323
  Du développement durable à la responsabilité sociale de l'entreprise (RSE) ... 324
 Thème d'actualité n°2 : le droit de la concurrence 326
  Le droit de la concurrence 327
  Protection de la liberté de la concurrence 329
   Protection des agents économiques contre les pratiques anticoncurrentielles ... 329
   Qualification des pratiques anticoncurrentielles 331
   Sanctions des pratiques anticoncurrentielles 332
   Prévention des pratiques anticoncurrentielles 333
  Protection des agents économiques contre les pratiques restrictives
  de la concurrence 334
   Règles relevant d'une certaine police des prix 334
   Règles relevant d'un principe général de non-discrimination 335
   Examen de la transparence tarifaire en tant que moyen de prévention
   et de contrôle des pratiques restrictives de concurrence 336
  Protection de la loyauté de la concurrence 337
   La concurrence déloyale : fondements et sanctions 337
   Typologie des comportements de concurrence déloyale 338

Conclusion 341

Annexes

Annexe 1 – **Les concours** 345
 Panorama des différents concours 346
  Le Certificat d'aptitude au professorat de lycée professionnel (CAPLP) 347
   Le CAPLP vu par l'auteur 347
   Le CAPLP externe 348
   Le CAPLP interne 349
   Le troisième concours 350
   Le CAPLP réservé 350

Le Certificat d'aptitude au professorat de l'enseignement technique (CAPET) 351
    Le CAPET vu par l'auteur 351
    Le CAPET externe 353
    Le CAPET interne 354
    Le troisième concours 354
    Le CAPET réservé 355
L'Agrégation 356
    L'Agrégation vue par l'auteur 356
    L'Agrégation externe 359
    L'Agrégation interne 360

Annexe 2 – Organismes de préparation aux concours 361

Organismes de préparation en présentiel 361
    Formations académiques (concours interne) 361
    L'École normale supérieure (ENS) de Cachan 363
    La préparation à la Sorbonne 364
Le Centre national d'enseignement à distance (CNED) 364
Préparation et ressources en ligne 366
    Agreg on line 366
    Sites de professeurs agrégés 368

Annexe 3 – Guide des ressources 371

Bibliographie 371
    Économie 371
        Ouvrages 371
        Périodiques 372
    Management 372
        Ouvrages 372
        Périodiques 373
    Gestion 373
        Ouvrages 373
        Périodiques 374
    Droit 374
    TEJS 374
        Ouvrages 374
        Périodiques 375
Webographie indicative 375
    En économie 375
    En management 376
    En gestion 377
    En droit 378

Remerciements 379

Préface

Voir un de ses anciens étudiants devenir collègue est un événement marquant dans la carrière d'un enseignant. Voir ce même étudiant réussir le concours de Professeur de lycée professionnel en comptabilité et bureautique (PLP2-COB), le Certificat d'aptitude au professorat de l'enseignement technologique économie et gestion (CAPET) quelque temps plus tard puis, en fin de boucle, l'Agrégation externe option B, est un événement exceptionnel. J'ai eu la chance de vivre cela, tout en y étant associé directement, grâce au vécu professionnel de Cyrille Ast, auteur de ce manuel.

La réussite à un concours de l'Éducation nationale est de nos jours le fruit d'un réel « parcours du combattant ». Formation dans le cadre d'un Institut universitaire de formation des maîtres (IUFM) ? Autre type de formation en « présentiel » ? Formation par correspondance ? Les candidats ont tous le même choix, mais ont-ils tous les mêmes chances de réussite ? De moins en moins de postes, de plus en plus de candidats et, pour ne rien simplifier, de plus en plus de types de concours. Dans la fonction publique, plusieurs voies d'accès cohabitent dans le domaine des enseignements technologiques tertiaires : Agrégation, CAPET et CAPLP se déclinent chacun en trois ou quatre spécialités différentes avec, pour chacune d'elles, plusieurs choix de matières. Un « parcours du combattant », vous disais-je ? Une « jungle » serait un qualificatif tout aussi pertinent !

L'auteur de ce livre porte à notre connaissance les moyens actuels de formation ainsi que les différentes stratégies possibles pour réussir. Les différentes parties de ce livre décrivent l'expérience acquise par ce long « parcours de candidat » à travers les réussites et les échecs. Si chaque réussite représente un étage de l'édifice, chaque échec doit être le fondement de l'étage suivant. L'auteur a su tirer autant profit de ses réussites que de ses échecs, et c'est cette expérience personnelle qu'il souhaite partager aujourd'hui avec d'autres candidats.

L'auteur nous livre **les recettes d'une bonne méthodologie adaptée à la dissertation d'économie, de management et de droit.** Si de nombreuses références sont empruntées aux Sciences de l'éducation, le lecteur tirera le plus grand profit des annotations et idées qui résultent de « l'effet d'expérience » de l'auteur ; expérience acquise aussi bien lors de ses prestations – orales ou écrites –, qu'à travers son expérience d'enseignant.

Le lecteur découvrira ensuite, avec grand intérêt, un condensé fort précieux de sujets analysés et commentés. Ces sujets sont extraits pour la plupart des épreuves d'économie générale, de management, de gestion ou des thèmes économiques, juridiques et sociaux des concours de l'Agrégation et/ou du CAPET. On relèvera, là encore, cet « effet d'expérience » dont l'auteur se sert comme d'un outil permettant de déceler les choses « à faire » et celles « à ne pas faire ». **Très enrichissant et très formateur pour tout candidat à un concours.**

La troisième partie nous met en face des réalités économiques et managériales de notre vingt-et-unième siècle, tout en ne négligeant nullement les apports des auteurs des siècles précédents. Ces réalités, inspirées des derniers sujets et plus particulièrement de l'Agrégation 2006, permettent au lecteur de parfaire ses connaissances et d'en tirer la quintessence en vue de sa propre prestation.

Paul-André BUCHER,
Président de l'APCEG
(Association nationale des professeurs de communication, économie et gestion)

Introduction

Comme le disait Lao-Tseu, philosophe chinois, « l'échec est le fondement de la réussite ». En effet, réussir un examen ou un concours dans le domaine de l'économie et de la gestion paraît aujourd'hui bien compliqué. Beaucoup d'étudiants ou de candidats doivent se présenter à plusieurs reprises afin d'atteindre cet objectif tant convoité. Aussi, ma première ambition est de vous transmettre les clés de la réussite, autrement dit ce qui fera la différence. Le succès se joue souvent à si peu de choses que vous devez mettre le maximum de chances de votre côté, et je sais de quoi je parle…

Après un bref passage dans le monde de l'entreprise, je me suis décidé, en octobre 1997, à devenir enseignant en économie et gestion. J'ai réussi le Certificat d'aptitude au professorat de lycée professionnel (CAPLP) en 1999. Cette même année, un centième de moyenne m'a empêché d'obtenir le Certificat d'aptitude au professorat de l'enseignement technologique (CAPET) ! À défaut d'accéder au corps des certifiés par « la petite porte », je totalisai le plus grand nombre de points au CAPET interne 2003. Enfin, en 2006, je fus admis au concours de l'Agrégation d'économie et gestion comptable et financière (option B) après avoir échoué à quelques centièmes de moyenne en 2004 et 2005. Au total, je me suis présenté deux fois au CAPLP, quatre fois au CAPET, huit fois à l'Agrégation et j'ai été admissible onze fois !

Dès lors, c'est toute cette expérience particulièrement riche que je souhaite partager avec vous. Tout au long de cet ouvrage, je vais vous dévoiler la démarche de réussite que je me suis constituée au travers de mes succès, mais aussi de mes échecs, tout en enseignant en parallèle à différents niveaux allant du Brevet d'enseignement professionnel (BEP) jusqu'au Diplôme d'études comptables et financières (DECF).

Cette démarche correspond à une méthode globale de préparation aux épreuves d'économie et gestion qui s'appuie sur les points suivants :

- Pour **s'organiser**, des *aspects méthodologiques fondamentaux* (méthodologie de travail et méthodologie de la dissertation) ;
    - vous prendrez connaissance d'une méthode de travail spécifique qui tentera d'améliorer vos performances (gestion du temps, organisation du travail, etc.).

- Pour **s'entraîner**, des *sujets récents* traités en temps réel ;
    - *chaque étape de la dissertation est clairement identifiée* (accroche, définitions des termes, problématique, transition, etc.), ce qui facilitera votre apprentissage et la mémorisation de la méthode,
    - nous vous présenterons des *travaux traités au plus haut niveau possible* et répondant aux exigences du concours de l'Agrégation d'économie et gestion,
    - pour la première fois, vous trouverez des *modèles de transparents* réalisés lors des épreuves orales. D'une importance capitale dans le cadre des épreuves d'admission des concours, ils témoignent de la capacité de synthèse de l'étudiant ou du candidat et constituent un véritable outil de communication à destination du jury de l'épreuve.

- Pour **réussir**, des *éléments de connaissances indispensables* (théories, définitions et thèmes d'actualité) ;
    - des tableaux de synthèse des différents auteurs en économie et en management, des définitions et des exposés sur des thèmes au centre des débats actuels vous apporteront le socle de connaissances indispensables à votre réussite.

Vous trouverez également en annexes un *panorama complet des différents concours* et un *guide des ressources disponibles* pour vous y préparer (organismes de formation, bibliographie et webographie).

Vous l'avez compris, ma démarche se veut très pragmatique. Proposer un énième livre de préparation aux examens et concours, très proche de ceux existants déjà, ne m'intéressait pas. Aussi, j'ai voulu proposer un ouvrage novateur répondant aux réelles attentes des étudiants et des candidats.

Dès lors, je ne vais pas vous submerger de connaissances ou vous présenter des travaux ayant nécessité un volume d'heures nettement supérieur à celui qui est autorisé aux différentes épreuves, mais bien vous montrer ce qu'il est possible de faire en temps limité et comment il faut procéder pour y arriver.

Mon ambition est également pédagogique. C'est pourquoi l'ouvrage propose une *progression transversale* à travers les différents champs disciplinaires étudiés : économie, management, gestion, droit et sociologie.

Contrairement à d'autres ouvrages qui séparent les aspects méthodologiques des connaissances théoriques et des liens empiriques, cet ouvrage présente une formule « tout en un » et se caractérise par une démarche globale à mettre en œuvre pour réussir les épreuves d'économie et gestion. Je vous transmets ici le fruit de nombreuses années de travail et de réflexion.

Puisse ce livre vous permettre à votre tour de réussir !

PARTIE 1

MÉTHODOLOGIE

À niveau de connaissances égal, c'est souvent la méthodologie qui fait la différence. Il existe 1001 façons de se préparer à un examen ou à un concours. Comme un sportif, le candidat doit être dans les meilleures dispositions possibles le jour J (physiquement, intellectuellement et psychologiquement). Pour y parvenir, il est indispensable de connaître le fonctionnement de l'être humain par rapport à ses capacités de mémorisation, d'écoute, mais aussi organisationnelles, afin de maximiser ses performances. Le chapitre 1 répondra ici à nos attentes.

Nous nous attarderons ensuite sur la méthodologie de la dissertation (chapitre 2). En effet, la place de la dissertation est centrale dans la majorité des examens et concours d'économie et gestion, et sa maîtrise constitue inéluctablement une valeur ajoutée. Un exemple de sujet commenté illustrera nos propos et vous montrera de manière claire comment procéder : analyse du sujet, élaboration d'un plan détaillé, et bien entendu rédaction de la dissertation.

Chapitre 1

Méthodologie de travail

Prérequis : comment fonctionnons-nous ?

Le cerveau

Un peu de biologie en guise d'avant-propos

Les recherches sur le cerveau ont connu de grands succès ces trente dernières années. L'apparition de nouvelles technologies a permis de faire de considérables progrès. Il est désormais possible de repérer les différentes zones du cerveau mobilisées dans tel ou tel type de tâches.

Au cours de l'évolution de l'espèce humaine, trois cerveaux sont apparus successivement : le cerveau reptilien, le cerveau limbique et le cortex. Le schéma ci-dessous montre ces trois cerveaux.

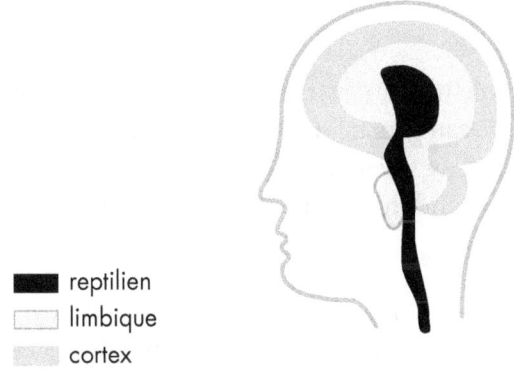

Figure 1.1 – Les trois cerveaux

- Le **cerveau reptilien** est le cerveau le plus ancien. Siège de l'instinct de conservation et du comportement « animal », sa principale fonction consiste à assurer la survie de l'individu. Il commande les besoins de base (faim, sommeil, etc.) et les réflexes de défense. En fait, il correspond au cerveau des vertébrés inférieurs (lézard, poisson, etc.) et fonctionne selon un mode unique stimulus/réponse.

- Le **cerveau limbique** entoure le cerveau reptilien. Très proche de celui des mammifères, il est le domaine de l'affectivité. Aussi, il peut facilement être perméable aux émotions au détriment d'une certaine logique. Sa fonction principale est de filtrer les informations eu égard aux sentiments perçus. Il compare la nouvelle information avec celles contenues en stock puis déclenche un comportement. Si la comparaison lui rappelle un élément négatif, il va se mettre en position défensive et peut ne pas transmettre l'information au cortex (voir ci-dessous). Le cerveau limbique préserve notre équilibre physique et psychique, mais n'encourage pas l'innovation par peur de l'inconnu.

- Le **cortex** est le dernier cerveau dans l'ordre d'apparition. C'est le cerveau le plus important, tant sur le plan de la taille que sur le plan de ses fonctionnalités. Il nous distingue des autres mammifères. Il nous permet de parler, de raisonner, de créer et de décider – ou non – d'agir selon un mode stéréotypé.

Quel est votre profil cérébral dominant ?

Cerveau gauche ou cerveau droit ?

Le cerveau, un peu comme une noix, est divisé en deux parties ayant chacune ses spécificités.

En chacun de nous cohabite un ensemble de traits de caractère qui peuvent être attribués tantôt au cerveau gauche, tantôt au cerveau droit. Il est donc capital de bien se connaître afin d'augmenter ses performances (en termes de résultat aux concours par exemple !), ou du moins de tirer le meilleur parti de ses différentes ressources.

En général, chaque individu possède un profil cérébral dominant issu de la nature (inné, hérédité) et de l'acquis (enseignement, environnement).

- Ceux qui sont plutôt **cerveau gauche** retiennent mieux les mots que les images (mémoire plutôt auditive). Le cerveau gauche semble plus à l'aise dans les disciplines scientifiques parce que son mode de fonctionnement est plutôt analytique, rationnel, logique, linéaire, temporel et séquentiel.

- Ceux qui sont plutôt **cerveau droit**, ont une mémoire visuelle. Le cerveau droit préfère les disciplines littéraires ou artistiques parce qu'il présente un fonctionnement plus synthétique, intuitif, analogique, global, spatial et simultané.

> Dans toute action réussie, les deux cerveaux (gauche et droit) collaborent.

Pour Gereon Fink, neurologue à l'université de Düsseldorf, « *ce qui compte, c'est comment les deux côtés du cerveau se complètent et s'associent* ». Même si nous possédons un profil cérébral plus ou moins dominant, nous avons tous deux possibilités différentes, mais complémentaires, de traiter l'information.

Toutefois, pour que nos deux hémisphères jouent à plein leur rôle, il faut les solliciter ! Lors de l'apprentissage d'une opération intellectuelle, l'information suit un parcours bien précis à travers les neurones et les cellules du cerveau. Pour que ce trajet se fixe, des pratiques répétées sont primordiales. Aussi, les voies les plus utilisées se renforcent alors que les autres tendent à disparaître.

Si nous privilégions un cerveau plutôt que l'autre, l'un des deux reste en sommeil et peu à peu nous risquons de perdre une partie de nos facultés. Dans ce contexte, il paraît important de faire appel à son hémisphère dominant pour aborder une notion complexe. D'un autre côté, entraîner l'hémisphère le plus effacé l'est tout autant.

MON CONSEIL

Faites travailler les deux parties de votre cerveau, vous comprendrez et retiendrez mieux les nouvelles notions, vous développerez vos capacités d'adaptation et vous optimiserez votre potentiel cérébral en vous épanouissant.

Testez votre profil cérébral dominant

En mathématiques, vous êtes plus à l'aise :
- ☐ a. avec l'algèbre
- ☐ b. avec la géométrie

Que préférez-vous ?
- ☐ a. l'histoire
- ☐ b. la géographie

Dans une salle de spectacle, vous préférez vous placer :
- ☐ a. légèrement à gauche de l'écran
- ☐ b. légèrement à droite de l'écran

Lorsque vous partez en vacances, vous avez tendance à :
- ☐ a. préparer votre itinéraire
- ☐ b. partir à l'aventure

Quand vous demandez votre chemin à une personne dans la rue, vous préférez :
- ☐ a. que la personne vous explique votre route (première à droite puis…)
- ☐ b. que la personne vous fasse un plan

Lors d'une dissertation, quelle méthode de recherche d'idées utilisez-vous ?
- ☐ a. vous explorez systématiquement tous les chapitres traités en cours de manière séquentielle
- ☐ b. vous écrivez sur votre brouillon vos idées en vrac comme elles viennent

Quand vous apprenez l'orthographe d'un nouveau mot :
- ☐ a. vous l'épelez ou le prononcez à voix haute ou à voix basse
- ☐ b. vous le photographiez mentalement

Lorsque vous faites la connaissance de quelqu'un, vous retrouvez plus facilement :
- ☐ a. son nom
- ☐ b. son visage

Quand vous pensez à un fait très marquant, que vous vient-il directement à l'esprit ?
- ☐ a. les paroles prononcées dans ce contexte particulier
- ☐ b. le lieu, les personnes

Que préférez-vous ?
- ☐ a. les disciplines scientifiques
- ☐ b. les disciplines littéraires

Faites le compte de vos réponses a et b.
Si vous avez davantage de a que de b, le cerveau gauche semble prédominant chez vous.
Si les b l'emportent, c'est l'inverse, votre cerveau droit semble prédominant.
Une égalité de a et de b traduit un profil cérébral mixte.

Méthodologie de travail

Quelles conséquences devez-vous tirer de ce test ?

- Vous devez privilégier votre cerveau « fort » lorsque vous abordez des notions complexes dans vos phases d'apprentissage.

  > *Vous êtes plutôt cerveau droit et vous êtes en train de travailler le droit de la concurrence. Il représente une branche du droit primordiale en économie et gestion, mais n'en est pas moins complexe et peut nécessiter, afin de faciliter sa compréhension, un schéma synthétique présentant ses lignes directrices. Ce support visuel vous permettra, d'après votre profil cérébral, de retenir plus facilement les éléments clés du droit de la concurrence.*

- Ceux qui sont davantage « cerveau gauche » pourront utiliser des supports audio pour aborder certaines notions[1].

- Ceux qui sont davantage « cerveau droit » pourront utiliser des supports visuels (schémas, tableaux, etc.) en privilégiant une présentation facilitant la mémorisation (clarté, utilisation de couleurs, de différents formats d'écriture, etc.).

- En repérant votre hémisphère « faible », vous aurez la possibilité d'améliorer vos performances globales. En effet, la théorie nous montre qu'en combinant les efforts sur vos deux cerveaux vous saurez mieux faire face aux situations nouvelles.

- Un profil mixte traduit l'existence de capacités d'adaptation, puisque chaque hémisphère semble jouer un rôle en fonction des différentes situations. D'un autre côté, cela signifie peut-être aussi que vous n'avez pas suffisamment exploité l'un ou l'autre cerveau. Demandez-vous si une nouvelle méthode de travail ne serait pas plus efficace que celle que vous utilisez jusqu'alors : peut-être devriez-vous réaliser des fiches de synthèse à la place d'un apprentissage basé exclusivement sur la lecture et à partir de supports visuels.

---

1. Voir les sites proposés dans la dernière partie de l'ouvrage.

La mémoire

Qu'est-ce que la mémoire ?

Les scientifiques repèrent deux niveaux de mémoire :

- le premier niveau correspond à **la mémoire immédiate**, encore appelée mémoire de travail. Il conserve nos souvenirs durant quelques secondes ;
- le second niveau constitue **la mémoire à moyen ou long terme**. Il possède une capacité quasi illimitée et fonctionne sur des durées beaucoup plus importantes, de quelques heures à une vie entière !

Toute la problématique de la mémorisation peut alors se résumer à cette question : pourquoi retenons-nous certaines informations pendant un laps de temps très court et d'autres beaucoup plus longtemps ? Aussi, nous tenterons de mettre en avant les facteurs favorisant une mémorisation efficace. En effet, la mémoire n'est pas un don réservé à certains, mais bien quelque chose qui s'acquiert et s'entretient !

Les différentes formes de mémoire

La mémoire est multiforme. En fait, à chacun des cinq sens que nous possédons est liée une forme de mémoire :

- visuelle,
- auditive,
- motrice ou kinesthésique (le toucher),
- gustative,
- olfactive.

C'est aux trois premières formes de mémoire que nous nous intéresserons plus particulièrement.

Méthodologie de travail

Tableau 1.1 – Techniques de mémorisation

Mémoire visuelle	Elle se développe en photographiant mentalement différents supports (plans, schémas, tableaux, etc.). Il est important de savoir qu'une personne peut lire environ 27 000 mots par heure en moyenne.
Mémoire auditive	Elle se travaille devant une prise de notes effectuée lors d'un cours en se remémorant la voix et les intonations de l'enseignant. Une lecture à voix haute favorise également la mémorisation. À la fin d'une lecture, vous pouvez aussi reconstituer avec vos propres termes le cheminement du texte. Enfin, un questionnement oral en groupe avec contrôle mutuel peut être efficace.
Mémoire motrice	Elle se renforce en écrivant, réécrivant des plans, des citations, des expressions importantes ou en réalisant des schémas et des tableaux.

Bien qu'il existe des zones spécifiques du cerveau dédiées à chaque sens, il n'en existe aucune où soit localisée la mémoire. La mémoire est donc partout, elle n'a pas d'emplacement anatomique précis. En fonction de votre profil cérébral, vous disposez d'une mémoire particulière.

Comme nous l'avons vu précédemment, les individus plutôt cerveau gauche retiendront mieux les mots que les images ; les individus plutôt cerveau droit, c'est l'inverse. Mais mieux vaut faire appel aux différentes mémoires de manière à ce qu'elles se complètent.

> **MON CONSEIL**
>
> Associez ces différentes formes de mémoire, ces diverses techniques de mémorisation, dans l'optique d'une assimilation à long terme.

Comment améliorer sa mémorisation ?

Apprendre à apprendre

Avant toute chose, il semble particulièrement utile de finaliser son apprentissage dans le cadre d'un *projet personnel*. Dès lors vous deviendrez quelqu'un qui a l'intention de réutiliser ses connaissances, et qui par ce biais portera une attention privilégiée à sa capacité de mémorisation. Apprendre en se projetant dans le futur paraît très efficace. Il est inéluctable que nous retenons mieux ce qui nous touche et ce qui nous intéresse.

Seule une étude active dans laquelle nous nous impliquons est une étude profitable. Aussi, il convient au préalable d'identifier ce que nous voulons, ce que nous pouvons et où nous en sommes par rapport à l'objectif. Pensez à répondre aux attentes des diverses épreuves, et apprenez en vous projetant dans le futur. Pour réussir, il faut être motivé. Pour être motivé, la représentation de soi joue un rôle moteur.

Votre projet personnel doit tenir compte de votre vécu, de votre profil, de votre formation mais aussi de vos aspirations et de vos ambitions. Il doit être sans cesse présent dans votre esprit. Tout ce que vous élaborez, tout ce que vous entreprenez doit être lié à votre objectif prioritaire : la réussite au concours ou à l'examen.

Les quatre points clés du processus de mémorisation sont les suivants :

- la mémoire fonctionne mieux lorsque l'on est impliqué : toute acquisition de connaissances prend un véritable sens, vous stimule, bref vous prépare à un état de réceptivité maximale. *L'attention est bel et bien un processus anticipatoire* ;
- la mémoire fonctionne par association : moins il existe d'éléments dans la mémoire, moins les nouveaux éléments pourront être enregistrés. Mais cela fonctionne aussi dans l'autre sens : *plus vous apprenez, plus cela vous est facile !*
- la mémoire retient plus facilement des ensembles organisés que des faits disparates ;
- la mémoire retient mieux les éléments qui se situent au début et à la fin de l'apprentissage, les éléments marquants et ceux qui se répètent.

Effectuer des phases de réactivation

Le lendemain d'un cours, il ne nous reste plus que 20 % des éléments dispensés la veille. La figure 1.2 montre bien que la mémorisation augmente juste après l'apprentissage puis diminue rapidement.

Fort heureusement, nous retrouvons rapidement les informations qui paraissaient effacées mais n'étaient en réalité que cachées. De fait, il est nécessaire que les informations empruntent plusieurs fois les mêmes voies pour que le chemin neuronal se fixe.

Méthodologie de travail

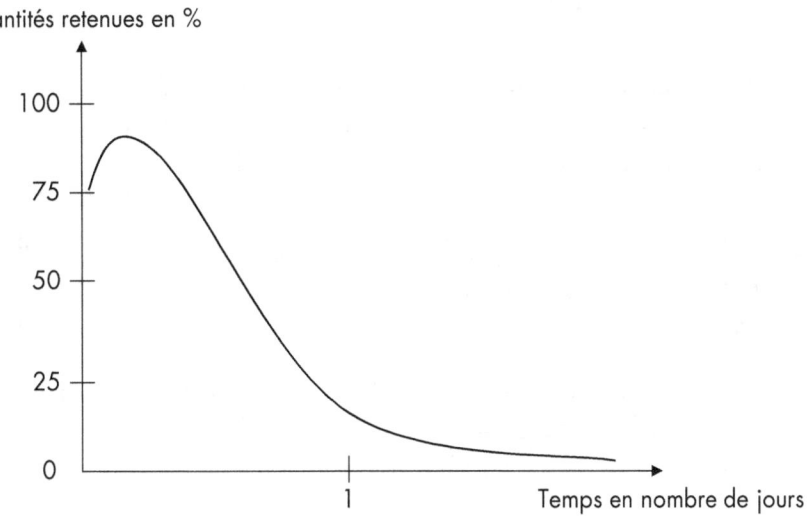

Figure 1.2 - Courbe de rétention de l'information

On voit bien ici le rôle essentiel joué par les révisions. À chaque révision, l'apprentissage se fait plus vite et l'oubli devient plus lent et plus rare. Aussi, selon la discipline étudiée et l'intérêt qu'elle suscite, quatre à six séances de révisions semblent utiles pour graver les connaissances nouvelles dans la mémoire à long terme.

> Pas de mémorisation sans réactivation !

Tableau 1.2 - Séquences de réactivation

1	Temps d'apprentissage + 15 minutes	Parcourir les notes prises et synthétiser les notions abordées afin de relier les informations entre elles et de donner une cohérence à l'ensemble.
2	Le premier soir	Révision générale afin de laisser au cerveau la possibilité d'agir pendant la nuit.
3	Durant la première semaine	Relecture rapide des notes.
4	Durant le premier mois	Réactivation du plan, des titres et sous-titres et des idées importantes.
5	Durant les six premiers mois	Révision globale.

> L'activité cérébrale durant les phases de sommeil paradoxal joue un rôle très important dans l'apprentissage.

Utiliser des procédés mnémotechniques

Quoique très anciens, ces procédés peuvent être fort utiles. Reposant sur des associations, des mises en relation, des images, des sonorités, voire des concaténations, leur objectif principal est de soulager la mémoire.

> *La méthode des initiales que l'on applique à travers le sigle QQOQCP – ou QQOQCCP – lors d'une phase de recherche d'idées (Qui ? Quoi ? Où ? Quand ? Comment ? Combien ? Pourquoi ?).*
>
> *De même, en management, je caractérise souvent les principes d'administration d'Henri Fayol par l'appellation « POC^3 » qui signifie « Prévoir, Organiser, Commander, Coordonner et Contrôler ».*

Réaliser des phases de rappel pertinentes

Après avoir appris et stocké, vient le moment de rappeler les informations enregistrées. Plus vos connaissances seront structurées, bien ancrées par l'utilisation de plusieurs canaux de mémorisation et réactivées, plus la restitution de toutes ces données sera facilitée.

Il faut pour cela tenter de revivre mentalement votre apprentissage, ce qui peut se faire :

– en se remémorant les différents supports réalisés sous formes d'images (le plan, les titres, les mots clés, etc.) ;
– en se rappelant du cours du professeur, des mots qu'il a employés, de son intonation, de sa gestuelle ou des schémas qu'il a réalisés.

L'écoute

Écouter n'est pas entendre

Les cours constituent la principale source d'information. Mais la seule présence physique ne suffit pas pour capter les nombreuses informations émises. Il convient de faire preuve d'une écoute active, qui seule vous permettra d'assimiler plus facilement de nouvelles données.

> *Nous entendons les conversations autour de nous, au restaurant, mais nous écoutons ce que nous disent nos amis. De même, nous entendons les bruits de la rue, mais nous écoutons les moindres bruits lorsque nous attendons quelqu'un quelque part.*

Bénéficier de tous les éléments d'une leçon suppose avant tout de savoir écouter. Entendre traduit un comportement passif, alors qu'écouter présente une attitude active. Autrement dit, entendre ne sollicite que les circuits de l'oreille alors qu'écouter mobilise le cerveau tout entier.

Comment améliorer sa qualité d'écoute ?

En adoptant des attitudes physiques et mentales appropriées

Plusieurs recherches ont montré que l'attitude physique de l'individu avait son importance. Aussi, il semble préférable de se positionner en face de l'enseignant. À défaut, il est conseillé de se placer de façon à l'avoir sur sa droite plutôt que sur sa gauche. Il est aussi toujours plus simple de comprendre une communication orale lorsque l'on peut voir l'orateur, car les gestes et l'ensemble de la communication non verbale renforcent le contenu du message.

D'un autre côté, la motivation constitue la clé de l'écoute. La faculté de concentration est bien entendu variable selon les individus, elle l'est aussi selon les disciplines et en fonction de la forme du cours. Pour vous motiver, tentez de relier le domaine du cours à l'importance qu'il représente dans votre cursus, éveillez votre curiosité intellectuelle en vous questionnant sur le sujet et essayez de relier vos apprentissages à votre future activité professionnelle. N'oubliez pas de vous fixer des objectifs clairs et donnez-vous une certaine plage temporelle pour les atteindre. Les objectifs sont de véritables stimulants, et ils auto-entretiennent votre motivation.

Vous devez également redoubler de concentration. Dans ce sens, la respiration joue un rôle non négligeable. Nous consommons chaque jour quatre kilos d'oxygène, le cerveau en consomme 20 % à lui tout seul. En irriguant le cerveau, l'oxygène augmente la capacité d'attention, de concentration et contribue à contrôler les émotions. Contrairement à la lecture d'un ouvrage, l'écoute ne permet pas un retour en arrière. Il faut être relâché, mais surtout disponible, c'est-à-dire s'ouvrir, se rendre perméable pour recevoir le contenu de ce qui a été formulé par l'enseignant.

> Ne subissez pas le cours, vivez-le ! Une participation active et une implication de tous les instants sont la clé de la réussite.

En prenant des notes

> Ne vous contentez pas des supports polycopiés que l'on vous transmet.

La prise de notes contribue à une meilleure écoute et développe l'attention. Vos notes constituant votre base de travail, la perte du fil conducteur de l'exposé ou du cours peut avoir de graves conséquences.

Il faut véritablement s'approprier le cours, le reformuler en ses propres termes, peut-être davantage compréhensibles pour vous-même ou ceux à qui vous vous adresserez. Cette activité constitue une garantie de mémorisation. Il est plus aisé de retenir ce que l'on produit personnellement que ce qu'un autre a réalisé.

> Une information traitée est bel et bien en partie assimilée.

En étant prêt intellectuellement et matériellement

L'acquisition de connaissances est facilitée lorsque l'auditeur anticipe le sujet traité :
- en se documentant,
- en lisant des parties d'ouvrage sur la question,
- en synthétisant les cours précédents afin de mieux cerner les nouveaux,
- en préparant un ensemble de questions auxquelles le cours est censé répondre.

En adoptant de tels comportements, vous vous placerez en situation d'écoute active et votre prise de notes sera beaucoup plus simple.

Sur le plan matériel, une organisation de votre feuille de brouillon s'impose.

> **MON CONSEIL**
>
> Je suggère de prendre votre page en mode paysage puis de la diviser en cinq zones comme le montre la figure 1.3.

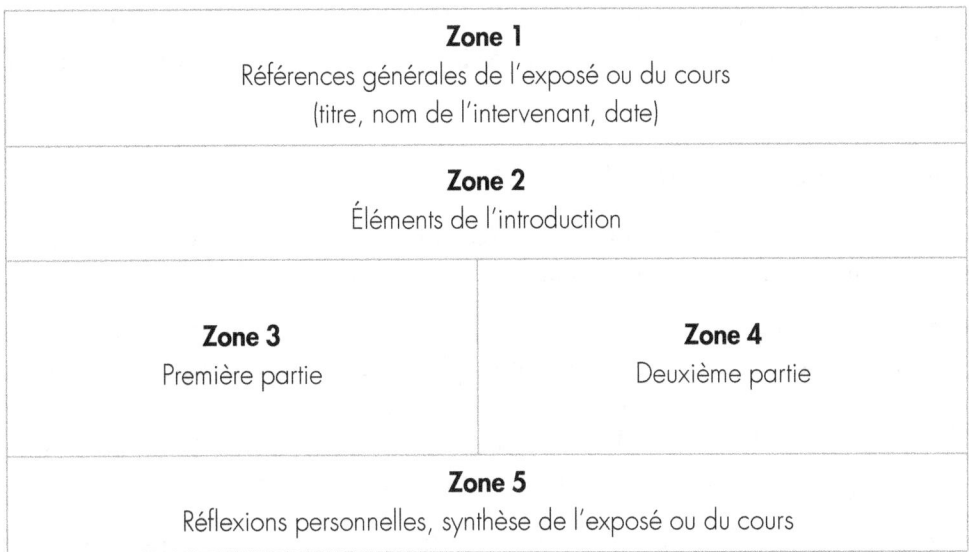

Figure 1.3 – Organisation de vos feuilles de prise de notes

Zones 3 et 4 : cette présentation binaire semble à privilégier. L'être humain aime bien ce découpage en deux parties (thèse/anti-thèse, oui/non, causes/conséquences, etc.) qui me semble parfaitement adapté aux situations d'apprentissage.

> N'oubliez pas d'aérer votre présentation.

En étant réactif

Une personne prononce en moyenne 10 000 mots à l'heure, vous ne pouvez pas en écrire plus de 2 500.

Vous l'avez compris, il est impossible de tout noter et d'ailleurs, c'est tant mieux puisque cela serait inutile, voire même préjudiciable à votre progression. Aussi, il faut être sélectif, repérer l'essentiel.

Pour ce faire, il existe quelques astuces intéressantes. En général, l'enseignant ralentit le débit, hausse la voix, répète plusieurs fois, renforce sa communication par des gestes, une attitude, ou alors marque un temps d'arrêt lorsqu'il délivre des connaissances fondamentales ou des passages stratégiques. Soyez rassurés, un enseignant expérimenté sait bien qu'il faut le temps de noter et fera en sorte de reformuler les idées principales.

> Utilisez des abréviations ou des sigles pour gagner du temps dans votre prise de notes.

La réactivité semble également liée à la capacité de repérer la structure de l'exposé oral. Il est important d'identifier rapidement le plan et les expressions de transition (« nous venons de voir que…nous allons désormais montrer… » ; « d'une part…, d'autre part… » ; « abordons maintenant une autre analyse du problème… »).

En effectuant une mise au point

Il s'agit de l'ultime étape d'une écoute réussie. La clarification de vos notes doit s'accomplir le plus tôt possible, quand vos souvenirs sont encore frais.

C'est le moment de compléter certaines lacunes, de préciser la signification d'une abréviation, de réécrire des phrases peu lisibles, de chercher des définitions et surtout de présenter votre support de notes de manière à ce qu'il vous donne envie de le lire… et de le relire (couleurs, soulignement, flèches, encadrement, etc.) !

> Des notes non revues sont des notes inopérationnelles.

Pensez aussi à faire bien apparaître la structure de l'exposé en la numérotant ou en la hiérarchisant (1., 1.1., 1.1.1., etc. ou I., A., 1., a., etc.).

> **MON CONSEIL**
> Il vaut mieux d'abord retenir le plan, puis des éléments plus précis.

Enfin, la réalisation de fiches de synthèse vous apportera beaucoup. Elles sont plus faciles à mémoriser, vous obligent à retranscrire des informations et, par ce biais, à vérifier votre compréhension.

Comment devenir plus performant ?

Gérer son temps

La gestion du temps de travail est bien évidemment une donnée primordiale, a fortiori quand on est confronté à une énorme pile de documents à apprendre, et le découragement n'est parfois pas loin. Mais après avoir découvert comment fonctionne votre processus de mémorisation, vous pouvez désormais élaborer un plan d'action.

L'organisation, qui confère des points de repère au cerveau limbique, sera votre guide tout au long de vos préparations aux épreuves.

Effectuer une prévision annuelle ou semestrielle

Avant toute chose, comptabilisez le nombre de semaines qui vous séparent de l'échéance (date de la première épreuve d'admissibilité, par exemple). Repérez ensuite le nombre de jours, de demi-journées, voire même d'heures, que vous pouvez consacrer à la préparation de votre examen ou concours.

Votre planning devra tenir compte de la nature des épreuves au concours et des dates fixées. Préparez en priorité les disciplines qui donneront lieu en premier à une évaluation, puis celles qui vous posent le plus de problèmes.

Il est ensuite impératif de déterminer très vite le volume de travail nécessaire par matière. Une estimation de la durée de réalisation de fiches, de lecture de dossiers importants et d'exercices à faire semble possible dès la prise de connaissance du programme du concours et d'un inventaire de vos forces et de vos faiblesses. Déterminez aussi votre capacité d'assimilation.

> **MON CONSEIL**
>
> Pour ne pas vous laisser déborder, je vous conseille de mesurer chaque semaine les écarts entre ce qui a été prévu et ce qui a été réalisé. Vérifiez votre progression et modifiez votre plan de travail si cela est nécessaire.

Il convient de faire des sacrifices. Seul le travail porte ses fruits, et votre réussite ne tombera pas du ciel ! Toutefois, veillez tout de même à vous réservez un peu de temps libre pour vous oxygéner. Ainsi, les capacités intellectuelles sont souvent meilleures après la pratique d'un sport.

Faire des choix

Il faut d'une part effectuer un choix de la matière à travailler et, d'autre part, se fixer un certain temps pour le faire. Un candidat à un concours doit être un stratège.

Tout étudiant ou candidat à un concours risque de se confronter à la loi de la dilatation du temps, dite « loi de Parkinson », qui veut que si l'on ne fixe pas de durée pour effectuer un travail, on prendra toujours plus de temps qu'il n'en faut pour le faire ! Lorsqu'il n'y a pas de limite de temps, on a tendance à « traîner », voire même à ne pas achever le travail en question. Au pire, on le bâcle.

Le choix de la discipline à travailler est fonction de plusieurs critères :
- son importance en termes de coefficient ;
- votre niveau actuel ;
- le contenu de la matière (matière plus ou moins littéraire ou quantitative).

Il existe 1001 manières d'être reçu à un concours, mais chaque candidat dispose souvent de beaucoup moins de possibilités, eu égard à son profil. Le tout est de très bien se connaître afin de déterminer une stratégie, votre stratégie.

> **MON CONSEIL**
>
> Je pense qu'il est judicieux de travailler en priorité vos points faibles. En effet, peu à peu, vous éliminerez vos carences et présenterez un profil plus solide. Cette remarque est particulièrement importante pour les épreuves orales. Découpez alors le programme de la matière choisie en fonction du temps que vous avez décidé de lui attribuer.
>
> Dès lors, vous saurez où vous allez, à quel rythme vous progresserez et tout cela vous placera dans un meilleur état d'esprit que si le contexte est plus incertain. Ensuite, réalisez le même type de travail avec les autres disciplines du concours.

De la difficulté de se mettre au travail

Il est parfois (souvent !) très difficile de commencer à travailler... Tant de choses peuvent vous détourner de votre objectif principal (appels téléphoniques, télévision, cinéma, etc.) malgré toutes vos bonnes résolutions.

La fin de la demi-journée arrive et vous n'avez pas fait grand-chose. Très souvent dans cette situation, vous pouvez même vous sentir las, fatigué, c'est bien ennuyeux ! Ce qui fatigue, ce n'est pas le travail, mais plutôt ce qu'il aurait fallu faire, ce qui n'a pas été fait, ce qui nous tourmente alors sous forme d'une vague et sourde inquiétude qui affaiblit notre énergie.

Cette dispersion est à fuir à tout prix car elle peut conduire à l'abandon. Rien ne semble plus décourageant que de se répéter « je dois travailler et encore travailler » et de toujours repousser la phase de travail proprement dite. Le travail non réalisé fatigue beaucoup plus que le travail réalisé, il culpabilise et perturbe l'existence. Plus vous attendez, et plus les tâches s'accumulent et paraissent fastidieuses.

Dès lors, vous vous enfermez durant des journées interminables à l'approche de l'échéance. Mais cette façon de procéder « la tête dans le guidon » diminue considérablement la portée du travail effectué.

En appliquant les conseils présentés précédemment (détermination d'une durée pour chaque tâche, par exemple), en préparant tout ce dont vous avez besoin pour travailler, c'est-à-dire votre « boîte à outils » (trousse, règle, etc.), et en prévoyant des stimulants externes (distractions en tout genre que vous vous offrirez à la fin de votre travail), vous arriverez à vous mettre plus vite et plus efficacement au travail.

Réduire les périodes d'inactivité

Bien que des pauses soient tout à fait nécessaires, tout laps de temps peut être utilisé à bon escient (classement, relecture rapide, recherches sur Internet, recherche d'idées ou de plans sur un thème, etc.).

Les heures passées dans les transports en commun ou dans votre véhicule, les temps d'attente – lors de vos rendez-vous ou entre deux cours – peuvent représenter plusieurs heures par semaine. Faites en sorte que ce ne soit pas du temps perdu, tirez-en profit !

Organiser son travail

Là encore, nous ne possédons pas tous le même profil, bien au contraire. Le fait que vous soyez « monochrone » ou « polychrone » ne caractérise pas votre intelligence ou votre capacité à réussir vos examen ou concours, mais votre capacité à faire plusieurs choses à la fois ou, au contraire, à vous concentrer sur une seule et unique tâche à la fois.

En prenant conscience de votre mode d'organisation, de votre rapport au temps et de celui des autres, vous comprendrez mieux votre propre fonctionnement.

Testez votre profil organisationnel

Votre bureau :

☐ a. je ne suis à l'aise que lorsque mon bureau est bien rangé

☐ b. je ne range pas souvent mon bureau et mes dossiers de travail s'empilent

Votre milieu de vie :

☐ a. j'adore la vie citadine, plus impersonnelle mais où beaucoup de choses s'offrent à moi

☐ b. je préfère habiter un village où tout le monde se connaît et dialogue

Vos exposés :

☐ a. je structure mes exposés et je n'apprécie pas les aller-retour intempestifs

☐ b. je me surprends souvent à « sauter du coq à l'âne » dans mes propos ; je reviens en arrière, puis me souviens de quelque chose et l'explique

Votre ponctualité :

☐ a. je suis toujours ponctuel et j'aime qu'on le soit

☐ b. j'accepte facilement qu'une personne puisse arriver en retard ; il est possible de se permettre une marge de liberté de quelques minutes

Votre relation vie privée/vie professionnelle :

☐ a. il ne faut pas, dans le cadre du travail, se mêler de la vie privée des autres

☐ b. lorsque quelqu'un rencontre des difficultés dans sa vie privée, il est important qu'il puisse les évoquer dans le cadre professionnel

Votre communication :

☐ a. une fois que l'essentiel est dit, il faut respecter l'horaire et passer à la tâche suivante

☐ b. je laisse facilement prolonger une discussion si cela me plaît

Votre emploi du temps :

☐ a. j'aime bien fixer un délai aux tâches importantes

☐ b. il y a trop d'impondérables, une part de liberté est nécessaire

Votre gestion des dossiers :

☐ a. chaque chose à son heure

☐ b. je mène plusieurs dossiers de front

Votre comportement dans une file d'attente :

☐ a. je préfère l'ordre ; chacun son tour

☐ b. un attroupement sans ordre strict ne me dérange pas, cela ressemble à la vie

Méthodologie de travail

Votre vision de l'avenir :

☐ a. faire des projets est plutôt irréaliste, tellement de choses peuvent se produire

☐ b. il faut avoir des projets à long terme, c'est très important

> Faites le compte de vos réponses a et b. Si vous avez davantage de a que de b, vous êtes davantage monochrone que polychrone. Si les b l'emportent, c'est l'inverse, vous êtes davantage polychrone. Une égalité de a et de b traduit un profil cérébral mixte.

Quelles conséquences devez-vous tirer de ce test ?

- **Si vous êtes polychrone**, vous devez veiller à ne pas « partir » dans tous les sens. Vous lancer dans un trop grand nombre de thèmes ou de matières peut vous être préjudiciable. Structurez davantage votre progression et donnez vous une discipline de travail.

- **Si vous êtes monochrone**, vous devez faire attention à ne pas passer trop de temps sur un dossier ou dans un domaine précis, au risque de ne pas couvrir l'intégralité du programme de l'examen ou du concours. Efforcez-vous de découper votre semaine en différents temps de travail par dossier ou par matière.

- **Si vous avez autant de réponses a que de réponses b**, vous possédez, semble-t-il, une capacité d'adaptation. Effectivement, vous réagissez de manière différente en fonction de la situation. Tantôt, vous adoptez un comportement monochrone, par exemple lors d'une tâche complexe, tantôt vous êtes polychrone en menant de front des thèmes plus traditionnels. Ce type de profil peut toutefois constituer un problème si vous employez une méthode de travail peu pertinente par rapport à l'objectif initial.

> *Décider d'approfondir les théories du commerce international et d'étudier en parallèle les différents courants (approche polychrone), alors qu'une étude chronologique de chaque courant paraît plus adaptée à votre progression (approche monochrone).*

Tenir compte de la loi biologique des performances intellectuelles

Certaines activités se réalisent plus facilement à certains moments de la journée. En dehors des préférences propres à chaque individu, il existe une loi biologique. Des recherches menées en Suède et en Allemagne montrent que les performances intellectuelles sont optimales jusqu'à 12-13 heures, puis déclinent jusqu'à 16 heures pour remonter de nouveau et connaître un maximum entre 17 et 21-22 heures.

En fonction de ces indications, il est possible d'établir le planning d'une journée de préparation optimale :

- réservez votre matinée pour les activités qui exigent une concentration mentale importante, comme des phases d'acquisition de connaissances ;
- en début d'après-midi, préférez des activités de réalisation, comme des exercices d'application ou des activités de rangement ou d'organisation (recopier des éléments au propre sous forme de fiches, commander des ouvrages, faire du courrier administratif), voire un peu de pratique sportive ou même reposez-vous, détendez-vous ;
- en fin d'après-midi et en soirée, vous pouvez mener des tâches réclamant plus de réflexion comme une analyse de sujets, l'élaboration d'un plan, l'écoute d'un débat, d'une conférence ou une lecture importante sur un thème d'actualité.

Bien entendu, des exceptions existent, et certains individus fonctionnement différemment. À vous de trouver le moment qui vous convient le mieux pour réaliser tel ou tel travail et savoir réserver le moment le plus propice pour vous aux activités exigeantes.

Optimiser la durée des séquences de travail

Rester pendant de nombreuses heures devant un même classeur n'est pas efficace. Quelle que soit l'activité choisie, évitez de travailler en continu et faites en sorte que les phases de travail et celles de repos se distinguent nettement.

> Il est très démotivant de ne travailler qu'à moitié. Il est aussi très fatigant de ne se reposer qu'à moitié.

Il faut prévoir des pauses et fixer une durée à chaque séance de travail. La durée optimale d'une séance de travail dépend en grande partie de la nature de la tâche. La compréhension peut se maintenir à un très bon niveau plus longtemps que la mémorisation. Aussi, dans certains contextes (travaux sur documents, par exemple), il n'est pas judicieux de travailler plus de deux heures d'affilée, votre travail ne serait pas fructueux.

> **MON CONSEIL**
>
> En situation d'apprentissage d'un cours, ne dépassez pas une heure de travail sur le même thème. La mémorisation diminue très vite au-delà de ce seuil. Je vous conseille donc de fractionner votre travail en séquences d'une heure entrecoupées de courtes pauses. Après le repas, effectuez une pause plus longue pouvant aller jusqu'à 90 minutes.

Alterner les disciplines et les activités

En pratiquant l'alternance des matières, vous éviterez la monotonie qui pourrait conduire au désintérêt.

De plus, une alternance des activités permettra à votre cerveau de structurer les informations et ne fera que mieux vous préparer à la variété des épreuves au concours !

Être en forme

Pour être performant intellectuellement, il faut absolument, et avant tout, être en forme. Un bon candidat est un candidat équilibré, tant sur le plan physique que psychique. L'un ne va pas sans l'autre. Vous n'en serez que plus efficace.

Tout d'abord, votre travail doit être complété par des activités extrascolaires, qu'elles soient sportives, sociales et culturelles. Travailler sans discontinuer est un très mauvais calcul. Réservez-vous des plages pour des occupations différentes.

Pensez toujours à bien respirer. Comme nous l'avons vu plus haut, le cerveau a besoin d'oxygène. Or, en général, nous ne savons pas vraiment respirer ! En fait, nous ne remplissons et ne vidons que partiellement nos poumons. Ainsi, une respiration profonde permet de faire entrer une plus grande quantité d'air, ce qui irrigue davantage le cerveau. Notre capacité d'attention se voit alors augmenter et nous rend moins vulnérable à la fatigue. En situation d'examen, une respiration plus profonde contribue à contrôler ses émotions et à combattre l'anxiété, tout en régulant les battements du cœur.

La relaxation est aussi une technique essentielle pour récupérer ses forces, enlever les tensions accumulées. Le stress est l'ennemi numéro un du candidat. Votre corps réagit à votre environnement. C'est à vous de trouver l'équilibre qu'il vous faut.

Enfin, ne négligez pas votre « carburant », autrement dit la nourriture que vous allez manger.

> **MON CONSEIL**
>
> Je ne peux malheureusement pas vous délivrer de recettes culinaires améliorant les performances intellectuelles, mais juste ce petit conseil : recherchez l'équilibre alimentaire en variant vos menus et en n'oubliant pas les fruits, les légumes, le fromage et le poisson.

Travailler en groupe

Pourquoi travailler en groupe ?

Notre système éducatif a souvent tendance à développer l'apprentissage individuel au détriment du travail en groupe. Pourtant, le groupe procure d'importants effets de synergie : en général, la valeur du travail accompli en groupe est supérieure à la somme de chaque prestation individuelle.

La règle d'or du travail de groupe – qui est en même temps une évidence – est la suivante : ne jamais effectuer en groupe une activité que les individus pourraient accomplir aussi bien, sinon mieux, isolément !

Comment organiser concrètement le travail en groupe ?

Il n'est pas toujours possible de travailler en groupe, pour diverses raisons (peu de postes offerts donc peu de candidats, éloignement géographique des candidats, niveaux de connaissances différents, etc.). Cependant, lorsque vous côtoyez régulièrement des personnes ayant un profil proche du vôtre (dans le cadre de formations académiques ou de préparations), il serait dommage de ne pas profiter de cette opportunité.

En effet, par petit groupe de trois ou quatre candidats, vous pouvez décider de vous partager le travail en attribuant à chacun un thème de travail ou une partie spécifique du programme.

L'avantage qu'on peut tirer du travail en petits groupes est d'abord quantitatif : cette situation permet de traiter davantage de thèmes de travail. Chaque membre peut se concentrer sur un thème bien précis, une partie du programme, voire une épreuve du concours. À la fin de cette phase de recherche individuelle, chaque membre présente ses résultats (à l'oral mais aussi par écrit) aux autres membres du groupe. Témoin de la façon dont ses collaborateurs s'acquittent du travail, chaque personne bénéficie alors d'une multitude de points de vue sur l'objet d'étude. Cette démarche peut être renouvelée en fonction du temps que vous avez à votre disposition.

La nécessité de formuler ses intuitions, ses hypothèses, ses déductions amène à éprouver leur cohérence et éventuellement à les clarifier pour répondre aux questions. Ainsi, l'échange permet à chacun d'apprendre la construction d'un raisonnement en essayant de convaincre (et d'abord se convaincre soi-même).

Une des difficultés de l'organisation du travail en groupe tient précisément à la maîtrise du rythme temporel. Aussi, il convient de donner de la mémoire au groupe. Pour vous aider à respecter vos engagements, je vous invite à :
— établir un plan de travail et un échéancier (la mise en place d'un plan de travail hebdomadaire semble être le découpage le plus pertinent) ;
— prévoir la répartition des tâches afin d'assurer la cohésion de l'équipe (en fonction de la tâche à réaliser et des aptitudes de chacun) ;
— lister les contraintes éventuelles (locaux, horaires, instruments dont on dispose, référentiel, etc.).

MON CONSEIL
Le groupe devra prendre conscience que seuls les individus sont classés au concours et veiller à ce que la compétition ne s'instaure pas entre ses membres mais seulement contre d'autres candidats.

Chapitre 2

Méthodologie de la dissertation

> La dissertation est le type d'épreuve le plus souvent proposé aux candidats, et elle est quasi omniprésente dans le contenu des épreuves aux concours (CAPLP et CAPET externe, Agrégation interne et externe)[1].
>
> La dissertation est un art, elle demande un respect méthodologique, mais aussi du savoir-faire. Aussi, plus vous en rédigerez et plus vous assimilerez les différentes étapes méthodologiques.
>
> Vous devez aussi apprendre à gérer votre temps, à découper les différentes parties de la dissertation en fonction du temps que l'on vous alloue pour l'épreuve (de trois à six heures). Une dissertation ne se construit pas de la même façon lorsque l'on dispose de trois heures ou du double !
>
> Aussi, dans un premier temps, je vous invite à découvrir la méthode de dissertation que je préconise puis, dans un second temps, à traiter un exemple de sujet tout en appliquant les recommandations exposées.

Présentation de la méthode

Schéma général de la méthode de la dissertation

Très souvent, lorsque je m'adresse à mes étudiants, ces derniers me donnent dans un premier temps l'impression de tout savoir ou presque – il est vrai que ce type

---

1. En ce qui concerne le CAPLP et CAPET interne, il n'y a pas de dissertation, mais sa maîtrise constituera un indéniable atout. En effet, vous aurez, d'une part à présenter une réponse structurée lors de l'épreuve écrite, puis d'autre part à utiliser la même méthodologie lors de l'épreuve orale. Aussi, tout candidat qui veut mettre le maximum de chances de son côté doit impérativement maîtriser la méthodologie de la dissertation.

de travail n'est pas nouveau pour eux, et qu'ils s'exercent depuis des années. Pourtant, en détaillant chaque partie, je m'aperçois que leur méthodologie n'est pas toujours claire, quelques fois trop sommaire pour certains ou, pire, contraire à celle que je leur propose.

La figure 2.1 montre de manière synthétique les différentes étapes à respecter dans l'élaboration d'une dissertation d'économie, de management et de droit.

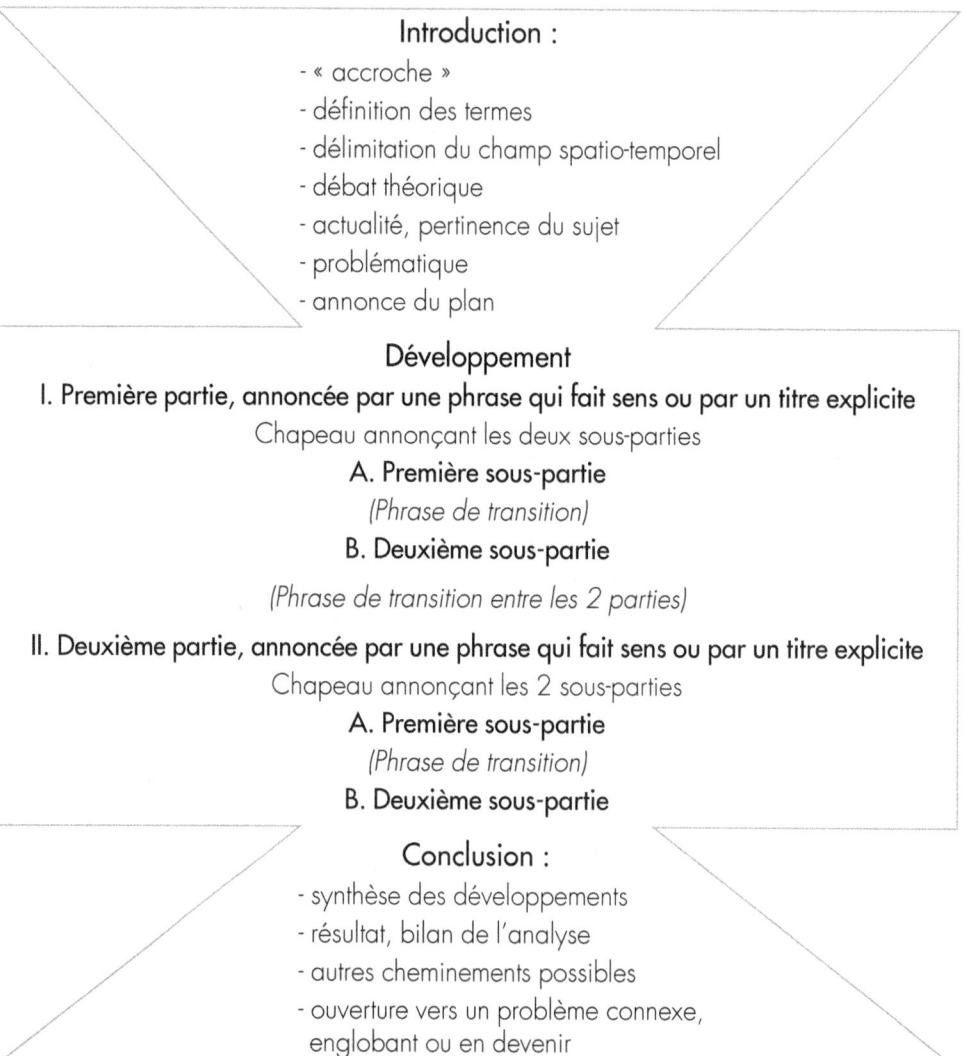

Figure 2.1 – Méthodologie de la dissertation : la méthode de « l'entonnoir »

NB : le plan peut s'articuler en 3 parties, pouvant contenir jusqu'à trois sous-parties.

L'introduction

Elle comporte *sept étapes* plus ou moins chronologiques. Toute la difficulté réside dans le fait de concilier respect de la méthode et fluidité dans la lecture.

Les sous-parties ne doivent pas s'enchaîner brutalement. Le cheminement de l'introduction doit suivre une logique, et les différentes étapes doivent peu à peu apparaître de manière naturelle.

L'introduction est une composante essentielle de la dissertation, elle peut aller jusqu'à un tiers du devoir.

> *Si votre dissertation fait douze pages, votre introduction peut alors en contenir jusqu'à quatre.*

> **MON CONSEIL**
>
> C'est la première chose que le correcteur lira, et cette première approche doit être la meilleure possible. Il faut donc lui apporter un soin tout particulier.

Voyons maintenant ce que cette étape doit contenir.

L'accroche

Il s'agit de la première composante de l'introduction. Comme son nom l'indique, elle doit interpeller le lecteur, l'accrocher. Elle doit être très travaillée, et toute banalité doit en être proscrite.

Elle peut prendre la forme d'un exemple d'actualité lié au thème de la dissertation, d'une citation pertinente en relation avec le thème en question, de chiffres illustrant une situation spécifique liée au sujet.

> **MON CONSEIL**
>
> Attention, il s'agit de rendre le lecteur attentif à un fait important de l'actualité, à une réflexion centrale autour du sujet ou à une illustration intéressante du thème central de la dissertation. Il ne s'agit pas de le surprendre, de citer quelque chose de faux ou de très éloigné du sujet !

La définition des termes

Phase essentielle du devoir, elle doit être réfléchie et particulièrement soignée. Chaque mot a son importance. Ne négligez rien et définissez tous les termes importants du sujet.

Lorsque vous ne connaissez pas de définition « scientifique » du terme, traduisez avec vos propres mots le sens des termes qui vous sont présentés dans le sujet. Vous ne devez pas plaquer les définitions les unes derrière les autres, mais tenter de les associer à des réflexions sur le thème du sujet. Ainsi, le lecteur aura l'impression de progresser dans une démarche intellectuelle, tout en relevant des définitions précises des mots importants contenus dans le sujet.

La délimitation du champ spatio-temporel

Cette étape fixe le cadre de votre réflexion autour du sujet. Elle permet de préciser au lecteur à quelle période sera traité le sujet et dans quel espace.

La majorité des sujets récents place le candidat à l'époque actuelle et l'invite à raisonner dans une dimension internationale. Toutefois, il convient de préciser que, même pour un sujet contemporain, des théories traditionnelles pourront être utilisées et confrontées au débat.

Une phrase standard peut être utilisée pour délimiter le champ spatio-temporel du sujet.

> *Nous traiterons le sujet à l'époque actuelle, sur le plan international, en nous appuyant sur des théories traditionnelles et contemporaines.*

Le débat théorique

Il s'agit, avec la problématique, de l'étape la plus difficile à réaliser. Cette étape est très souvent absente des dissertations de niveau bac+2 mais paraît importante à partir du niveau Licence (niveau L).

Il s'agit de mettre en avant les auteurs et leurs travaux liés au sujet. En fait, certains termes du sujet doivent vous faire penser à un ou plusieurs auteurs, voire directement à un débat théorique, c'est-à-dire à une opposition d'idées sur un même thème, des visions partagées sur le sujet.

> **MON CONSEIL**
>
> Soyez très prudent et surtout n'avancez pas de nom d'auteur si vous n'êtes pas certain qu'il est à l'origine des travaux auxquels vous pensez. Il ne faut pas donner le bâton pour se faire battre ! Il convient donc de bien orthographier le nom de l'auteur, de veiller à posséder un minimum de connaissances sur celui-ci et ses réalisations, et surtout de vérifier sa pertinence par rapport au thème de la dissertation. Il ne faut pas citer pour citer. De même, privilégiez ici les auteurs essentiels et non « secondaires ».

Les correcteurs ne recherchent pas de catalogue de connaissances mais apprécient de voir ici quelques auteurs qui ont véritablement traité la question et apporté leur contribution au développement théorique.

L'actualité, la pertinence du sujet

À ce stade, après avoir défini et délimité le sujet, précisé le débat théorique, il semble intéressant de mettre en avant l'actualité du sujet, c'est-à-dire des exemples concrets du contexte économique, social, juridique ou managérial actuel.

> *Vous pouvez donc citer des situations d'entreprises, des pratiques de managers ou de décideurs, des cas récents afin de montrer toute la pertinence du sujet.*

Cette étape est importante puisqu'elle rattache le lecteur à la réalité et aux problèmes actuels.

La problématique

Il s'agit de la phase la plus importante de votre introduction. Tout ce que vous avez réalisé pour l'instant a pour but de vous conduire à l'élaboration de cette problématique. Sa rédaction doit être minutieuse.

C'est lors de la phase de recherche d'idées, en projetant toutes vos idées au brouillon, que vous devez la voir émerger. Votre problématique ne doit pas être plaquée à la suite de la phase d'actualité du sujet, mais suivre une certaine logique de réflexion, une certaine fluidité.

> **MON CONSEIL**
>
> Je vous conseille de la présenter sous forme interrogative, une succession de questions interpellant davantage le correcteur. Une présentation de manière indirecte (non interrogative) est cependant possible.

Ne vous limitez pas à une question : votre problématique doit prendre la forme d'une question centrale, suivie de questions sous-jacentes (si votre problématique est pertinente, ces dernières devraient en découler naturellement).

> Pensez à formuler votre problématique de sorte que votre plan puisse y répondre, c'est primordial !

L'annonce du plan

C'est l'ultime étape de l'introduction. Elle consiste à annoncer de manière très claire le plan de votre dissertation, c'est-à-dire le nom des différentes parties de votre développement.

> L'annonce du plan doit être compréhensible et ne pas comporter de phrases trop longues.

Sa rédaction est en général assez standard.

> *Nous verrons, dans une première partie que… (I), puis, dans un second temps, nous analyserons… (II).*

Le développement

Les titres des parties et des sous-parties

Beaucoup d'étudiants me disent que leurs professeurs leur ont toujours dit de ne pas faire apparaître le plan sur leur copie. Cela s'oppose complètement à ma conception de la dissertation : je suis à 100 % en faveur du plan apparent !

Ce débat mérite ici d'être explicité. En fait, il existe aujourd'hui deux grandes écoles au sujet de la méthodologie de la dissertation.

- La première, que je qualifierais de traditionnelle ou classique, prône une dissertation fluide, structurée, sans faire apparaître le plan. Pour cette école, la dissertation est un travail de rédaction qui ne doit pas, contrairement à un cours, présenter de structure apparente.
- La deuxième école, que j'appellerais « novatrice », souhaite une présentation très structurée, et donc un plan apparent. Ce courant méthodologique considère

que cette pratique favorise la clarté de l'exposé et encourage l'étudiant à présenter un travail construit, argumenté et qui répond à la problématique posée dans l'introduction.

> Les jurys n'ont pas de préférence, et les candidats utilisant l'une ou l'autre méthode ne seront pas pénalisés ou avantagés.

Il semble que la deuxième école soit désormais majoritaire dans le milieu universitaire, et c'est incontestablement celle que je préfère. Elle favorise la construction de la dissertation et la progression du débat lors du développement. Ce n'est pas parce que le plan est apparent que le devoir sera moins bien rédigé ou moins fluide, bien au contraire.

Ainsi, je vous encourage vivement à inscrire les titres de vos parties et de vos sous-parties – et éventuellement davantage si cela se justifie. Ce n'est qu'une recommandation, mais elle a toute son importance : le lecteur verra plus rapidement vos idées principales. Il pourra faire un tour d'horizon de votre copie afin d'en saisir l'articulation, la structure et la progression de votre raisonnement ou fil conducteur.

> **MON CONSEIL**
> Une dissertation n'est pas un plan détaillé et il est inutile de faire apparaître les titres des différents paragraphes correspondants à chacune de vos idées.

Les « chapeaux »

Un chapeau est une courte introduction (une ou plusieurs phrases) présentant le contenu de votre partie. Il s'agit donc de la première chose que vous allez inscrire après avoir noté le titre de votre partie.

Cette étape ressemble à une annonce de plan. Elle doit être explicite et permettre au lecteur de repérer les sous-parties de votre devoir.

Les phrases de transition

Les phrases de transition relient les parties ou sous-parties entre elles. Elles jouent un rôle important, aussi il convient de soigner vos transitions, c'est-à-dire le passage d'une idée à une autre. Celui-ci ne doit pas être brutal, mais progressif et surtout logique. Il faut en effet qu'une articulation méthodique et réfléchie apparaisse nettement lors de la lecture de votre copie.

La transition centrale peut reprendre sous une autre forme les questionnements présentés dans l'introduction. De même, c'est à ce stade qu'il est possible de rappeler les idées essentielles de la première partie avant d'aborder un autre champ d'analyse dans la deuxième partie.

La conclusion

> **MON CONSEIL**
>
> **Rédigez votre conclusion dans la foulée de l'introduction.** Vous venez d'élaborer votre problématique et vous êtes alors parfaitement à même d'y apporter une réponse, puisqu'à ce stade votre plan détaillé est réalisé et que vous connaissez le contenu de votre développement.

Il n'y a rien de pire que de devoir bâcler une conclusion à la hâte, dix minutes avant la fin de l'épreuve ! Le stress vous envahit et vous n'avez plus suffisamment de recul pour produire quelque chose de véritablement pertinent et fidèle à ce qui précède.

Une conclusion comprend obligatoirement les *quatre éléments* détaillés ci-dessous.

La synthèse des développements

C'est votre capacité de synthèse qui est testée ici. Vous devez faire ressortir l'essentiel de votre devoir, les faits marquants et les idées importantes de votre argumentation. Notez bien qu'il est quasi impossible de parler de tout, et qu'inéluctablement vous laisserez des éléments de côté.

> **MON CONSEIL**
>
> Attention, à aucun moment, vous ne devez avancer quelque chose qui ne figure pas dans votre développement.

Le résultat, le bilan de l'analyse

C'est ici que vous répondrez à la problématique énoncée dans l'introduction et que vous tirerez un bilan de l'ensemble de l'analyse menée :
– Finalement, que pouvez-vous avancer comme remarques ?
– Quelles idées vous paraissent les plus intéressantes ?
– Que pouvez-vous dire sur le thème central de la dissertation ?

Méthodologie de la dissertation

Les autres cheminements possibles

Cette étape permet de présenter les autres voies possibles de traitement du sujet, c'est donc elle qui vous permet de faire la preuve de votre réflexion préalable.

Expliquez dans ce cadre pourquoi vous n'avez finalement pas retenu tel ou tel cheminement.

> *Il aurait été intéressant d'étudier… mais…*

L'ouverture vers un problème connexe, englobant, ou en devenir

Enfin, pour terminer votre dissertation, vous devez présenter une ouverture du sujet vers un problème adjacent, plus ou moins proche du thème traité, ou alors qui pourrait apparaître dans un futur relativement proche.

Cette ouverture peut se faire de manière interrogative ou alors indirecte (c'est-à-dire non interrogative). C'est une fois encore l'occasion d'interpeller le lecteur, de montrer la qualité de votre réflexion et de votre analyse.

Typologie des sujets

Il existe trois grandes catégories de sujet en fonction de leur intitulé.

- Les **sujets de type 1** correspondent à une phrase présentant le thème à traiter. La difficulté de ce type de sujet est de présenter une problématique intéressante, puisqu'elle n'apparaît pas clairement dans l'intitulé du sujet. Cependant, le candidat connaît instantanément le contenu du sujet, ce qui lui facilite grandement la tâche. Ce type de sujet se rencontre souvent lors des examens de niveau bac+2, lors de l'épreuve de l'UV3 (organisation et gestion de l'entreprise) du DECF, voire au niveau CAPLP ou CAPET.

> Ne tombez pas dans le piège du hors sujet !

> *Les stratégies d'externalisation des entreprises.*
> *La gestion de la taille.*
> *La place de l'audit dans la gestion des entreprises.*
> *Les investissements immatériels.*

- Les **sujets de type 2** mettent en avant une phrase interrogative, qui n'est autre que la problématique centrale du sujet. La difficulté de ce type de sujet réside dans la rédaction du cheminement qui mènera à la reformulation de la problématique, toujours sous une forme interrogative. N'oubliez pas que votre plan doit répondre à votre problématique. Ce type de sujet est en général proposé aux candidats lors des examens ou concours de niveau bac+2 / bac+3.

> *L'entreprise choisit-elle sa taille ?*
> *Pourquoi les dirigeants effectuent-ils des changements structurels ? N'existe-t-il pas de freins à l'exercice de ce pouvoir ?*
> *Dans quelle mesure la notion d'éthique doit-elle être partie prenante du management des organisations ?*

- Les **sujets de type 3** lient deux concepts, ou entités, par le biais d'une conjonction de coordination. Dans ce dernier type de sujet, une erreur grave consiste à traiter à part les deux concepts clés du sujet. Aussi, tout au long de votre devoir, vous devez tenir compte des relations entre les deux termes centraux du sujet. Ce type de sujet semble être le plus difficile à traiter, car il implique d'avoir résolu une double difficulté : d'une part, l'existence de ces deux concepts qu'il faut relier tout au long du devoir, et d'autre part l'élaboration d'une problématique pertinente qui n'apparaît pas dans l'intitulé même du sujet. Beaucoup de sujets de niveau Agrégation sont formulés de cette manière-là, tant pour les épreuves écrites que pour les épreuves orales.

> Le terme le plus important du sujet est la conjonction de coordination !

> *Pérennité et performance de l'organisation.*
> *Dynamique stratégique et stabilité financière de l'entreprise.*
> *Hiérarchie et performance de l'organisation.*
> *Gestion des risques et gouvernance de l'entreprise.*

Méthodes de recherche d'idées

Les méthodes de recherche d'idées sont nombreuses et indispensables. Une utilisation trop abondante de ces méthodes ne serait pas efficace, aussi il convient de ne pas vous disperser et de choisir celles qui correspondent le mieux à votre profil.

> Votre temps est précieux et votre phase d'analyse doit être bien minutée.

Je vous propose d'étudier quelques méthodes de recherche d'idées qui me semblent intéressantes.

Le QQOQCP (ou QQOQCCP)

Cette méthode simple, efficace et facile à mémoriser (procédé mnémotechnique) permet notamment de ne pas oublier de points essentiels du sujet.

Il s'agit pour le candidat de se poser une succession de questions :
- **Qui** est concerné par le sujet ?
- **Quoi** (thème, ou thèmes centraux, du sujet) ?
- **Où** (délimitation spatiale du sujet) ?
- **Quand** (délimitation temporelle du sujet) ?
- **Comment** (moyens d'action liés au sujet) et **combien** ? (coût d'utilisation des moyens, nombre d'individus ou d'entités concernés par les thèmes du sujet). La lettre « C » a ici un double sens (c'est pour cela que l'on nomme également cette méthode QQOQCCP) ;
- **Pourquoi** (causes d'une action liée au sujet) ?

Le brainstorming

Littéralement, cette expression signifie « tempête de cerveau ». Il s'agit en fait de jeter en vrac sur un brouillon les différentes idées qui viennent à l'esprit en les numérotant (éventuellement) de manière séquentielle[1].

Cette méthode est très souvent employée en entreprise et peut présenter de nombreuses variantes.

> *Un groupe de travail peut ainsi effectuer un brainstorming lors d'une réflexion sur l'élaboration d'un nouveau produit. Une personne est alors chargée de relever les idées prononcées par les participants. Chaque idée favorise l'apparition de nouveaux points de vue, de nouvelles réflexions et développe ainsi la créativité, l'innovation.*

---

1. Voir l'exemple de sujet commenté proposé dans la deuxième partie de ce chapitre.

> *Une synthèse de l'ensemble de la réflexion est effectuée à la fin du brainstorming en regroupant différentes idées pouvant déboucher sur une prise de décision (en entreprise) ou constituer une partie ou une sous-partie du plan détaillé de la dissertation.*

Le schéma heuristique

Il consiste à placer le thème principal au centre d'une feuille et à laisser les idées se ramifier à partir de ce thème.

La technique du schéma heuristique (« mind map ») a été créée par Tony Buzan, spécialiste anglais des sciences cognitives.

Elle permet d'exprimer et d'organiser des idées plus ou moins complexes à l'aide de mots clés, voire d'images. Elle favorise la compréhension, la mémorisation et l'intégration d'informations.

Concrètement il s'agit, à partir d'une idée centrale ou d'une question, d'organiser et de représenter l'information d'une manière visuelle et structurée, de telle façon qu'elle invite à la découverte de nouvelles idées ou informations.

Cette technique peut être utilisée de manière individuelle (recherche d'idées dans la phase d'analyse du sujet de dissertation, prise de note, organisation personnelle, etc.) ou collective (brainstorming, gestion de projet, animation de réunion, etc.).

Méthodologie de la dissertation

**Figure 2.2 – Exemple de schéma heuristique réalisé à partir du sujet suivant :
« Dans quelle mesure la compétition des entreprises passe-t-elle par une réduction de leur temps de réaction ? »**

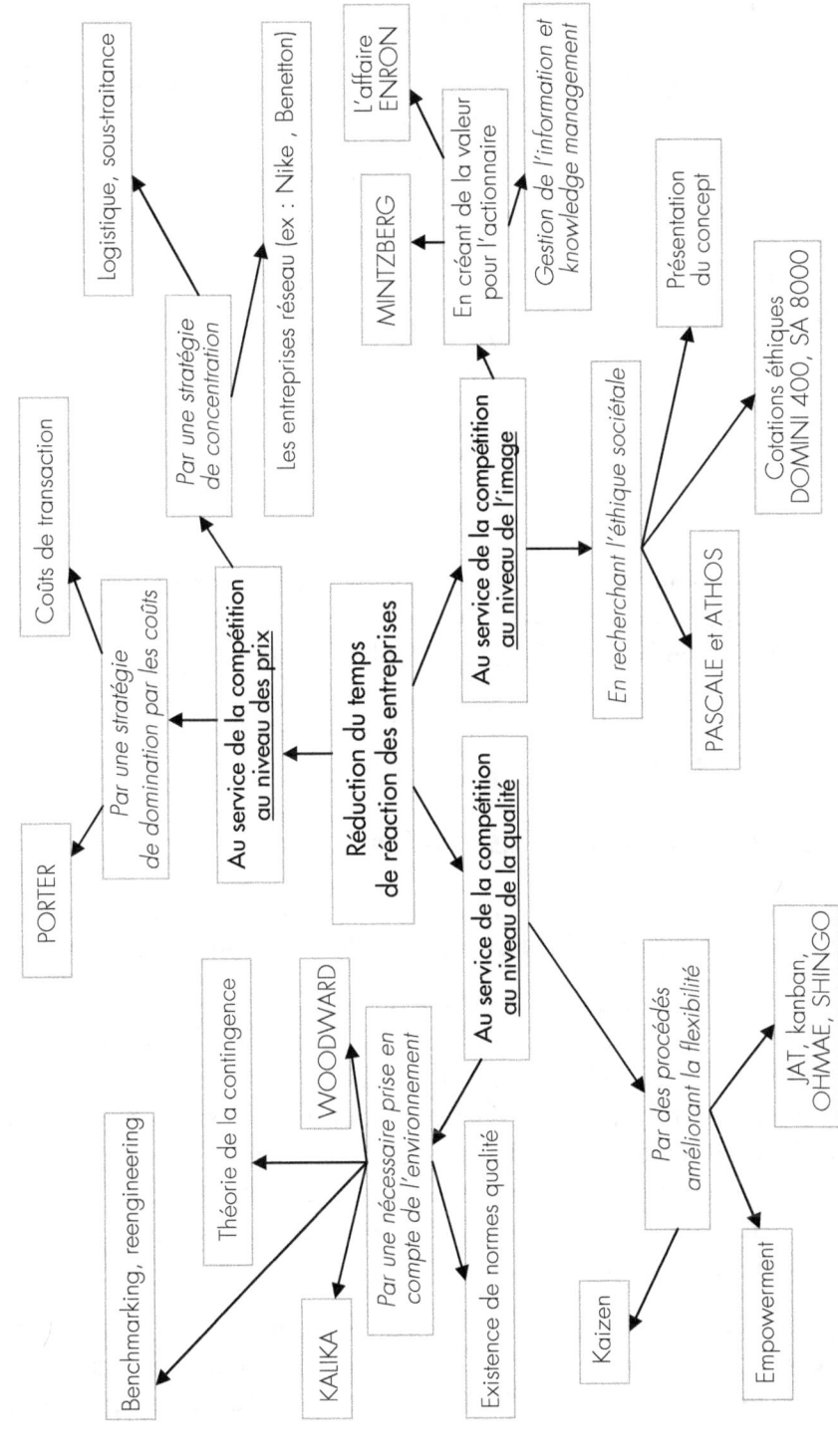

Vers l'ordonnancement des idées

Une fois la phase d'analyse du sujet terminée, il est indispensable d'ordonnancer ses idées. Je vous propose de le faire sous la forme d'un tableau.

Vous pouvez prendre votre feuille de brouillon à l'horizontale et réaliser un tableau tel que celui-ci :

Tableau 2.1 – Tableau récapitulatif

Idées	I/ A/	I/ B/	II/ A/	II/ B/
1)	X			
2)		X		
3)				X
...				

Relisez vos brouillons et dans la première colonne, faites figurer toutes les idées que vous jugez intéressantes. Ensuite, vous les placez dans les différentes parties et sous-parties que votre réflexion préalable aura fait émerger.

Il vous sera ensuite facile de contrôler d'un coup d'œil l'équilibre de vos différentes parties et sous-parties.

Grille d'évaluation de la dissertation

Cette grille vous sera très utile, dans le sens ou il est intéressant – voire même indispensable – de connaître les critères sur lesquels vous serez évalué.

Bien entendu, cette grille n'est qu'une proposition d'évaluation, et ne constitue aucunement une norme. Chaque grille d'évaluation est subjective, dans le sens où seul le correcteur décide à un moment donné de l'emplacement de la croix qu'il souhaite attribuer à l'étudiant par rapport à un certain critère. Mais comment faire autrement ? L'évaluation de la dissertation peut-elle strictement se baser sur des principes mécaniques ? Certes, le correcteur doit le plus possible présenter une évaluation juste et pertinente, mais réduire à néant toute subjectivité semble être une gageure.

La grille d'évaluation ci-après correspond à celle que j'utilise lors des corrections des dissertations réalisées par mes étudiants préparant un Diplôme d'études comptables et financières (DECF), diplôme remplacé à compter du 1er septem-

Méthodologie de la dissertation

bre 2007 par le Diplôme de comptabilité et gestion (DCG ; niveau L).

Avoir une connaissance précise des critères évalués devrait vous permettre de mieux répondre à l'attente des correcteurs.

> N'oubliez pas que l'enseignant ne peut pas vous donner de points si vous ne présentez pas toutes les étapes de la dissertation.

Tableau 2.2 – Grille de notation de la dissertation

Critères d'évaluation	0,00	0,25	0,50	0,75	1,00	1,25	1,50	1,75	2,00
Dans l'introduction									
Accroche									
Définition des termes									
Délimitation du champ spatio-temporel									
Débat théorique									
Actualité, pertinence du sujet									
Problématique									
Annonce du plan									
Dans le développement									
Idées avancées									
Connaissances théoriques									
Exemples d'actualité									
Pertinence du plan, cheminement d'un raisonnement adapté									
Chapeaux et transitions									
Dans la conclusion									
Synthèse des développements									
Résultat, bilan de l'analyse, réponse à la problématique									
Autres cheminements possibles, ouverture									
Généraux									
Syntaxe, orthographe, grammaire et style de rédaction									
Présentation générale, équilibre des parties, structure									
TOTAL									
NOTE :									
APPRÉCIATION :									

Sujet commenté : pilotage de l'entreprise et modifications de l'environnement

Le travail présenté ici correspond à une dissertation portant sur les éléments généraux de l'analyse des organisations et sur l'économie des entreprises (soit une dissertation de management) de niveau Agrégation, traitée en temps réel (6 heures).

Ce sujet a été donné à l'Agrégation externe d'économie et gestion en avril 2003. Ma copie a obtenu la note de 10/20 (la moyenne de l'épreuve s'est élevée à 5,99/20). Vous trouverez des commentaires et des propositions d'améliorations qui vous permettront d'approfondir certaines notions.

 ## Les idées recensées au brouillon

> **MON CONSEIL**
>
> **Ne travaillez qu'en utilisant le recto de chaque feuille** de brouillon que vous avez à disposition. Demandez-en plusieurs avant le début de l'épreuve.
>
> Remplissez les en-têtes de vos copies d'examen ou de concours avant de vous plonger dans la phase de recherche d'idées. Toutes ces minutes gagnées sont toujours bonnes à prendre en fin d'épreuve pour le temps de relecture.
>
> **Numérotez chaque idée** de manière séquentielle, aussi bien les exemples d'entreprises que les éléments théoriques, les citations et les idées de plan.

Voici les remarques qu'il était possible de noter au brouillon par rapport au sujet.

1. Citation de Sénèque : « Il n'est de vent favorable qu'à celui qui sait où il va. »
2. Les modifications de l'environnement affectent la structure de l'entreprise et la stratégie de l'entreprise.
3. Information → Décision → Action → Contrôle
4. Pilotage = processus permettant à l'entreprise de renforcer ou de modifier son organisation et sa stratégie en vue de réaliser ses objectifs.

5. Outils de pilotage = écarts (prévisions/réalisations) ; tableau de bord (tableau synoptique).
6. Il existe plusieurs modifications de l'environnement. (Environnement = ce qui se situe en dehors de la frontière de l'entreprise.)
7. Les cinq forces de la concurrence selon Porter, *Choix stratégiques et concurrence* :
    – position de force des clients, fournisseurs,
    – menace de l'arrivée d'un produit de substitution,
    – menace de l'arrivée d'un nouveau concurrent,
    – rivalité entre firmes sur le marché.
8. Modifications = changements d'état, d'attitude, de composition, de forces en présence, de politique économique, industrielle, fiscale, sociale, nouvelles réglementations, lois, normes.
9. Analogie entre le pilotage d'une entreprise et celui d'une automobile :
    – réglementation en place : code de la route,
    – profil de la route → adapter sa vitesse,
    – obstacles sur la route plus ou moins surprenants → vigilance,
    – étapes intermédiaires nécessaires sur un trajet : la prise de carburant,
    – conduite de jour ou de nuit → tenir compte de son état physique et physiologique,
    – utiliser son expérience à bon escient.

Aussi, il semble nécessaire de se poser les questions suivantes :
    – Que sait-on faire ?
    – Que peut-on faire ?
    – Que veut-on faire ?

Donc, il faut établir un diagnostic :
    – forces/faiblesses,
    – opportunités/menaces.

10. Piloter c'est prendre des décisions ;
    - stratégiques (à long terme) → contrôle stratégique,
    - tactiques (à moyen terme) → contrôle de gestion,
    - opérationnelles (à court terme) → contrôle opérationnel.

11. Objectif premier = assurer sa pérennité puis augmenter sa performance, augmenter la valeur créée en répondant aux problèmes de gestion actuels :
    - valeur/coût,
    - productivité/flexibilité,
    - délai/hétérogénéité des produits,
    - qualité totale minimisation des coûts.
12. Théorie de la contingence (années 1970) Robert Lawrence, Jay Lorsch. Concept différenciation/intégration vers des buts communs.
13. Kalika (1988) thèse de doctorat sur les déterminants de la structure :
    - âge,
    - taille,
    - technologie.
14. Woodward : la technologie modifie la structure de l'entreprise ; importance de l'innovation (suite à une invention) ; travaux sur une centaine d'entreprises anglaises dans les années 1950.
15. Quelles peuvent être ces modifications de l'environnement ?
    - changements sur le marché,
    - nouveaux concurrents,
    - poids d'un concurrent plus important,
    - nouveaux produits,
    - position de force d'un fournisseur,
    - position de force d'un client.

Et quelles sont les réponses possibles ?
    - veille stratégique et technologique,
    - modification de la politique mercatique (fonction mercatique),
    - stratégie suiveur (copier, mimétisme…),
    - élargir ses sources d'approvisionnement (sourcing, outsourcing),
    - diversifier sa clientèle, modifier ses possibilités de distribution (canaux),
    - réseau = permet de mieux gérer les chaînes de valeur externes de l'entreprise (fournisseurs, partenaires).
16. Problématiques de gestion : incertitude, risque, gestion du changement.
17. Modifications stratégiques

- kaizen : processus d'amélioration permanente, continue,
- knowledge management : gestion des connaissances, des compétences, savoir, savoir-faire, savoir être. But : réutiliser ce capital humain, patrimoine stratégique de l'entreprise dans l'optique d'être plus réactif par rapport aux variations de l'environnement.
- ingénierie simultanée,
- gestion en temps réel,
- système d'information pertinent,
- empowerment (augmentation du pouvoir opérationnel des salariés, concept décrit au préalable par Mary Parker Follet qui selon Drucker est « l'étoile la plus brillante au firmament du management »).

18. Modifications structurelles
    - places importantes aux fonctions logistique, maintenance (préventive, curative, prédictive) ;
    - pour améliorer la réactivité :
        - structure décentralisée (Sloan, General Motors),
        - structure divisionnelle : Chandler, *The visible hand in american business*. Pour lui, la stratégie influence la structure,
        - structure participative (Drucker, DPO, DPPO),
        - structure polycellulaire,
        - structure plate après un downsizing (restructuration) et delayering (suppression de plusieurs niveaux hiérarchiques),
        - nécessité de pratiquer le reengineering (reconfiguration complète de l'organisation, remise à plat) et le benchmarking (comparaison des processus clés des meilleures entreprises du secteur ou d'autres secteurs),
        - création d'entreprises réseau (Cruz, présentation du concept de vaisseau amiral ; constitution de keiretsu au Japon),
        - la meilleure façon d'éliminer un concurrent est de l'absorber,
        - notions de maillage d'entreprises, de partenariat, d'alliances.

19. Fayol : « Administrer, c'est prévoir, organiser, commander, coordonner et contrôler ».

20. Mintzberg, *Structures et dynamique des organisations*. Pour lui, la structure doit être évolutive, suivre un processus dynamique pour s'adapter, et non rester statique.

21. La structure peut aussi influencer la stratégie (Mussche, Galbraith).
22. Piloter = décider, nécessite des rétro-actions, un certain feed-back.

    Le terme décider vient du latin *decidere* qui signifie « trancher ». D'où l'importance de la qualité de l'information : elle doit être récente, objective, et sa traçabilité doit être claire.

    Le terme information vient du latin *informare* qui signifie « mettre en forme ».
23. Théorie évolutionniste : une activité secondaire peut permettre de rebondir.
23. Le manager se retrouve face à de multiples questions :
    - Faire ou faire faire ?
    - Se diversifier ou se spécialiser ?
    - Dominer par les coûts, se différencier ou se concentrer ?
    - Croissance interne ou externe ?
    - Internationalisation ?
24. Team building, équipes transverses, groupes de projet.
25. Exemple de manager performant : Carlos Ghosn, surnommé « brise-glace » ou « cost-killer ».
26. Distinction importante entre le concept de « shareholders » (les porteurs de parts) et celui de « stakeholders » (les parties prenantes).
27. Exemples d'entreprises :
    - concernant les modifications structurelles : Hewlett-Packard/Compaq (fusion), Renault/Nissan, Crédit lyonnais/Crédit agricole, Daimler/Chrysler,
    - concernant les modifications stratégiques : Bic, Salomon (diversification), Coca, Nike (spécialisation).

> **MON CONSEIL**
>
> Pour éviter d'oublier des idées essentielles liées au sujet, je vous suggère de noter sur une autre feuille de brouillon les titres des différents chapitres au programme ou du cours qui vous ont servi de support de révisions.

Méthodologie de la dissertation

 ## *Le plan détaillé*

> **MON CONSEIL**
>
> Prenez une feuille de brouillon par partie (deux ou trois), et ne travaillez que sur le recto de vos feuilles.

Voici un plan détaillé possible parmi d'autres.

I. Les modifications de l'environnement provoquent un changement stratégique

  A. Dans le but d'améliorer la performance de l'entreprise

    1. Une veille stratégique nécessaire

      a. Par la pratique du benchmarking

      b. Sur le plan technologique

      c. Sur le plan mercatique

    2. Le choix d'une stratégie « suiveur »

    3. L'élargissement des sources d'approvisionnement (sourcing, outsourcing)

    4. Les raisons de la mise en place d'une stratégie de diversification

  B. Dans le but d'améliorer la valeur créée par l'entreprise

    1. Auprès des stakeholders

      a. Les salariés
        - Par le biais du knowledge management
        - Par la pratique du team building, de l'empowerment

      b. Les clients
        - En utilisant des méthodes mesurant la valeur créée par l'entité (ex : méthode ABC)
        - En développant des pratiques d'amélioration continue (ex : méthode kaizen, coût cible, etc.)

    2. Auprès des shareholders

      a. La quasi-obligation de dégager des dividendes pour garder la confiance des actionnaires

      b. La problématique actuelle du gouvernement d'entreprise

…/…

.../...

II. Les modifications de l'environnement provoquent un changement structurel

A. Dans le but d'améliorer la performance de l'entreprise

1. L'augmentation de la réactivité

a. Mise en place de structure polycellulaire, structure plate et horizontale

b. Apparition de la structure adhocratique définie par Mintzberg (ex : les start-up)

c. L'influence des théoriciens de la contingence (Lawrence et Lorsch, Woodward, etc.)

d. Les travaux de Kalika : identification des déterminants de la structure

2. L'importance de nouvelles fonctions

a. La fonction logistique

b. La fonction maintenance

c. La fonction qualité

d. La fonction RD

e. La fonction contrôle de gestion

B. Dans le but d'améliorer la valeur créée par l'entreprise

1. Auprès des stakeholders

a. Les apports de l'entreprise réseau (Cruz, concept de keiretsu, aux clients et aux fournisseurs)

b. La mise en place de la DPO et de la DPPO qui responsabilisent davantage les salariés

2. Auprès des shareholders

a. Les pratiques de reengineering

b. Le downsizing et le delayering

> Veillez à l'équilibre des parties et à leur composition en termes d'idées personnelles, de théories et d'exemples de la vie managériale.

Vous constaterez que les idées recensées au brouillon sont pour la majorité d'entre elles présentes dans ce plan détaillé. Le plan détaillé émerge par regroupements d'idées qui font apparaître, petit à petit, les ramifications des parties.

Si à ce stade certaines idées vous semblent inutiles, voire mal venues, supprimez-les tout simplement.

Méthodologie de la dissertation

> **MON CONSEIL**
>
> Préférez les plans en deux parties plutôt qu'en trois, à moins que le sujet vous y invite clairement (« vous montrerez que… puis… et enfin vous… »). L'être humain se sent plus à l'aise dans le cadre d'un raisonnement binaire (bien-mal/jour-nuit/causes-conséquences/blanc-noir, etc.). Un plan en trois parties a plus de risques d'être déséquilibré. N'oubliez pas d'utiliser un tableau d'ordonnancement d'idées (cf. tableau 2.1).

 ## *L'introduction*

> **MON CONSEIL**
>
> À ce stade, je vous conseille vivement de **relever sur une feuille de brouillon les différentes étapes de votre introduction** – et par la même occasion de la conclusion – afin de ne pas en oublier.

Il est fortement conseillé de rédiger l'introduction au brouillon. Cela vous évitera bon nombre de ratures ou de marques de correcteur. De plus, certains candidats éprouvant des difficultés pour élaborer leurs phrases, il semble préférable de les travailler au brouillon.

L'ordre présenté ci-dessous est préférentiel, mais une articulation légèrement différente peut convenir, comme nous le verrons dans la dissertation présentée plus bas.

Les composantes de l'introduction

Accroche

Définition des termes

Délimitation du champ spatio-temporel

Débat théorique

Actualité, pertinence du sujet

Problématique

Annonce du plan

La conclusion

Rédigez-la tout de suite après l'introduction, cela vous évitera de ne pas conclure sans avoir répondu à la problématique.

Votre plan détaillé est élaboré, vos idées recensées : vous savez donc pertinemment ce que vous allez écrire dans votre développement. Vous pourrez ainsi écrire votre conclusion dans un contexte moins stressant que celui des quinze dernières minutes de votre devoir.

Les composantes de la conclusion
Résumé des développements
Bilan de l'analyse, réponse à la problématique
Autre(s) cheminement(s) possible(s)
Ouverture vers un problème connexe ou en devenir

La rédaction

Accroche

> Comme le proclamait le philosophe Sénèque, « il n'est de vent favorable qu'à celui qui sait où il va. » Cette citation semble pertinente, mais elle oublie de prendre en compte l'influence d'éléments extérieurs qui peuvent contrarier la réalisation d'objectifs. Cet adage peut s'appliquer à l'entreprise, puisqu'il parait primordial qu'elle définisse une stratégie afin d'atteindre ses buts. Mais là encore, elle devra faire face à un environnement complexe, incertain et changeant.

Définition des termes

> L'entreprise peut être perçue comme un centre de décisions, capable de se doter d'une stratégie en vue d'assurer sa pérennité et sa croissance. Pour arriver à ses fins, l'entreprise doit mettre en place un système de pilotage, c'est-à-dire un processus lui permettant de renforcer ou de modifier son organisation et sa stratégie en vue de réaliser ses objectifs. Le schéma suivant permet de cerner le rôle confié au pilotage de l'entreprise :

Information → Décision → Action → Contrôle

rétro-action

Méthodologie de la dissertation

Le pilotage de l'entreprise intervient au cours des différentes étapes présentées ; il s'agit d'un véritable processus permettant des rétroactions, si nécessaire.

L'environnement, qui représente tout ce qui se situe en dehors de la structure de l'entreprise (en dehors de la frontière dans le cadre d'une analyse systémique), affecte par ses variations le pilotage de l'entreprise. Les modifications de l'environnement sont multiples ; elles peuvent concerner des changements de politique économique, industrielle, fiscale, sociale ou l'apparition de nouvelles lois, réglementations ou normes, mais se concentrent surtout sur des variations d'état, d'attitude, de composition des forces en présence sur le marché.

Débat théorique

À partir des travaux de Porter et de sa définition des cinq forces de la concurrence dans son ouvrage *Choix stratégiques et concurrence*, nous concentrerons notre réflexion sur des modifications de l'environnement provenant de la venue de nouveaux concurrents sur le marché, d'un poids plus important représenté par un « adversaire » déjà en place sur le marché, de l'apparition de produits de substitution ou encore de positions de force accrues de fournisseurs ou de clients.

Réflexion menant à la problématique

La gestion de l'organisation, et par conséquent son pilotage, passent par une prise en considération de l'incertitude, du risque, et des changements créés par l'environnement.

Une analogie semble possible entre le pilotage de l'entreprise et celui d'une automobile, qui nous permet de véritablement mesurer l'importance des interrelations ou interconnexions existant entre les deux concepts clés du sujet : le pilotage de l'entreprise et les modifications de l'environnement. L'automobiliste doit respecter la réglementation en place (le code de la route), il doit tenir compte de l'état et du profil de la route afin d'adapter sa vitesse, il doit faire preuve de vigilance afin d'appréhender les obstacles éventuels, il doit penser à s'approvisionner en carburant, tout en tenant compte de son état physiologique et de son expérience. De même, le manager doit se plier aux lois, réglementations et aux normes, il doit connaître au mieux le marché de l'entreprise ou ses segments afin d'élaborer la stratégie la plus adaptée au contexte tout en tenant compte des forces, des faiblesses, des opportunités et des menaces qui s'offrent à l'organisation.

Il convient d'établir un diagnostic : l'entreprise doit se connaître, le gestionnaire se voit dans l'obligation de répondre aux questions : « Que sait-on faire ? Que peut-on faire ? Que veut-on faire ? »

Problématique

Le pilotage semble lié au processus décisionnel aux niveaux stratégiques, tactiques ou opérationnels, c'est-à-dire à long, moyen et court terme. *Mais comment les modifications de l'environnement affectent-elles le processus décisionnel au sein du pilotage de l'entreprise ?*

Délimitation du champ spatio-temporel et actualité du sujet

Nous répondrons à cette problématique en nous appuyant sur des théories, organisationnelles et de la firme, traditionnelles et contemporaines. Nous nous efforcerons d'argumenter notre réflexion par le biais d'exemples réels et internationaux, comme l'entreprise Renault où Carlos Ghosn, directeur général de Nissan, a mis en place des changements stratégiques (plan 180 pour 2005) et structurels (éclatement des réseaux « keiretsu ») en réponse à des modifications de l'environnement.

Annonce du plan

Nous verrons donc, dans une première partie, que les modifications de l'environnement provoquent un changement stratégique, puis, dans une seconde partie, nous montrerons que les modifications de l'environnement provoquent un changement structurel.

I. Les modifications de l'environnement provoquent un changement stratégique

Chapeau

L'objectif premier de l'entreprise étant d'assurer sa pérennité, nous dépasserons cette ambition en montrant que le pilotage de l'entreprise vise à accroître sa performance et la valeur créée dans un contexte économique mouvant, où les problèmes de gestion se centrent sur l'adéquation productivité/flexibilité, délai/hétérogénéité des produits, qualité totale/domination par les coûts ou encore sur le couple valeur/coût.

Notre exposé tentera de démontrer que les modifications de l'environnement provoquent un changement stratégique dans le but, tout d'abord, d'améliorer la performance de l'entreprise, puis dans le but d'améliorer la valeur créée par l'entreprise.

A. Dans le but d'améliorer la performance de l'entreprise

Il semble ici essentiel de préciser que le manager s'appuie sur des outils de pilotage comme des calculs d'écarts entre réalisations et prévisions ou des tableaux de bord, véritables outils synoptiques d'agrégation de variables de gestion, constituant ainsi d'éventuels stimuli déclenchant des actions stratégiques. L'ensemble de ces bases de données est fourni par la fonction contrôle de gestion.

Nonobstant, une phase d'analyse stratégique doit précéder la phase d'action proprement dite. Il paraît intéressant de mettre en place une veille stratégique, à la fois au niveau technologique, mais aussi sur le plan mercatique.

Les techniques du benchmarking permettent à l'entreprise de comparer les processus clés d'entreprises concurrentes, voire même extérieures à son propre marché. Nous pouvons évoquer ici la stratégie de « suiveur » qui permet à une firme d'exploiter des méthodes pertinentes, efficaces et efficientes puisqu'elles ont contribué au succès d'autres organisations. Cette stratégie s'apparente à un mimétisme qui consiste à reproduire ce que fait quelqu'un d'autre. L'entreprise Kodak a par exemple reproduit certaines idées mercatiques de son concurrent Polaroïd. Toutefois, dans ce contexte, il convient de ne pas dépasser les limites légales, comme ce fut le cas dans notre exemple. Cette stratégie peut être intéressante lorsqu'un concurrent augmente rapidement ses parts de marché, lorsqu'un nouveau concurrent apparaît sur le marché ou lorsqu'un nouveau produit se substitue au nôtre.

D'un autre côté, en cas de position de force d'un fournisseur, le manager semble incité à élargir ses sources d'approvisionnements en pratiquant du sourcing ou de l'outsourcing s'il se tourne vers des pays dits « émergents », particulièrement compétitifs au niveau des coûts de main-d'œuvre et de matières premières. De grands groupes comme Nike ou Benetton n'hésitent pas à utiliser ces procédés managériaux, voire même à délocaliser leurs unités de production.

Enfin, lorsqu'un client manifeste une position de force trop importante, l'entreprise peut se diriger vers une politique de diversification de ses canaux de distribution. De nombreuses petites et moyennes entreprises (PME) multiplient leurs contrats auprès de grands distributeurs comme les groupes Carrefour ou Cora et ne se contentent plus d'un distributeur exclusif.

Transition

Les multiples concentrations modifient le paysage de la grande distribution en France et obligent les entreprises à piloter leurs relations aux clients dans un souhait de performance mais aussi dans une volonté de création de valeur afin de fidéliser les liens commerciaux.

B. Dans le but d'améliorer la valeur créée par l'entreprise

Les modifications de l'environnement incitent le manager à piloter l'entreprise dans des perspectives de création de valeur tout d'abord auprès des stakeholders (parties prenantes à l'entreprise), mais aussi auprès des shareholders (porteurs de parts).

Nous venons de vérifier que les clients se préoccupent de plus en plus de leur satisfaction, ce qui paraît bien légitime. Le gestionnaire pilote ainsi la valeur dégagée par les activités de l'entreprise à partir de méthodes empruntées à la comptabilité de gestion comme les méthodes ABC (Activities Based Costing), ABM (Activities Based Management) ou encore celle du target costing (coût cible). Leurs buts sont de mesurer les activités dégageant de la valeur et a contrario celles qui n'en créent pas. Les charges indirectes ne sont pas développées et les anciennes méthodes de comptabilité analytique se montrent désormais inefficaces puisqu'elles traitent de manière arbitraire ces charges indirectes qui représentent souvent plus de 70 % du coût global d'un produit. Là encore, un changement de l'environnement, en l'occurrence une modification de la « pyramide » des coûts induit une réponse managériale dans le but d'accroître la satisfaction des clients et le ratio valeur créée sur coût supporté.

L'entreprise recherche une amélioration de manière continue décrite par le concept du kaizen. Pour ce faire, l'entreprise pallie les variations de l'environnement tout en répondant aux attentes d'une autre partie prenante : les salariés. Le manager assigne désormais davantage de responsabilités opérationnelles aux salariés selon le principe de l'empowerment, présenté par Mary Parker Follet durant les années 1920 et repris dans les pratiques managériales actuelles. De la même manière, un développement de team building, c'est-à-dire de créations de groupes de projets, d'équipes de travail connaît son essor afin de répondre aux volontés participatives des salariés. L'organisation a intérêt, comme le fait le groupe PSA, dirigé par M. Folz, en instaurant le système « plateau », à créer de la valeur pour les salariés, d'autant plus qu'un knowledge management peut venir accroître la valeur de l'individu, tout en permettant à l'entité de réutiliser cette valeur créée. Le groupe BSN permet ainsi à ses salariés de gérer eux-mêmes leur politique de gestion de leurs compétences et de leurs connaissances. Nous pouvons parler ici de pilotage partagé.

Pilotage qu'il faut soumettre à un regard extérieur : celui des porteurs de parts. Soumis à des turbulences très importantes ces derniers mois, par les affaires Enron et Worldcom, la valeur créée semble minutieusement analysée par les actionnaires qui, par le biais du gouvernement d'entreprise (corporate governance) pilotent en quelque sorte la gestion de la société en revendiquant de meilleurs dividendes et en plaçant les dirigeants devant les résultats financiers. La réalisation de systèmes d'information davantage pertinents, à partir d'une gestion en temps réel et basée sur une ingénierie simultanée, devrait permettre aux actionnaires de disposer de chiffres plus pertinents, et surtout traduisant la réalité. Piloter l'entreprise signifie aussi faire prendre conscience aux apporteurs de capitaux des incidences financières des modifications de l'environnement.

Enfin, l'activité de l'entreprise doit rester pérenne et il convient de ne pas oublier certaines possibilités de redéploiement, permettant ainsi aux shareholders mais aussi aux stakeholders de prolonger leurs relations avec l'organisation. Selon la théorie évolutionniste, une activité jugée secondaire peut permettre de rebondir.

De multiples questions préoccupent aujourd'hui le manager : faut-il faire ou faire faire ? Faut-il se diversifier ou se spécialiser ? Faut-il réduire les coûts, se différencier ou se concentrer ? Faut-il privilégier une croissance interne ou externe ? Faut-il s'internationaliser ?

Transition

Nous pouvons nous en douter, une modification de la stratégie de l'entreprise ne peut se faire, dans de nombreux cas, sans une modification structurelle. En effet, comme le soulignait Chandler dans son ouvrage *The visible hand in american business*, la stratégie influence la structure en voulant répondre aux variations de l'environnement.

II. Les modifications de l'environnement provoquent un changement structurel

Chapeau

Nous gardons la même articulation que lors de l'exposé de notre première partie. En effet, un changement structurel peut intervenir dans le but d'améliorer la performance de l'entreprise, mais aussi la valeur créée par l'entreprise.

A. Dans le but d'améliorer la performance de l'entreprise

Par changement structurel, nous entendons une modification du schéma de base de toute organisation présentant les tâches et les pouvoirs des fonctions qui la composent. Une modification d'équipes de travail, d'équipes transverses, n'apparaît pas sur l'organigramme et fait partie de relations informelles qui peuvent encourager la mise en place d'une stratégie.

Les modifications de l'environnement poussent à une amélioration de la réactivité. Le manager peut alors changer la structure de son organisation en préférant l'existence d'une structure plate ou polycellulaire à d'autres structures plus classiques, basées sur la hiérarchie ou le critère fonctionnel. Certaines start-up ont mis en place une structure conforme à l'adhocratie présentée par Henry Mintzberg dans son ouvrage *Structures et dynamique des organisations*, en donnant plus de pouvoirs aux fonctions de supports et à la technostructure. Il est vrai que la plupart d'entre elles ont connu depuis une liquidation judiciaire mais certaines ont réussi à se développer. Les sociétés eBAY, proposant des enchères en ligne, ou Amazon, vantant le commerce électronique, ont piloté avec succès les bouleversements de cette nouvelle économie.

En effet, la théorie de la contingence élaborée par Lawrence et Lorsch dans leur ouvrage *Adapter les structures* semble montrer que l'organisation doit scruter l'environnement. Elle se fonde sur le concept de différenciation des activités afin de les intégrer dans des buts communs. Elle reprend les idées de Chandler et de Sloan (ancien directeur général de General Motors), qui vantaient la structure divisionnelle comme organisation permettant de répondre de manière spécifique, puisque les activités sont divisées, aux mouvements de l'environnement. Kalika, lors d'une thèse de doctorat, a spécifié certains déterminants de modification structurelle, en 1988, comme la taille, la technologie, le style de management. Piloter l'organisation, c'est également maîtriser ces indicateurs afin d'accroître la performance de l'entreprise.

Cette réactivité recherchée incite les organisations à **créer des fonctions pertinentes**, répondant aux problèmes de gestion actuels. Ainsi, les fonctions logistique, maintenance, recherche et développement, voire contrôle de gestion si elle n'existe pas encore (99 % des entreprises françaises sont des PME de moins de 500 salariés) peuvent être mises en place.

Transition

Nonobstant, toute modification structurelle effectuée ne peut pas se faire sans mesurer son impact au niveau de la valeur créée par l'organisation.

B. Dans le but d'améliorer la valeur créée par l'entreprise

De la même façon que dans notre première partie, nous distinguerons les modifications structurelles opérées auprès des stakeholders puis des shareholders, dans un objectif de création de valeur.

Les structures participatives du type DPO et DPPO, comme l'a mis en avant Peter Drucker, permettent aux salariés de s'associer aux prises de décision.

Les entreprises réseau, véritables « vaisseaux » selon Cruz, englobent les fournisseurs et les clients et gèrent les chaînes de valeur externes (concept défini par Porter dans *L'Avantage concurrentiel*). Toutefois, le pilotage effectué par le manager peut, en fonction de la culture nationale du pays ou de la culture d'entreprise, selon Hofsteede, donner lieu à des démantèlements. Ainsi, Carlos Ghosn, surnommé le « brise-glace » ou le « cost-killer » a cassé le réseau existant chez Nissan (concept des « keiretsu ») afin d'accroître la valeur créée par l'entreprise. Ici, les bénéficiaires sont avant tout les salariés puisque l'emploi est développé, mais il est incontestable que les porteurs de parts retireront les fruits de l'expansion.

Cet exemple semble flatteur pour le manager puisque la situation s'améliore pour l'ensemble des partenaires de l'entreprise. Dans d'autres cas de figure, les modifications de l'environnement forcent les dirigeants à pratiquer le reengineering, c'est-à-dire une restructuration partielle ou totale de l'organisation, en s'appuyant sur des pratiques de downsizing ou de delayering (réduction des niveaux hiérarchiques) afin de préserver la valeur souhaitée par les actionnaires qui, par leurs apports de capitaux, soutiennent le financement des projets futurs de l'organisation.

Synthèse des développements

Ainsi, les modifications de l'environnement incitent les managers à piloter de manière pertinente la stratégie de l'entreprise mais aussi la structure de l'organisation. Notre exposé nous montre que le pilotage de l'entreprise doit s'efforcer de dégager une performance sans cesse croissante, mais aussi une valeur de plus en plus importante. La prise en compte des souhaits de chacun de ses partenaires montre combien le pilotage de l'entreprise est complexe. Il s'agit, en effet, de répondre aux besoins des porteurs de parts (shareholders) comme à ceux des parties prenantes (stakeholders) que sont les clients, les salariés, les fournisseurs, les organismes financiers. L'Etat, lui aussi, compte sur des réponses de gestionnaire adéquates aux changements de l'environnement.

Bilan de l'analyse et réponse à la problématique

En reprenant l'analogie initiale, nous pouvons constater que le manager, comme l'automobiliste, doit redoubler d'attention, en prenant conscience que le danger peut venir de son propre processus décisionnel mais également de celui des concurrents ou autres partenaires de l'environnement. La réactivité semble nécessaire, mais il convient pour le manager de piloter son entreprise en prenant en considération tous les éléments afin qu'il ne se trompe pas d'orientation stratégique ou structurelle.

Autre cheminement possible et ouverture

Nonobstant, nous pouvons nous demander si la pertinence des décisions, dans le cadre du pilotage de l'entreprise, ne dépend pas aussi de facteurs propres à l'individu, de facteurs psychologiques qui, combinés aux perceptions de l'environnement, pourraient le conduire à une mauvaise interprétation ? Daniel Kahneman, prix Nobel d'économie en 2002 rend, semble t-il, la discussion encore plus complexe…

REGARD CRITIQUE

Au niveau de l'**introduction** : je me suis placé dès le début dans une vision systémique, voire même mécaniste, du pilotage : l'environnement semble davantage intégré au pilotage et n'apparaît pas vraiment comme un élément modifiant le pilotage. Il aurait été pertinent de poser la problématique suivante : « En quoi les modifications importantes de l'environnement actuel transforment-elles la forme et la nature du pilotage ? »

Le plan proposé à deux niveaux de pilotage ne permet pas une véritable dynamique de l'argumentation.

Un autre aspect intéressant du sujet aurait été d'analyser l'aller-retour entre les deux concepts du sujet (modifications de l'environnement et pilotage de l'organisation).

Au niveau du **développement** : la référence aux notions de Kaizen, et « d'empouvoirement » est adaptée, mais peut-être aurait-il fallu davantage étudier les raisons de ces formes de pilotage.

Il aurait fallu citer Mintzberg qui montre que l'on est passé de la planification au début du siècle dernier au management stratégique, voire à la réactivité stratégique ou pilotage à vue.

Il fallait aussi évoquer le « QUI pilote » à partir du moment où l'affaire Enron est évoquée, de manière un peu inattendue d'ailleurs.

Remarque générale : cette copie est riche en connaissances, mais ne propose pas une véritable réflexion sur le sujet.

MON CONSEIL

Pour améliorer vos performances, les objectifs de la dissertation doivent être omniprésents dans votre tête. Vous devez impérativement :

- faire preuve d'une réflexion personnelle en montrant des connaissances théoriques et en vous appuyant sur des exemples empiriques ;
- présenter des outils de diagnostic et d'intervention, des solutions organisationnelles réalistes et opérationnelles en se mettant à la place d'un manager en situation (dans le cadre d'un devoir de management) ou d'un décideur confronté réellement à la problématique du sujet.

PARTIE 2

SUJETS TRAITÉS EN TEMPS RÉEL

Les sujets présentés dans cette partie ont tous été traités en temps réel. La plupart ont même été réalisés dans le cadre d'épreuves écrites ou orales des différents concours auxquels je me suis présenté.

Ils mettent en avant ce qu'il est possible de faire en temps limité. Vous constaterez que le respect de la méthodologie décrite précédemment est primordial, ainsi qu'un entraînement régulier dans des conditions identiques à celles des épreuves.

Enfin, vous découvrirez dans ces travaux bon nombre d'éléments de connaissances (théories, définitions et exemples empiriques) qui vous seront fort utiles pour réussir vos propres épreuves d'économie et gestion.

Chapitre 3

Économie générale

Sujet 1 : l'immatériel dans l'économie

Le travail suivant correspond à une dissertation d'économie générale de niveau Agrégation traitée en temps réel (6 heures). Le sujet a été donné à l'Agrégation externe en avril 2005.
Ma copie a obtenu la note de 11/20 (la moyenne de l'épreuve s'est élevée à 5,48/20 ; seuls 14 % des candidats ont obtenu une note supérieure ou égale à 10/20).

Accroche

L'entreprise Alcatel consacre actuellement environ 15 % de son chiffre d'affaires à son budget de recherche-développement (RD). Les investissements immatériels se sont considérablement développés depuis une quinzaine d'années. Ainsi, les impacts de l'immatériel dans l'économie semblent nombreux.

Définition des termes

L'économie peut être définie comme l'étude de l'allocation de ressources rares à la satisfaction de besoins illimités. Les besoins des agents économiques sont satisfaits par des biens qui peuvent être matériels ou immatériels. Ces biens immatériels correspondent à des services, c'est-à-dire des ensembles d'éléments incorporels qui tentent de répondre à la satisfaction des agents demandeurs. De ce fait, l'immatériel peut être décliné comme une entité regroupant les biens immatériels.

Il semble ici intéressant de préciser que les différents secteurs institutionnels de la comptabilité nationale (ménages – dans le cas de l'entreprise individuelle –, administrations publiques, sociétés financières et non-financières, organismes à but non lucratif et reste du monde) peuvent produire et/ou consommer des services. En effet, ces services sont privés ou publics, c'est-à-dire réalisés par des personnes morales ou physiques de droit privé ou par une administration lié à la puissance publique (La Poste, les services de l'Équipement, l'Éducation nationale, etc.). De même, nous pouvons distinguer les services marchands des services non-marchands, c'est-à-dire des services proposés à titre onéreux ou à titre gratuit ou quasi-gratuit.

Débat théorique

Déjà, Aristote et Platon avaient effectué des travaux sur la gestion de la Cité et la gestion domestique en analysant les services à la population, la mise en place de la démocratie par le biais d'institutions politiques et citoyennes. Plus tard, les mercantilistes (exemple : Colbert) développèrent des manufactures royales en France. En Espagne, ils préconisaient l'abondance d'or et semblaient fort attachés à des aspects de richesses matérielles. De même, le bullionisme anglais prônait un certain protectionnisme pour que ces richesses en or ne sortent pas du pays. Ainsi, l'immatériel n'occupa pas la même place au fil de l'Histoire.

Délimitation du champ spatio-temporel

Nous traiterons notre exposé à travers le contexte économique actuel sur le plan international à l'aide de théories traditionnelles et contemporaines.

Réflexion menant à la problématique

Le poids de l'immatériel dans l'économie se mesure à partir d'indicateurs, PIB de l'entité (nation ou espace géographique) ou taux de variation. Il semble également judicieux d'analyser le volume et l'évolution des investissements immatériels réalisés. Enfin, le TES (tableau d'entrées-sorties) permet de distinguer le niveau des échanges de biens immatériels ainsi que sa progression.

Comme nous pouvons le constater, l'immatériel dans l'économie touche les fonctions macroéconomiques de production et d'investissement. Le débat théorique actuel s'articule autour de deux enjeux majeurs : tout d'abord, un mouvement de libéralisation des services publics, puis l'existence d'imperfections sur le marché qui empêchent l'immatériel de jouer à plein son rôle de facteur de croissance.

Problématique

Quel rôle joue véritablement l'immatériel dans l'économie ? Quelle place doit occuper la puissance publique dans notre contexte économique actuel ?

Économie générale

Annonce du plan — Nous verrons dans une première partie que l'immatériel a un rôle moteur dans l'économie mais qu'il est perfectible, puis, dans un second temps, nous analyserons l'action ambivalente de la puissance publique.

I. Un rôle moteur dans l'économie mais perfectible

Chapeau — Nous montrerons tout d'abord que l'immatériel est un facteur favorisant de la croissance économique, puis nous nous attarderons sur les imperfections de son marché.

A. Un facteur favorisant la croissance économique

En analysant les facteurs de croissance, de nombreux économistes comme Carré et Malinvaud se sont aperçus que l'amélioration de la productivité des facteurs de travail (L) et capital (K) n'expliquait pas tout. Aussi, le facteur t, appelé facteur résiduel, c'est-à-dire le progrès technique, semble avoir un rôle primordial. Il fait partie des éléments incorporels puisqu'il puise sa source dans une innovation, elle-même résultante de l'application économique d'une invention.

De même, la théorie de la croissance endogène de Romer et Lucas (1986) nous démontre que la croissance suit un processus d'accumulation en progrès technique mais également en formation (connaissances, compétences). Pour Bodin, physiocrate, l'Homme constitue la seule source de richesse dans l'économie. Gary Becker reprend en quelque sorte ce principe en énonçant sa théorie du capital humain. L'investissement en formation peut développer les capacités des individus et donc augmenter leur productivité. À la suite de multiples travaux en sociologie des organisations (École des relations humaines, puis Écoles sociologiques ou psychosociologiques avec Crozier, Thévenet ou Enriquez), des entreprises ont pris conscience que leurs ressources humaines représentent un facteur clé de succès.

De plus, le cycle de vie du produit (Vernon) devient de plus en plus court sur le marché, ce qui encourage le développement de nouvelles innovations et accentue le rôle de l'immatériel dans l'expansion de l'économie.

D'un autre côté, le fort développement des TIC (technologies de l'information et de la communication), même s'il ne remplace pas l'économie traditionnelle et s'il ne parvient pas à lui tout seul à améliorer les chiffres de l'emploi (2 481 100 chômeurs aujourd'hui en France, soit plus de 10 % de la population active [chiffres de 2005] ; situation semblable dans d'autres pays européens comme l'Allemagne ou l'Italie), devient désormais quasi indispensable au soutien des activités des entreprises. Ces technologies offrent des débouchés nouveaux et répondent aux besoins des agents économiques.

Enfin, la dématérialisation de la monnaie par le passage d'une monnaie métallique, puis fiduciaire, à une monnaie scripturale (écritures sur des comptes) favorise l'essor des transactions.

Transition

Ainsi, à de nombreux niveaux, l'immatériel renforce son poids dans l'économie. Nonobstant, ce développement de production d'immatériel, appelée « servuction » lorsque nous l'assimilons à une production en masse de services, ne rencontre-t-il pas des imperfections sur le marché ? Comment mesurer la qualité d'un service ? Le prix est-il une variable suffisamment pertinente dans un contexte où les entreprises cherchent à se différencier (notamment par la publicité et autres outils mercatiques) et donc à se placer en situation de concurrence monopolistique ?

B. Les imperfections du marché de l'immatériel

Certains économistes de la nouvelle économie keynésienne, comme Stiglitz, nous montrent que le marché des biens immatériels, donc le marché des services, connaît des asymétries d'information. En effet, une entreprise d'assurances ne peut pas véritablement estimer le risque réel encouru par ses clients. Ainsi, elle augmentera sa prime d'assurance et n'attirera que ceux ayant un risque important. Ce phénomène est appelé la sélection adverse (ou anti-sélection) et nous montre qu'au même titre que les échanges de biens matériels, les échanges de biens immatériels sont susceptibles de rencontrer un marché imparfait, c'est-à-dire ne respectant pas les conditions de la concurrence pure et parfaite énoncées par les néoclassiques.

Dès lors, nous pouvons imaginer que, lors d'échanges immatériels, une des deux parties tente de tromper la partie adverse. L'individu fait alors preuve d'opportunisme qu'il semble nécessaire de contrôler. La théorie microéconomique nous renvoie ici aux théories des coûts de transaction et de l'agence qui nous expliquent le processus de contrôle à mettre en place. Ainsi, comme Coase puis Williamson nous l'ont défini, des coûts de négociation, de transaction et de contrôle sont nécessaires au suivi de l'échange entre partenaires économiques. Ils sont au moins autant primordiaux que lors d'échanges matériels puisque ici la substance n'est pas tangible. De même, dans le cadre de relations d'externalisation, le principal doit être en mesure de contrôler le bien immatériel (Jensen et Meckling, 1976).

Transition

Ainsi, l'immatériel semble jouer un rôle moteur dans l'économie. Toutefois, de part les nombreuses imperfections du marché, il peut être amélioré. Ne serait-ce pas alors à l'État ou à toute autre puissance publique (même supranationale) d'intervenir afin de développer la performance de l'immatériel dans l'économie ?

II. L'action ambivalente de la puissance publique

Chapeau

Nous aborderons ici deux thèmes qui nous paraissent centraux. D'une part, la libéralisation du marché de l'immatériel, puis d'autre part la nécessaire prise en compte des externalités.

A. La libéralisation du marché de l'immatériel

L'enjeu actuel réside dans la libéralisation, la déréglementation des services publics afin de permettre la mise en place d'une concurrence pour que le marché propose aux consommateurs davantage de choix au niveau des prestations de services, davantage de qualité et des prix plus compétitifs.

Cette libéralisation se produit au niveau européen avec la Deutsche Post, France Telecom ou encore Alitalia. Aussi, les pouvoirs publics pensent améliorer la performance de l'économie, c'est-à-dire son efficacité, son efficience et sa pertinence tout en procurant une satisfaction supplémentaire aux consommateurs. Michel Rocard développe ce point de vue dans l'ouvrage *Université de Tous les Savoirs : l'État, le pouvoir, la politique* (éditions Odile Jacob).

Transition

D'un autre côté, il convient de nous interroger sur une éventuelle intervention de l'État, qui au lieu de se désengager, contribuerait au processus de relance de l'économie.

B. La nécessaire prise en compte des externalités

Notre second axe de réflexion s'articule ici autour du développement des investissements immatériels : recherche-développement (recherche fondamentale, inventions, constitution de brevets, etc.) ; formation ; dépenses informatiques (création de logiciels, progiciels, etc.).

L'investissement en capital humain augmente la productivité privée mais aussi la productivité sociale (effet d'entraînement sur d'autres individus, voire sur des entreprises concurrentes ou non en cas de turnover ou de recherche d'un nouvel emploi).

Ainsi, des investissements immatériels créent des externalités positives. L'État, pourtant fortement critiqué par les théoriciens classiques, néoclassiques puis néolibéraux semble ici retrouver un rôle important. En effet, il peut encourager l'initiative privée en la subventionnant afin que le comportement de « passager clandestin » (ou comportement de « free rider ») soit jugé moins intéressant par celle-ci.

Bilan de l'analyse et réponse à la problématique

En définitive, l'immatériel semble jouer un rôle croissant dans l'économie. Toutefois, il subit le même type d'imperfections sur son marché que le marché des biens matériels.

Ouverture

Face à ces perturbations du marché, nous pouvons nous interroger sur les conséquences de la libéralisation des services publics sur l'économie et sur la nécessité ou non d'intervenir pour limiter les comportements opportunistes sur le marché. L'immatériel dégage des externalités positives, il semble intéressant d'encourager les acteurs économiques à les produire. Dans quel cadre économique doivent désormais s'échanger les biens immatériels ?

REGARD CRITIQUE

Ce sujet est très transversal : il pouvait amener des développements d'ordre microéconomique sur les enjeux d'une économie fondée sur l'immatériel en matière de concurrence, ou d'ordre macroéconomique sur le rôle de la connaissance et du capital humain dans le processus de croissance, ou encore sur les mutations du marché du travail ou des organisations qu'implique le développement des technologies de l'information et de la communication. Aussi, il est difficile de concevoir un plan permettant d'aborder le sujet selon ses différents aspects. Des éléments d'actualité auraient pu être développés : le sommet de Lisbonne, les débats relatifs aux droits de la propriété intellectuelle, etc.

Économie générale

Sujet 2 :
commerce international et inégalités économiques

Le travail suivant correspond à une dissertation d'économie générale de niveau Agrégation traitée en temps réel (6 heures) dans le cadre d'une séance d'entraînement. Le sujet suivant a été donné à l'Agrégation interne en février 2004.

> **MON CONSEIL**
>
> Composer à partir du sujet donné à l'Agrégation interne (en général en janvier ou février de chaque année) constitue un excellent exercice avant d'aborder la réalisation de la dissertation d'économie générale lors de l'Agrégation externe (environ deux mois plus tard).

Accroche — Les échanges internationaux ont fortement augmenté depuis 1970. Ils représentent une part sans cesse croissante dans le Produit intérieur brut (PIB) mondial. La mondialisation a bien entendu été un facteur favorisant leur développement.

Définition des termes — La mondialisation correspond à un processus d'élargissement de l'espace d'intervention des agents économiques, associé à la libéralisation des échanges. Aujourd'hui, nous pouvons même parler de globalisation, c'est-à-dire d'une part d'intégration des productions et interconnexion des marchés des biens et services (globalisation réelle) et des marchés financiers (globalisation financière) au niveau mondial, et d'autre part de définition de la stratégie des acteurs et des entreprises à un niveau transnational. Aussi, la globalisation et l'essor de firmes multinationales ont permis au commerce international de se développer. Le commerce international regroupe l'ensemble des échanges internationaux de biens et de services. L'essentiel du commerce international est représenté par l'échange de biens manufacturés (près de 70 %). Les échanges de services constituent plus de 25 % du commerce international. Les 5 % restants correspondent eux échanges de biens agricoles.

Débat théorique — Dès 1776, Adam Smith a analysé le fonctionnement du commerce international dans son ouvrage *Recherches sur la nature et les causes de la richesse des nations*. Il y présente la théorie des avantages absolus. Selon lui, les pays doivent se spécialiser dans les productions pour lesquelles ils ont un avantage absolu de productivité (productivité du travail) et sont invités à s'approvisionner à l'extérieur à moindre coût pour les productions dans lesquelles ils ne détiennent aucun avantage. Il prône également une expansion du libéralisme économique. Dès lors, le commerce international ne doit pas être freiné par quelque barrière que ce soit. La mise en place d'un tel système économique devrait augmenter la production, diminuer le prix des biens, et par conséquent améliorer le pouvoir d'achat des ménages. Dans ce sens, le commerce international semble bénéfique à l'ensemble des individus et réduit les inégalités économiques.

Définition des termes

Les inégalités économiques comprennent les inégalités de développement et celles observées à un instant donné qui peuvent être internes aux pays ou apparaître entre différents pays participant à l'échange. Les inégalités internationales semblent repérables par le biais de différents indicateurs (PIB/habitant, indice de développement humain, etc.) ou par un état des transferts de technologie, du rattrapage des pays riches par les pays pauvres. Les inégalités économiques internes aux pays se repèrent en relevant des disparités de salaires moyens, de taux de chômage, d'accès à l'emploi, ou plus largement des disparités de chances entre une main-d'œuvre qualifiée et non qualifiée.

Débat théorique

Un peu plus tard, David Ricardo met en avant la théorie des avantages comparatifs au sein de son ouvrage *Principes de l'économie politique et de l'impôt* (1817). Il démontre que, même peu compétitif, tout pays a intérêt au commerce international et à la spécialisation. Chaque État gagne à se spécialiser dans les produits pour lesquels il est le plus avantagé – ou le moins désavantagé – et à abandonner les autres productions. Là encore, le commerce international réduirait les inégalités économiques.

Actualité du sujet

Pourtant, lorsque nous analysons la situation économique et sociale de nombreux pays, nous nous apercevons que les inégalités économiques sont bien réelles, et qu'elles ont même tendance à s'accroître. En fait, la situation semble contrastée. D'un côté, les pays développés connaissent une amélioration de leur situation économique et sociale ; de l'autre, un ensemble de nations ne profitent pas du développement du commerce international pour progresser sur le plan économique et social.

Économie générale 89

Débat théorique

Aussi, la théorie de développement de Rostow ne pourrait pas s'appliquer à tous les pays. Selon lui, tout pays devrait connaître une évolution linéaire devant passer par cinq étapes identiques : société traditionnelle, préalables au développement, phase de démarrage (take off), marche vers la maturité et enfin ère de la consommation de masse. Force est de constater que de multiples nations, essentiellement du Sud, semblent très loin d'un modèle économique basé sur la consommation de masse.

Délimitation du champ spatio-temporel

Nous traiterons le sujet à l'échelle planétaire en nous appuyant sur des théories traditionnelles, mais aussi contemporaines, en privilégiant l'analyse de la situation actuelle du commerce mondial.

Actualité du sujet

De manière générale, nous constatons que notre monde est coupé en deux : il y a d'un côté les pays du Nord et de l'autre ceux du Sud. De plus, les inégalités entre ces deux ensembles ne cessent de s'étendre. Les pays les moins favorisés sont marginalisés dans le cadre des échanges internationaux. Nous remarquons que l'essentiel du commerce international se réalise au sein des pays de la Triade, c'est-à-dire entre les pays européens, l'Amérique du Nord et les pays d'Asie du Sud-Est. Ce phénomène de régionalisation des échanges entraîne une augmentation des transactions entre les pays les plus développés et exclut indirectement les pays les moins favorisés. Aujourd'hui, neuf échanges internationaux sur dix se font entre les pays de la Triade. Dans quelle mesure cette régionalisation accentue-t-elle les inégalités économiques ?

Réflexion menant à la problématique

Mettre en avant les liens directs entre régionalisation des échanges et inégalités économiques ne semble pas si évident que cela. En effet, nous avons vu précédemment que les théories traditionnelles du commerce international (théorie des avantages absolus, théorie des avantages comparatifs) présentent les échanges internationaux comme un facteur diminuant les inégalités économiques. Par ailleurs, les échanges internationaux ne sont pas la seule variable déterminant le niveau des inégalités économiques. Bien d'autres éléments peuvent influencer les inégalités économiques entre nations : le progrès technique, les institutions internationales ou nationales, le développement des marchés financiers, etc. Il serait en effet peut-être trop simpliste de dire sans analyse approfondie que l'extension des inégalités est la conséquence directe de l'essor du commerce international.

Aussi, nous tenterons de démontrer en quoi le commerce international accentue les inégalités économiques entre nations, mais aussi au sein des pays. De même, si nous extrapolons notre raisonnement, la diminution des échanges internationaux permet-elle de réduire les inégalités économiques ? Existe-t-il donc d'autres facteurs qui développent ces mêmes inégalités, et si oui ont-ils un rapport quelconque avec le commerce international ? La nature de l'échange a-t-elle une influence sur l'augmentation ou la diminution des inégalités ? Existe-t-il un système d'échange international réduisant davantage les inégalités économiques ?

Annonce du plan

Nous tenterons de répondre à ces nombreuses questions en montrant, dans une première partie, comment le commerce international peut être un facteur favorisant les inégalités économiques, puis, dans un second temps, nous étudierons d'autres variables, plus ou moins liées au commerce international et accroissant les inégalités économiques.

I. Le commerce international : un facteur favorisant les inégalités économiques

Chapeau

Le commerce international peut accentuer les inégalités économiques par le biais du développement d'un commerce intra-branche entre certaines nations (A) mais aussi en raison de l'expansion des échanges inter-branches entre certains pays (B).

A. Le développement d'un commerce intra-branche accentue les inégalités économiques

Le commerce intra-branche correspond à un échange de biens de même nature. Il représente l'essentiel des échanges mondiaux : les pays développés échangent entre eux des biens manufacturés. L'émergence de zones régionales constituant la Triade n'a fait que renforcer ce phénomène en excluant les nations les moins favorisées. Aussi, dans ce contexte, les théories classiques du commerce international comme la théorie HOS (Heckscher, Ohlin et Samuelson) semblent réfutées. En effet, contrairement à ce que ces auteurs avançaient, les dotations factorielles des pays commerçants entre eux sont, dans le cadre d'échanges intra-branche, souvent les mêmes et non opposées.

D'un autre côté, l'économiste suédois Linder montre qu'avant d'être exporté, un bien doit tout d'abord satisfaire de manière efficiente la demande intérieure. Ainsi se développent des échanges entre nations semblables ne disposant pas d'avantages les unes par rapport aux autres en termes de facteurs de production. Cette théorie montre donc bien comment le développement d'un commerce intra-branche crée ou accentue des inégalités économiques.

Selon Posner, l'avance technologique d'un pays lui permet de produire à moindre coût et d'élaborer de nouveaux produits. Cependant, cette situation de monopole n'est que momentanée puisque d'autres nations chercheront à imiter le nouveau processus de production. Afin de dégager un profit maximum, les firmes sont tentées d'exporter rapidement leurs biens vers des nations présentant des caractéristiques économiques proches, ce qui renforce les échanges entre pays développés sans faire participer des nations plus défavorisées.

Une donnée mercatique mérite d'être ici présentée. Effectivement, les ménages des pays développés souhaitent se distinguer en consommant autrement, c'est-à-dire en adoptant une consommation personnalisée. À titre d'exemple, nous pouvons citer l'industrie automobile qui répond à cette demande en proposant de multiples options à ses modèles de base. C'est cette même idée qu'a avancée Lassudrie-Duchêne en disant que les consommateurs des pays développés demandent une grande diversité dans les produits qui leur sont proposés. L'importation devient alors nécessaire pour proposer aux consommateurs une large gamme de produits. Cette demande de diversité explique en partie les échanges intra-branche.

En résumé, et d'après les théories et idées exposées, le poids des échanges intra-branche et intra-zone crée ou développe des inégalités économiques, et exclut par là-même les nations les moins développées.

Transition : Le problème semble encore bien plus grave en raison des effets du commerce inter-branches sur ces mêmes inégalités économiques.

B. L'expansion d'un commerce inter-branches développe des inégalités économiques

Le commerce inter-branches correspond à un échange de biens ou de services de différentes natures. Ce type d'échange représente la mise en pratique des théories traditionnelles du commerce international. En effet, selon le théorème HOS, les différentes nations sont amenées à exporter des produits incorporant une forte quantité du facteur de production qu'elles détiennent en abondance, et à importer les produits incorporant une forte quantité du facteur de production dont elles sont peu dotées. Un pays a donc intérêt à se spécialiser. Dans la continuité des travaux de Smith et de Ricardo, ce théorème vante les bienfaits de la spécialisation, puisque chaque partenaire à l'échange va profiter de la baisse des coûts des facteurs de production. Les inégalités économiques seraient dans ce sens réduites. Nonobstant, ces arguments théoriques ne se vérifient pas empiriquement.

Tout d'abord, toutes les spécialisations ne procurent pas les mêmes avantages. À titre d'exemple, nous pouvons citer les pays possédant une main-d'œuvre abondante qui devraient se spécialiser dans des productions intensives en main-d'œuvre (riz, cacao, thé, café, etc.). Mais une telle spécialisation semble dangereuse en raison des cours de ces biens primaires qui varient énormément et qui sont très instables, ce qui fragilise les pays producteurs. D'autre part, les externalités positives associées à ce type de production sont bien moindres que celles liées à des productions davantage intensives en capital. En effet, les théoriciens de la croissance endogène comme Romer et Lucas ont présenté quatre facteurs de croissance qui la développerait de manière cumulative : l'accumulation de connaissances, l'accumulation de capital humain, l'accumulation de capital technologique et les dépenses d'infrastructures publiques. Une hausse des dépenses en recherche et développement augmentera la croissance, ce qui encouragera de nouveaux efforts d'investissements dans ce domaine, et par conséquent génèrera des externalités positives pour l'ensemble de l'économie du pays (croissance d'entreprises partenaires, augmentation des ressources fiscales de l'État, etc.).

Ainsi, l'expansion d'un commerce inter-branches développe des inégalités économiques en raison des différences de dotations factorielles qui incitent les nations les plus abondantes en main-d'œuvre, qui sont souvent les plus défavorisées, à se spécialiser dans des productions plus risquées et moins créatrices d'externalités positives.

L'analyse néofactorielle du commerce international renforce ce point de vue. Elle distingue la main-d'œuvre qualifiée et la main-d'œuvre non qualifiée, et constate que les pays développés possèdent une main-d'œuvre qualifiée en grande quantité qui les incite à se spécialiser dans des productions intensives en capital humain très qualifié (ex. : la recherche-développement, les biotechnologies, etc.). Comme précédemment, ces activités dégagent plus de profit et d'externalités positives, ce qui agrandit le fossé entre les pays développés et les pays les plus pauvres.

De plus, les inégalités à l'intérieur de ces nations augmentent également. Dans les pays développés, la main-d'œuvre qualifiée est bien rémunérée et facilement augmentée, alors que la main-d'œuvre peu qualifiée risque d'être confrontée au chômage. En effet, les pays les plus développés importent majoritairement des biens intensifs en travail peu qualifié, ce qui diminue d'autant la demande de travailleurs peu qualifiés sur leur marché du travail. Ainsi, le commerce international accroît les inégalités au sein des pays développés entre des salariés à hauts revenus et ceux à bas revenus. Si nous poussons à l'extrême ce raisonnement, une telle spécialisation dans des activités demandant une main-d'œuvre peu qualifiée peut entraîner une grande majorité de personnes vers une trappe à pauvreté rendant impossible la diminution des inégalités entre les pays du Nord et ceux du Sud.

De nombreux théoriciens du développement pensent aussi que le commerce international ne profite pas également à tous les pays. Emmanuel considère que l'échange entre les nations développées et les nations en développement est « inégal ». La plupart des théoriciens de la dépendance affirment que les pays producteurs de produits de base subissent une dégradation de leurs termes de l'échange. Ils doivent alors produire davantage pour importer moins et ils se retrouvent dans une situation appelée par Bhagwati « croissance appauvrissante » qui finalement ne fait qu'augmenter les inégalités économiques.

Nous venons donc de voir que le commerce international intra- et inter-branches peut être un facteur favorisant le développement d'inégalités économiques. Toutefois, d'autres variables, plus ou moins liées au commerce international, semblent aussi avoir un effet sur les inégalités économiques.

II. Des variables plus ou moins liées au commerce international renforcent les inégalités économiques

Des variables influencent considérablement les effets pervers du commerce international (A). D'autres éléments, moins liés, paraissent importants dans la compréhension de l'augmentation des inégalités économiques dans notre contexte mondial actuel (B).

A. Le poids des institutions internationales

Le rôle des institutions augmente de manière assez marquée les répercussions négatives du commerce international sur les inégalités économiques.

Dans un premier temps, et d'après les thèses protectionnistes de plusieurs auteurs du XIXe siècle, il semble nécessaire de considérer l'appareil industriel national. Ainsi, selon List, Hamilton et Carey, pour développer les forces productives, il peut être nécessaire de protéger les industries naissantes de façon à ce qu'elles ne soient pas étouffées par la concurrence étrangère avant d'être arrivées à maturité. Dès lors, nous pouvons comprendre que, dans la mesure où certains pays ne sont pas capables de protéger leurs industries naissantes et dans un contexte où des institutions internationales comme l'OMC ou le FMI prônent des pratiques très libérales, le commerce international accentue les inégalités économiques. Effectivement, le passage au libéralisme de certains pays en voie de développement n'a pas eu les effets escomptés. Ils n'ont pas tiré profit du commerce international. Les échecs des dernières négociations de l'OMC ne font que consolider les inégalités existantes entre nations.

D'un autre côté, les inégalités existantes dans les pays développés entre la main-d'œuvre qualifiée et celle moins – ou pas – qualifiée et provenant de l'essor du commerce international nécessitent un traitement social de la part des institutions publiques. En effet, certains salariés doivent se reconvertir, mais les institutions ne paraissent pas toujours efficaces. Elles contribuent plus ou moins au maintien ou au développement des inégalités.

Au sein des pays les moins favorisés, principalement africains, la croissance du commerce international n'a pas été bénéfique. Au lieu de réduire les inégalités, elle a plutôt contribué à enrichir les dirigeants du pouvoir en place. Les produits des exportations ne sont pas réinvestis dans des infrastructures publiques, ce qui freine considérablement le développement socio-économique du pays. Là encore, des défaillances institutionnelles accroissent les inégalités économiques.

Pourtant, il semble que des institutions peuvent être réductrices d'inégalités. Le cas de l'Inde et de la Chine nous montre bien que, globalement, un système institutionnel peut évoluer afin de tirer profit de la

Économie générale

mondialisation des échanges. Il y aurait toutefois beaucoup de choses à dire sur ces deux pays et leur politique économique et sociale…

Transition

Les institutions en place ont donc, parallèlement à l'expansion du commerce international, leur part de responsabilité dans le maintien ou le développement des inégalités économiques. Mais d'autres variables paraissent importantes en contribuant également à l'accroissement des inégalités économiques dans un contexte d'internationalisation des échanges.

B. L'influence d'autres variables

Comment mesurer le poids des différents facteurs d'inégalités économiques ? Quelle part attribuer au commerce international ? Le progrès technique n'a-t-il pas une influence sur le développement d'inégalités économiques ? En effet, nous constatons une mutation du travail des salariés peu qualifiés. Le fossé semble se creuser entre travailleurs qualifiés et travailleurs non qualifiés des pays développés. Ces deux facteurs, commerce international et progrès technique, doivent donc être conjointement pris en compte afin de résorber les inégalités économiques.

Comment également ne pas tenir compte de l'impact des marchés financiers et de la globalisation financière ? Les crises financières en Argentine ou en Russie nous montrent bien que le commerce international n'est pas l'unique facteur d'accroissement des inégalités économiques.

D'un autre côté, la baisse des aides publiques au développement (APD) et l'augmentation des financements privés des pays émergents sont créatrices d'inégalités et empêchent les économies en développement de bénéficier d'un financement stable et suffisant.

Il serait en fait possible de citer de multiples autres facteurs socio-économiques (exemple : l'état du système sanitaire), voire naturels (exemple : le climat) qui créent ou renforcent des inégalités économiques. L'accroissement du nombre de malades du sida dans les pays d'Afrique limite considérablement la croissance future de ces pays. Les pays pauvres semblent de plus en plus marginalisés dans les échanges internationaux, et l'ensemble des facteurs que nous venons d'analyser explique le maintien ou le développement des inégalités économiques.

> **Synthèse des développements**

En définitive, nous pouvons avancer que le commerce international contribue au développement d'inégalités économiques à deux niveaux : entre les pays les moins favorisés et les pays développés, mais aussi entre la main-d'œuvre qualifiée et celle non qualifiée des pays les plus industrialisés. Le commerce international ne semble donc pas favorable à tous. Les gains de l'échange international ne sont pas égaux. Ils dépendent en grande partie des dotations factorielles, du type de production réalisé et du rôle effectif des institutions nationales et internationales.

> **Bilan de l'analyse et réponse à la problématique**

Faut-il alors freiner le développement du commerce international en adoptant des pratiques davantage protectionnistes ou simplement modifier ses règles afin qu'il soit plus juste et qu'il réduise les inégalités économiques ? À première vue, il serait préférable de rechercher des solutions permettant au commerce international de profiter à tous, c'est-à-dire trouver des compromis, des ententes afin de partager les gains certains qu'il procure.

> **Ouverture**

Maintenant, le plus dur reste à faire au niveau des institutions et organisations internationales telles que l'OMC. Une majorité semble se dessiner autour de la mise en place d'un commerce équitable, mais dans quelle mesure et à quel prix ceux qui détiennent les leviers d'action le feront-ils ?

REGARD CRITIQUE

La difficulté de ce sujet réside dans sa délimitation. En effet, seuls les échanges de biens et de services sont concernés. Tout développement concernant les transactions internationales de capitaux est exclu.

Vous pouvez constater que l'introduction est capitale. Les définitions proposées des termes du sujet orientent son traitement et par conséquent la note du devoir.

Les aspects théoriques essentiels semblent avoir été traités de manière très satisfaisante.

Économie générale

Sujet 3 : l'efficacité des politiques économiques

Ce travail correspond à une dissertation d'économie générale de niveau Agrégation traitée en temps réel (6 heures) Le sujet suivant a été donné à l'Agrégation interne en février 2005.
Ma copie a obtenu la note de 16/20, soit la note la plus élevée de la session parmi les 573 compositions (la moyenne de l'épreuve s'est élevée à 5,74/20).

Accroche

Les performances actuelles de l'économie française peuvent susciter de nombreuses interrogations quant à l'efficacité des politiques économiques engagées. Avec un taux de chômage de 9,9 %, soit environ 2,7 millions de chômeurs, un solde extérieur négatif, un déficit budgétaire de plus de 3,5 % du Produit intérieur brut (PIB) et une dette publique cumulée supérieure à 1 000 milliards d'euros, les résultats semblent bien éloignés des objectifs fixés par le gouvernement. Pourtant, avec un budget de plus de 280 milliards d'euros, nous étions en droit d'espérer une meilleure allocation des ressources de l'État [chiffres 2005].

Délimitation du champ spatio-temporel

Nonobstant, ne formulons pas ici de remarques hâtives ou trop limitatives. En effet, le sujet doit être abordé d'une part sur le plan international, et d'autre part, il concerne tous les instruments susceptibles d'améliorer les performances des politiques économiques.

Définition des termes

Aussi, les politiques économiques peuvent être définies comme étant un ensemble d'outils à disposition des États ou de zones économiques (exemple : l'Union économique et monétaire : l'UEM) permettant la mise en place d'actions en vue d'atteindre des objectifs préalablement fixés. Ces politiques économiques regroupent deux grands types de politique : les politiques conjoncturelles et les politiques structurelles. Les politiques conjoncturelles, appelées également politiques discrétionnaires, agissent sur le court terme et visent à rétablir un équilibre économique. Au sein de cette catégorie, nous distinguons les politiques de relance et les politiques de stabilisation (politiques de rigueur, d'austérité) qui utilisent des politiques budgétaires monétaires ou fiscales comme moyens d'actions possibles. D'un autre côté, les politiques structurelles ont pour but de modifier la structure de l'économie, et par ce biais d'avoir des effets sur le long terme. Des politiques industrielles peuvent dans ce cadre être employées afin de favoriser, par exemple, le développement d'un secteur économique, ou de manière plus précise une branche d'activité (à fort potentiel de croissance et de création d'emplois, par exemple).

Les politiques économiques résultent de choix effectués par le gouvernement d'un État ou par l'équipe dirigeante d'un organisme supranational (dans le cas de l'UEM : pouvoir exécutif confié à la Commission Européenne, existence d'un Conseil restreint aux ministres des finances des pays membres – ECOFIN – et d'un Conseil des gouverneurs de la BCE qui fixe la politique monétaire européenne). Les politiques économiques ont bien entendu des conséquences économiques, mais elles ont aussi des incidences sociales. Leurs effets sont perçus sur le plan national, mais peuvent également s'étendre à l'international. Comment alors mesurer leur efficacité ? Quelles politiques économiques mettre en place en vue d'obtenir une efficacité maximale ?

L'efficacité d'une politique économique correspond à sa capacité d'atteindre les objectifs fixés. Elle constitue un côté du triangle de la performance que nous pouvons représenter par le schéma ci-dessous :

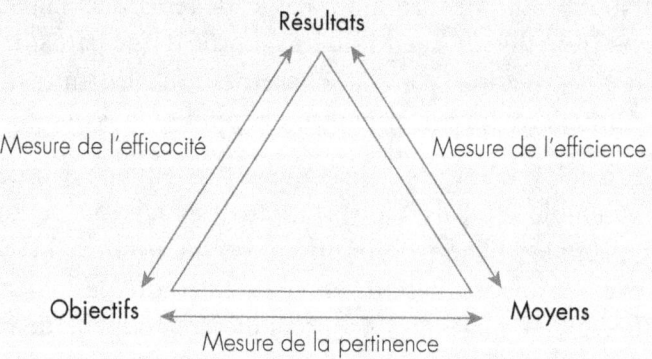

Débat théorique

Plusieurs économistes ont proposé des instruments permettant de mesurer l'efficacité des politiques économiques. Nicolas Kaldor a élaboré un outil appelé « carré magique ». Il représente sur un même schéma l'état de quatre variables économiques : le taux de croissance, le taux d'inflation, le taux de chômage et le solde extérieur. Plus la surface représentée par le quadrilatère ainsi formé se rapproche d'un carré et

Économie générale

plus sa taille est grande, plus les performances de l'économie du pays sont jugées satisfaisantes. Cet outil permet d'apprécier l'efficacité de la politique économique, voire l'équilibre économique du pays. Xavier Greffe a rajouté un cinquième objectif à prendre en compte : la stabilité du taux de change.

Notre exposé se basera sur des théories traditionnelles et contemporaines et sera traité sur le plan international.

Au cours des Trente Glorieuses, de nombreux États ont mis en place des politiques dites keynésiennes, basées sur les travaux de Keynes (*La Théorie générale de l'emploi, de l'intérêt et de la monnaie*, 1936). Selon lui, l'État doit intervenir pour relancer l'économie. Ces politiques se sont traduites par d'importants déficits budgétaires et par une baisse des taux d'intérêt afin de relancer la demande effective. Ces politiques conjoncturelles ont de plus en plus été critiquées à partir de la crise économique de 1973. Peu à peu, ces politiques discrétionnaires ont été qualifiées d'inefficaces.

Au niveau de notre débat théorique central, nous devons mettre en avant les travaux de Milton Friedman, de Lucas et Barro et surtout ceux, récompensés en 2004 par le prix Nobel d'Économie, de Kydland et Prescott. Cet ensemble de recherches nous amènera à détailler les notions d'anticipations, d'anticipations adaptatives et/ou rationnelles, mais aussi à centrer notre attention sur les notions de cohérence temporelle et de crédibilité.

Problématique Comment ces concepts peuvent-ils limiter l'efficacité des politiques économiques ? Quelles politiques économiques alors mener pour plus d'efficacité ? Une politique structurelle est-elle alors préférable ? Les États-Unis adoptent actuellement une politique de dépréciation de leur monnaie afin d'augmenter le volume de leurs exportations et par ce biais leur balance commerciale, et donc de résorber leur déficit public. L'UEM semble à la recherche d'un second souffle pour son Pacte de stabilité et de croissance (PSC). Ne devrait-on pas mettre en place davantage de concertation économique pour améliorer l'efficacité des politiques économiques ?

Annonce du plan — Afin de répondre à ces multiples interrogations, nous verrons dans un premier temps que l'efficacité des politiques économiques semble limitée puis, dans un second temps, nous tenterons de montrer comment rendre les politiques économiques plus efficaces.

I. L'efficacité des politiques économiques semble limitée

Chapeau — D'un côté, des politiques économiques paraissent encadrées. De l'autre, l'anticipation des agents économiques peut freiner l'efficacité des politiques économiques.

A. Des politiques économiques encadrées

Le Pacte de stabilité et de croissance oblige les États européens à respecter des critères économiques. Ainsi, le déficit budgétaire de chaque État membre doit être inférieur à 3 % du PIB et la dette publique inférieure à 60 % du PIB. Par conséquent, les États européens ne maîtrisent plus leur politique budgétaire : celle-ci est encadrée par les critères du PSC. Pourtant, nous pouvons déjà nous étonner des résultats allemands et français qui dépassent les seuils autorisés. La France, par exemple, avec un déficit budgétaire de près de 3,6 % du PIB (chiffres revus à la baisse dans le *Monde Économie* du mardi 25/01/2005) et une dette publique supérieure à 63 % du PIB, se situe bien au-delà des limites autorisées. Quels risques visent alors ces pays ? Que prévoit le Pacte dans ces situations ? Nous reviendrons sur ces questions lorsque notre exposé nous permettra d'apporter des réponses et que notre débat sera plus étoffé.

D'un autre côté, Jan Tinbergen, en avançant son principe de cohérence, nous signale qu'il faut autant d'instruments économiques que d'objectifs, ce qui dès lors réduit les impacts possibles des politiques économiques. En effet, dispose-t-on de nombreux outils ? Sont-ils tous encore pertinents dans le contexte actuel ? Les politiques économiques peuvent-elles encore atteindre leurs objectifs ?

Si nous nous basons au niveau européen, les moyens à disposition de l'UEM paraissent réduits. Le budget européen a un poids relativement peu important (environ 120 milliards d'euros, financés essentiellement par un pourcentage sur les recettes de TVA des pays membres) par rapport aux 288 milliards d'euros alloués au budget français pour 2005. Le budget européen est en grande partie consacré à l'agriculture : aides diverses aux agriculteurs afin de maintenir leurs prix. Dès lors, la politique économique européenne peut-elle véritablement permettre aux États membres d'atteindre leurs objectifs ? L'essentiel des activités se borne davantage autour du secteur tertiaire et ces actions ne touchent pas des branches porteuses de débouchés.

Aussi, nous pouvons nous demander si un fédéralisme budgétaire pourrait être une solution améliorant l'efficacité des politiques économiques. En définitive, ce mode de fonctionnement risque d'encourager un comportement d'aléa moral de certains États, puisqu'un pays en situation délicate se verrait aidé par des subventions de l'État fédéral : l'UEM. Cette organisation pourrait donc pousser à un certain laxisme dans les politiques menées au sein des États membres.

En fait, les États membres détiennent le volet fiscal (impositions, taxations des revenus des ménages et des entreprises, etc.). Ainsi, ils peuvent attirer les capitaux étrangers et opérer des mécanismes de redistribution s'ils le souhaitent.

Transition

Mais dans ce cadre, les agents économiques ne vont-ils pas réagir aux choix de politiques économiques effectués par les gouvernements ? Vont-ils réagir de manière « mécanique » aux actions lancées par les décideurs ?

B. Une efficacité limitée par l'anticipation des agents économiques

Le monétariste Milton Friedman (prix Nobel 1976) reprend le concept d'anticipations rationnelles défini par John Muth en 1961. Pour lui, la politique conjoncturelle semble inefficace, puisque les agents économiques (les ménages, les entreprises, etc.) anticipent les effets escomptés de la politique économique. Seul un effet de surprise peut produire des incidences à court terme mais rapidement, les agents économiques adaptent leur comportement. Ainsi, par exemple, une hausse des dépenses publiques va générer pour les ménages une prévision d'augmentation d'impôt. Selon Friedman, seule une politique structurelle peut être efficace car elle entraîne des effets à long terme sur la structure même de l'économie.

Les nouveaux économistes classiques Lucas et Barro (prix Nobel 1995) reprennent les travaux de Friedman et montrent que les anticipations des agents sont parfaitement rationnelles. Les effets de surprise sont plus rares. Les agents disposent d'une information parfaite, aussi les politiques conjoncturelles ne peuvent pas produire d'effet, même à court terme. L'effet Barro-Ricardo peut illustrer nos propos : toute tentative budgétaire est anticipée rationnellement par les agents économiques.

Transition

Comment alors, dans ce contexte d'encadrement des politiques économiques et d'anticipations rationnelles des agents, rendre les politiques économiques plus efficaces ?

II. Comment rendre les politiques économiques plus efficaces ?

Chapeau

D'une part, la recherche d'une cohérence temporelle et d'une certaine crédibilité peut conférer un gain d'efficacité aux politiques économiques, et d'autre part, une nécessaire concertation des actions économiques paraît primordiale sur le plan international.

A. Une recherche de cohérence temporelle et de crédibilité

Les travaux de Kydland et de Prescott (prix Nobel 2004) développent les idées de Lucas et Barro. Pour eux, les politiques économiques nécessitent en effet, pour être efficaces, une cohérence temporelle et une certaine crédibilité. Ainsi, deux textes majeurs de 1977 et 1982 nous expliquent qu'il paraît primordial d'établir une politique économique sur le long terme afin qu'elle soit crédible aux yeux des agents. Pour eux, toute politique discrétionnaire est à proscrire. Ainsi, confier le levier monétaire d'une politique économique à un organisme supranational indépendant du pouvoir politique permet d'assurer cette cohérence temporelle en voulant stabiliser le taux d'inflation. Au niveau de l'UEM, c'est la Banque centrale européenne (BCE), basée à Francfort, qui détient le levier monétaire. La politique monétaire actuelle pratiquée par la BCE est une politique de stabilisation de l'inflation : fixation de taux directeur proche du taux de croissance de la production, c'est-à-dire au taux de 2 %. Cette politique monétaire est un gage de stabilité des prix. Elle a des impacts sur le commerce extérieur en maintenant un euro fort, ce qui baisse le volume des exportations mais également le coût des importations (1 € vaut environ 1,25 $ actuellement ; chiffre 2005).

De plus, des tentations électoralistes poussent à faire baisser les chiffres du chômage avant une échéance électorale importante. Les agents économiques ne sont pas dupes et appréhendent de mieux en mieux les rouages de la politique économique.

Économie générale

Dans ce cadre, une politique structurelle pourrait être efficace : par exemple, la mise en place d'une politique industrielle de développement ou de renforcement de certaines activités économiques.

Transition — L'économie étant mondialisée, globalisée, il convient également d'étudier l'efficacité de cet ensemble de politiques économiques interdépendantes.

B. Une nécessaire concertation internationale

La théorie des jeux (von Neuman, Morgenstern) nous apporte des éléments permettant de mesurer l'efficacité des politiques économiques. Ainsi, une concertation des États sur le type de politique économique à mener permettrait d'accroître leur efficacité. Deux exemples peuvent illustrer nos propos : le choix d'une politique de relance ou d'une politique de rigueur en économie ouverte, et le choix entre une politique libre-échangiste et protectionniste comme le montre le tableau ci-dessous :

		Pays A	
		Libre-échange	Protectionnisme
Pays B	Libre-échange	+ +/ + +	–/ +
	Protectionnisme	+/–	+/+

Ainsi, la mise en place conjointe de politiques de relance et de libre-échangisme devrait être la pratique la plus efficace pour l'économie des pays concernés. En effet, une stratégie qui pourrait être satisfaisante pour soi n'est pas obligatoirement la meilleure si l'on raisonne au niveau global, en raison de l'effet de synergie possible entre les différentes stratégies pratiquées.

John Nash a présenté un modèle appelé « équilibre de Nash », qui représente la meilleure solution compte tenu de la connaissance de la solution choisie par le partenaire économique. Ainsi, l'efficacité d'une politique économique peut passer par la recherche d'une efficacité maximale des politiques économiques. Une concertation entre pays semble nécessaire.

C'est ce qui devrait se passer au sein de l'UEM. En effet, le PSC mériterait une réforme. L'Allemagne et la France n'ont pas respecté les critères du Pacte, mais n'ont pas été sanctionnés. Des recommandations de la

Commission européenne leur ont demandé de réagir à la situation, sans quoi ils devront déposer une somme d'argent sans intérêt. Toutefois, les sanctions peuvent être levées si ces pays font des efforts et diminuent leur déficit. Christian de Boissieu propose d'inscrire les limites du déficit budgétaire dans la Constitution. Le projet de Constitution européenne ne ferait que renforcer l'impact de cette solution. Ainsi, les textes constitutionnels, en vertu du principe de primauté, empêcheraient l'application d'une loi de finances déterminant un budget de l'État déficitaire au-delà des critères autorisés (exemple : 3 % du PIB).

Synthèse des développements

Comme nous pouvons le constater, l'efficacité des politiques économiques semble limitée. D'une part, les politiques économiques paraissent encadrées. C'est le cas de l'UEM avec la mise en place d'un PSC. Le décideur ne possède pas d'outils suffisants pour répondre à tous ses objectifs. Les moyens potentiels semblent réduits et rencontrent des effets pervers (fédéralisme budgétaire ou politique fiscale). D'autre part, l'anticipation des agents freine l'efficacité des politiques économiques.

Bilan de l'analyse

En effet, pour plus d'efficacité, Kydland et Prescott suggèrent de rechercher une cohérence temporelle et une plus grande crédibilité dans la mise en place des politiques économiques. Aussi, une politique structurelle, recherchant la stabilité à long terme sur le plan monétaire et basée sur une politique industrielle active pourrait accroître l'efficacité des politiques économiques. Enfin, il semble primordial que les différentes politiques économiques soient élaborées dans un cadre de concertation internationale, afin de bénéficier des effets de synergie des actions menées.

Ouverture

L'enjeu actuel pour l'UEM réside dans la réforme du PSC qui devrait lui permettre un second souffle et surtout aux politiques des États membres d'être plus performantes, plus cohérentes et plus crédibles.

REGARD CRITIQUE

Il s'agit bien évidemment d'une de mes meilleures prestations. Cependant, je pense qu'il est possible de l'améliorer en la complétant par des éléments théoriques appartenant au courant keynésien (modèle IS-LM ; modèle IS-LM-BP ; courbe de Philipps ; etc.). De même, les notions de policy mix ou de politique stop and go auraient pu être abordées.

Ce sujet est très vaste et il convient de choisir les points primordiaux à traiter. Il n'est pas possible d'être totalement exhaustif en 6 heures.

Chapitre 4

Management

Sujet 1 : peut-on gérer un hôpital comme une entreprise ?

Ce travail correspond à un exposé de management et de gestion des entreprises et des organisations traité en situation réelle (4 heures de préparation et 1 heure de présentation orale devant jury).
Le sujet a été donné à l'Agrégation externe en juin 2006 dans le cadre de la deuxième épreuve d'admission.
Ma prestation a obtenu la note de 11/20 (la moyenne de l'épreuve s'est élevée à 7,36/20 ; seuls 29 % des candidats admissibles ont obtenu une note supérieure ou égale à 10/20). Vous trouverez une présentation des transparents que j'ai utilisés devant le jury au cours de l'épreuve.

Rappel du sujet — Le sujet est : « Peut-on gérer un hôpital comme une entreprise ? »

Apostrophe au jury — Madame la Présidente du jury, Mesdames et Monsieur les membres du jury,

Accroche — Nous constatons aujourd'hui une augmentation importante du nombre de maladies nosocomiales, c'est-à-dire de maladies qui surviennent lors d'une hospitalisation (diverses infections plus ou moins résistantes). Les conséquences de ces maladies nosocomiales peuvent être très importantes (entraîner des effets secondaires à vie), voire dramatiques (la mort du patient). Aujourd'hui, des enquêtes de satisfaction en milieu hospitalier sont menées. De nombreux médias relatent leurs résultats, en classant les différents établissements médicaux par catégorie (de A à D par exemple) en fonction du nombre de maladies nosocomiales recensées dans leur organisation.

Définition des termes — Aussi, nous pouvons considérer l'hôpital, organisation dispensant des soins médicaux et chirurgicaux comme une entreprise, véritable centre de décision capable de se doter d'une stratégie pour assurer sa pérennité et sa croissance. En effet, ces deux entités exercent des activités de gestion. Gérer consiste à conduire efficacement une organisation en empruntant des connaissances aux sciences exactes et humaines.

Délimitation du champ spatio-temporel — Le sujet oppose une entité précise, « l'hôpital », à une entité plus diffuse, « l'entreprise », qui comprend à la fois de grandes entreprises et des PME. Il existe deux sortes d'hôpitaux : les hôpitaux privés et les hôpitaux publics. Nous concentrerons notre réflexion sur les hôpitaux publics et leur gestion actuelle et nous bornerons notre étude dans un champ spatial limité à la France.

Actualité du sujet — En effet, le management public semble en pleine évolution avec l'entrée en vigueur le 1er janvier 2006 de la LOLF (loi organique relative aux lois de finances) qui déboucherait sur un cercle vertueux : confiance, performance, transparence et gouvernance. Ainsi, la fonction publique hospitalière connaît de nouvelles pratiques managériales qui conduisent les managers à intégrer des contraintes de coûts, tout en répondant à la demande sociale croissante en matière de soins.

Problématique — Mais comment gère-t-on une entreprise ? Quelles sont les finalités de la gestion d'une entreprise ? Est-il alors possible d'appliquer des méthodes de gestion d'une entreprise à la gestion d'un hôpital ?

Annonce du plan — Nous verrons dans un premier temps qu'il est possible de gérer un hôpital comme une entreprise. Puis, dans une seconde partie, nous tenterons de montrer que l'hôpital semble nécessiter une gestion spécifique.

I. Il est possible de gérer un hôpital comme une entreprise

Chapeau — L'hôpital et l'entreprise possèdent une volonté identique de recherche de la performance (A). De même, l'hôpital emprunte certaines pratiques à la gestion d'une entreprise (B).

A. Une volonté identique de recherche de la performance

1. Schéma du triangle de la performance

Quelle est donc cette même performance recherchée ? Le schéma ci-dessous résume bien le concept de performance [schéma réalisé au tableau en commentant les trois axes de la performance et le type de mesure sous-jacent].

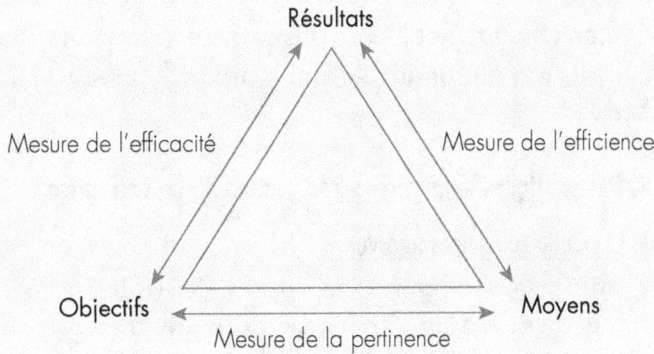

L'hôpital, comme l'entreprise, souhaite améliorer sa performance, c'est-à-dire être davantage efficace (meilleure adéquation entre les résultats et les objectifs de l'entité), davantage efficient (meilleure utilisation des moyens disponibles) et plus pertinent (fixer des objectifs eu égard aux moyens disponibles).

2. Le développement des performances de l'entité

La performance globale d'une entité comprend un ensemble de performances spécifiques : performance de la fonction production, finances, mercatique, qualité, comptable, logistique, etc. Nous pouvons relever quatre types de performances recherchées à la fois par l'entreprise et l'hôpital, et qui nécessitent une gestion assez similaire :

- **la performance financière** : gestion du besoin en fonds de roulement (BFR) et de la trésorerie ;

- **la performance mercatique** : gestion des relations avec les patients ou avec les clients ;

- **la performance du système d'information** : mise en place d'un ensemble de méthodes efficaces de traitement de l'information et des moyens matériels et humains pertinents utilisés dans l'organisation ;

- **la performance des ressources humaines** : attirer et développer les compétences des salariés ; les salariés constituant la principale source de richesse de l'entreprise.

Dès lors, la gestion d'un hôpital et celle d'une entreprise possèdent des points communs. Il y a bien une même volonté d'amélioration de la performance.

Transition

Concrètement, nous pouvons présenter certaines pratiques de gestion empruntées au monde de l'entreprise et appliquées à la sphère hospitalière.

B. Des pratiques empruntées à la gestion d'une entreprise

1. La création d'équipes transverses

Comme dans certaines entreprises (Renault ou PSA), des groupes de travail ou des équipes transverses se mettent en place dans le milieu hospitalier. L'annexe 1 (*Le Monde,* 10 janvier 2006) présente la création de pôles de soins comprenant un médecin, un cadre de la santé et un responsable administratif. Ainsi, certaines décisions sont décentralisées (exemple : établissement de contrat d'objectifs et de moyens entre le directeur et le chef de pôle) et l'organisation ainsi constituée correspond à une forme de direction participative par objectifs (DPPO) existante dans de multiples firmes et décrite sur le plan théorique par les travaux de Drucker. Les différents personnels sont amenés à travailler ensemble dans le cadre d'un véritable projet.

L'hôpital semble donc également susceptible de connaître un changement organisationnel (exemple : création d'un conseil exécutif), comme certaines entreprises (Cetelem, filiale de BNP-Paribas, propose une nouvelle infrastructure de services informatiques).

2. L'élaboration de tableaux de bord

Chaque pôle de soins dispose d'une certaine autonomie et pilote un ensemble d'indicateurs de suivi regroupés dans un tableau de bord. Le tableau de bord est un élément de la visualisation de la performance de la stratégie et de l'efficacité des plans d'actions mis en œuvre. Il s'agit d'un véritable outil d'aide à la décision et à la prévision issu des travaux en gestion de l'entreprise et applicable à l'organisation hospitalière. Plusieurs indicateurs de suivi peuvent donc être répertoriés dans le tableau de bord d'un pôle de soins : nombre d'hospitalisations, durée moyenne de séjour, taux d'absentéisme, indicateur de satisfaction des patients, etc.

3. La pratique de la recherche-intervention

Selon Kubr pour le Bureau international du travail (BIT), en 1976, l'intervention en management est un service professionnel qui aide les cadres et les dirigeants à résoudre les problèmes pratiques, ainsi qu'à transférer des techniques d'organisation et de gestion ayant fait leurs preuves d'une entreprise à une autre. L'intervention implique une relation professionnelle de consultation entre des intervenants (le plus souvent des consultants extérieurs) et des acteurs internes d'une entreprise. L'annexe 1 (*Le Monde*, 10/01/06) nous montre qu'une recherche-action a été menée au Centre hospitalier universitaire (CHU) de Strasbourg. Son objectif était d'utiliser des outils mercatiques afin de mieux évaluer la satisfaction des patients. L'intervenant souhaite classer les différents éléments de la prestation de santé (aspects médicaux, qualité de l'information médicale, disponibilité du personnel, alimentation, etc.) en tenant compte de leur niveau de contribution à la satisfaction. Là encore, des pratiques empruntées à la gestion d'une entreprise peuvent être appliquées à la gestion d'un hôpital.

4. Une volonté de baisse des coûts

Comme dans une entreprise, l'organisation hospitalière semble confrontée à une problématique de diminution des coûts. De très nombreuses firmes paraissent continuellement contraintes de baisser leurs coûts afin de rester compétitives sur leurs marchés respectifs. L'entreprise Samsung est un bel exemple d'organisation sans cesse à la recherche de moyens lui permettant d'être plus performante au niveau des prix proposés.

Ainsi, la gestion d'un hôpital se tourne également vers la notion de coût cible (target costing), c'est-à-dire vers une réduction des coûts qui tient compte de la satisfaction procurée par les composants du produit ou du service. Le manager ne baissera donc le coût d'un composant que si le changement opéré (matériau, quantité de matières, finition, etc.) n'affecte pas la satisfaction procurée aux yeux du client. L'ensemble de la réflexion du gestionnaire s'articule autour de cet axe qualité/coût. Comment présenter un produit ou un service de très haute qualité à un coût le plus réduit possible ?

L'annexe 2 (*Le Figaro*, 9 janvier 2006) présente la recherche d'économies substantielles au niveau des achats publics. Un comité de pilotage a été mis en place afin d'acheter plus efficacement et de réduire de 200 à 300 millions d'euros le montant des achats publics. Chaque hôpital de taille moyenne compte de 1000 à 1200 fournisseurs, ce qui est très important et engendre des variations de prix notables d'un établissement à l'autre. La mise en place d'une centrale d'achat, comme en entreprise, peut réduire les coûts d'approvisionnements.

De même, il semble également que les managers des organisations hospitalières cherchent à lutter contre les coûts cachés, l'absentéisme, par exemple. Aussi, des méthodes utilisées en entreprises, décrites par des théoriciens des organisations comme Henri Savall et Nathalie Zardet, peuvent s'appliquer au management d'un hôpital. Il s'agit d'une démarche progressive pouvant être appliquée à toute entité. Elle consiste en une analyse des dysfonctionnements et un calcul des coûts cachés. Les coûts cachés peuvent représenter du surtemps, des sursalaires, surconsommations, de la non-production et non-création de potentiel. Une démarche en profondeur est nécessaire, elle passe par une segmentation de l'entreprise. La méthode comprend quatre phases :

– le diagnostic socio-économique permet la mise à jour des dysfonctionnements, des coûts cachés, afin de provoquer une réaction des comportements humains ;

– le projet d'amélioration socio-économique se matérialise par la constitution d'un groupe de travail au sein de l'encadrement ;

– la phase de mise en œuvre du projet comprend la programmation des actions, leur budgétisation, la réalisation effective et son contrôle :

– l'évaluation de la conduite du changement réside dans l'élaboration d'un bilan des performances économiques et sociales.

Transition

Nous venons donc de voir qu'il est possible de gérer un hôpital comme une entreprise, d'une part parce qu'il existe une volonté identique de recherche de la performance, et d'autre part parce que des pratiques empruntées à la gestion d'une entreprise peuvent être appliquées à la gestion d'un hôpital.

Toutefois, nous pouvons nous demander si ces pratiques ne demandent pas une adaptation. Sont-elles reprises sans amélioration ou modification dans le management d'un hôpital ? Nous allons voir maintenant que l'hôpital semble néanmoins nécessiter une gestion spécifique.

II. L'hôpital semble nécessiter une gestion spécifique

Chapeau — Nous verrons tout d'abord que l'entreprise et l'hôpital ont des finalités et des structures bien différentes (A), ce qui entraîne un management particulier, puis, nous traiterons des difficultés de mise en place dans l'organisation hospitalière de certaines méthodes de gestion des entreprises (B).

A. L'hôpital et l'entreprise ont des finalités et des structures différentes

1. Comparaison des finalités de l'entreprise et de l'hôpital

Le tableau ci-dessous montre bien les différences de finalités entre nos deux entités d'étude : l'entreprise et l'hôpital.

ENTREPRISE	HÔPITAL
Profit	Satisfaction des patients
Augmentation des parts de marché	Augmentation de la qualité des différents services
Création de valeur (référence à Porter) pour les différentes parties prenantes et porteurs de parts	

Cette présentation peut être reproduite au tableau ou présentée au jury sur un transparent.

2. Des conséquences de non-qualité différentes

Les insuffisances de qualité ne génèrent pas les mêmes effets au sein de l'entreprise qu'en milieu hospitalier. Les conséquences d'une mauvaise qualité dans les pratiques médicales peuvent être beaucoup plus dramatiques puisqu'elles peuvent entraîner la mort de patients. Le tableau ci-dessous résume les différentes conséquences de non-qualité selon qu'elles soient présentes en entreprise ou dans un hôpital.

ENTREPRISE	HÔPITAL
Rebuts, malfaçons	Complications médicales
Baisse des parts de marché	Maladies nosocomiales ou diverses
Baisse du profit	Mort de patients

Comme précédemment, cette présentation peut être reproduite au tableau ou présentée au jury sur un transparent.

3. La structure spécifique de l'hôpital

Contrairement à l'entreprise, qui présente des structures multiples (hiérarchique, fonctionnelle, divisionnelle, polycellulaire, etc.), et d'après les travaux de Mintzberg, nous pouvons identifier la structure d'un hôpital comme étant une structure bureaucratique professionnelle, c'est-à-dire une organisation bureaucratique décentralisée, dépendante de la formation de standards de qualification de beaucoup d'opérateurs professionnels. Le pouvoir appartient au centre opérationnel, et la clé de fonctionnement de cette organisation est la création d'un système de classement des emplois (comme l'Éducation nationale). La standardisation des qualifications et du savoir effectue la coordination de différents types de travail par le biais de la formation spécifique de celui qui exécute le travail (exemple : un chirurgien et un anesthésiste se répondent presque automatiquement dans le cadre de procédures standardisées). Cette organisation présente des avantages de démocratie et d'autonomie, mais se retrouve souvent confrontée à des problèmes de coordination entre les différentes catégories de personnel.

D'un autre côté, l'environnement de l'hôpital paraît différent de celui de l'entreprise. Même si la complexité les caractérise tous les deux, l'environnement de l'hôpital semble stable alors que celui de l'entreprise se définit par une instabilité marquée.

Transition — Cette structure bien particulière ne fait que renforcer des difficultés de mise en place des méthodes de gestion provenant des entreprises.

B. Des difficultés de mise en place des méthodes de gestion des entreprises

1. Par rapport aux compétences des médecins

L'annexe 1 présente les problèmes d'adaptation des méthodes de management des entreprises à l'organisation hospitalière. Désormais, les médecins doivent être multicompétents. Au-delà de leurs nécessaires compétences médicales, ils sont désormais amenés à maîtriser des données financières et à exercer un leadership, c'est-à-dire un management d'équipes de travail. Tout cela n'est pas chose aisée car un médecin ne peut s'improviser manager. Un temps d'adaptation et/ou de formation paraît donc nécessaire.

2. Par rapport à la baisse du pouvoir des cadres administratifs

Les cadres administratifs voient leur pouvoir diminuer, mais leurs responsabilités et leur masse de travail augmenter. Là encore, ce personnel doit être davantage polyvalent. La formation devrait leur permettre d'atteindre un niveau répondant aux exigences de la direction. La gestion de tels changements demande des qualités pédagogiques aux managers des ressources humaines afin de transmettre les nouvelles orientations de politique générale de l'entité.

3. Par rapport à la volonté de baisse des coûts

Face à une problématique de coût, beaucoup d'entreprises ont mis en place des centrales d'achat (exemples : Casino, Sogedial : centrales d'achats alimentaires et non alimentaires ; E.S. : centrale d'achats de composants électroniques, etc.). Les économies d'échelle réalisées par des achats plus importants sont répercutées sur le prix des produits ou des services proposés. Nonobstant, l'existence de centrales d'achats ne semble pas toujours pertinente eu égard aux besoins différents de chaque hôpital, ce qui traduit une difficulté d'adaptation d'une méthode provenant du management de grandes entreprises au management d'une structure hospitalière.

Synthèse des développements

Comme nous pouvons le constater, il semble possible, dans un certain sens, de gérer un hôpital comme une entreprise. En effet, nous avons relevé une volonté identique de recherche de la performance et des pratiques de gestion d'un hôpital provenant du monde de l'entreprise (équipes transverses, tableaux de bord, recherche-intervention, baisse des coûts). Cependant, malgré des similitudes dans leur gestion, l'hôpital et l'entreprise demandent un management spécifique. D'une part, leurs finalités et leur structure sont différentes, et d'autre part, la mise en place de méthodes issues de l'entreprise ne paraît pas simple eu égard aux nouvelles orientations de management public (multicompétences des acteurs, baisse des coûts dans un contexte où chaque hôpital possède pourtant des particularités).

Autre cheminement possible

D'autres éléments auraient pu renforcer notre point de vue, comme l'introduction de la tarification à l'activité qui vient modifier le mode de financement de l'hôpital et qui témoigne de la spécificité de gestion d'une telle organisation.

Bilan de l'analyse

Le management public semble en pleine mutation, et de nouvelles pratiques managériales conduisent les gestionnaires à intégrer des contraintes de coûts, tout en répondant à une demande accrue de qualité en matière de soins. L'efficacité des actions et l'efficience des politiques sont recherchées et la responsabilité des managers encouragée.

Ouverture

Face à la complexité managériale de la gestion d'un hôpital, la gestion publique en mode LOLF va-t-elle déboucher sur un cercle vertueux : confiance, performance, transparence et gouvernance ?

Transparents

T1

Sujet : Peut-on gérer un hôpital comme une entreprise ?

Problématique :
- question préalable : Comment gère-t-on une entreprise ?
- question sous-jacente : Est-il possible d'appliquer des méthodes de gestion d'une entreprise à la gestion d'un hôpital ?

I) OUI, il est possible de gérer un hôpital comme une entreprise.

II) NON, l'hôpital semble nécessiter une gestion spécifique.

T2

I) IL EST POSSIBLE DE GÉRER UN HÔPITAL COMME UNE ENTREPRISE
A) UNE VOLONTÉ IDENTIQUE DE RECHERCHE DE LA PERFORMANCE
1) Schéma du « triangle » de la performance
2) Le développement des performances de l'entité
B) DES PRATIQUES EMPRUNTÉES À LA GESTION D'UNE ENTREPRISE
1) La création d'équipes transverses
2) L'élaboration de tableaux de bord
3) La pratique de la recherche-intervention
4) Une volonté de baisse des coûts

II) L'HÔPITAL SEMBLE NÉCESSITER UNE GESTION SPÉCIFIQUE

Management

> **T3**
>
> TRANSITION
>
> Nous venons de voir qu'il est possible de gérer un hôpital comme une entreprise
> - parce qu'il existe une volonté identique de recherche de la performance
> - parce que des pratiques empruntées à la gestion d'une entreprise peuvent être appliquées à la gestion d'un hôpital
>
> Mais ces pratiques ne demandent-elles pas une adaptation ? Sont-elles reprises sans amélioration ou modification dans le management d'un hôpital ?
>
> Nous allons voir maintenant que l'hôpital semble toutefois nécessiter une gestion spécifique

> **T4**
>
> **I) IL EST POSSIBLE DE GÉRER UN HÔPITAL COMME UNE ENTREPRISE**
>
> **II) L'HÔPITAL SEMBLE NÉCESSITER UNE GESTION SPÉCIFIQUE**
> A) L'HÔPITAL ET L'ENTREPRISE ONT DES FINALITÉS ET DES STRUCTURES DIFFÉRENTES
> 1) Comparaison des finalités de l'entreprise et de l'hôpital
> 2) Des conséquences de non-qualité différentes
> 3) La structure spécifique de l'hôpital
> B) DES DIFFICULTÉS DE MISE EN PLACE DES MÉTHODES DE GESTION DES ENTREPRISES
> 1) Par rapport aux compétences des médecins
> 2) Par rapport à la baisse du pouvoir des cadres administratifs
> 3) Par rapport à la volonté de baisse des coûts

REGARD CRITIQUE

La note attribuée à une épreuve orale de l'agrégation tient compte de l'exposé réalisé par le candidat, mais aussi des réponses aux différentes questions posées par le jury lors de la phase d'entretien.

Ici, la notion de management public devait être mise en avant. Le jury attendait un traitement actuel du sujet en présentant les conséquences managériales de l'introduction de la LOLF. La plupart des candidats méconnaissait ces notions.

Ma prestation a le mérite de répondre clairement au sujet tout en incluant des éléments contenus dans les annexes.

Annexe 1

L'hôpital veut faire de ses médecins des managers

L'organisation en pôles de soins soulève des réticences. Blouses blanches et administratifs doivent apprendre à travailler ensemble

La nouvelle gouvernance impulsée par le plan hôpital 2007 n'est pas une mince affaire. Elle s'articule autour de trois éléments : une organisation en pôles de soins ; la création d'un conseil exécutif composé de médecins et de responsables administratifs ; et la mise en place de contrats d'objectifs et de moyens entre le directeur et le chef de pôle. Tout cela ne se fait pas sans heurts. « *Elle fait voler en éclats l'organisation en tuyaux d'orgue traditionnelle de l'hôpital, avec les châteaux forts que sont les services et les trois pouvoirs verticaux – médical, paramédical et administratif*, explique le docteur Bruno Mangola, président de la commission médicale d'établissement (CME) du centre hospitalier de Mâcon (Saône-et-Loire) qui emploie 1 800 salariés. *Ce décloisonnement contraint des personnes qui n'en avaient pas l'habitude à discuter et à travailler ensemble. Dans ce nouveau collectif, chacun a davantage de responsabilités. Ce n'est pas facile, et les médecins ne se bousculent pas pour devenir chef de pôle.* »

Pourtant, on aurait pu croire que l'intégration du corps médical dans le processus managérial et la gouvernance de l'établissement feraient des heureux. Les pôles de soins, dirigés par un médecin assisté d'un cadre de santé et d'un responsable administratif, se voient accorder une délégation de gestion et de décision. « *C'est effectivement plus de pouvoir pour le corps médical, mais son exercice se fait dans le cadre précis du contrat d'objectifs passé entre le pôle et la direction de l'hôpital*, relativise Catherine Chambon, directrice dans le département conseil en ressources humaines du cabinet Eurogroup. *Au-delà des ressources allouées et de la validation des projets, ce contrat détermine également les règles de fonctionnement que le médecin s'engage à respecter. Il ne s'agit pas de faire sa loi dans le pôle comme certains chefs peuvent le faire dans le royaume de leur service. Il va devoir travailler en coordination avec les deux autres membres du triumvirat, avec des processus qui vont rendre les données d'activités (nombre d'actes, occupation de la salle d'opération, etc.) beaucoup plus transparentes. Ce poste de chef de pôle est très exigeant.* »

Pour le docteur Henry-Jacques Bussières, responsable du département Management et santé du cabinet de conseil Merlane, la réticence d'une partie du corps médical est aussi nourrie par la crainte. Se transformer en médecin manager n'est pas une sinécure : « *Cette fonction va bien au-delà de la direction d'un service. On demande au médecin chef de pôle d'être assez compétent dans les données financières pour participer à la gestion, organiser, planifier, faire preuve de leadership, manager des confrères, savoir gérer les conflits. Cela ne s'improvise pas.* »

Du côté de l'administration, les interrogations sont tout aussi vives. Bruno Chauvin, directeur des ressources humaines (DRH) du centre hospitalier d'Auch dans le Gers (1 200 salariés), reconnaît que la nouvelle gouvernance hospitalière prive les responsables administratifs d'une partie de leurs prérogatives et de leurs compétences et qu'il n'est pas évident de perdre du pouvoir et de devenir des « *chevilles ouvrières* » au service des pôles. « *De plus, dans nos métiers, nous sommes très spécialisés*, indique-t-il. *Or le représentant de l'administration dans le triumvirat qui gère le pôle de soins doit être très polyvalent sur des questions aussi différentes que les ressources humaines, l'économie hospitalière, le fonctionnement des marchés publics, la logistique de l'approvisionnement médical, etc. C'est assez complexe. Pour les préparer à la nouvelle gouvernance, tous les cadres administratifs et les cadres de santé de notre établissement bénéficieront de formations d'ici à la fin de l'année.* »

Pour Danielle Portal, directrice de l'hôpital de Saint-Dizier (Haute-Marne) – 800 salariés –, la décentralisation d'une partie des décisions ne pose pas de problème, car certaines sont plus pertinentes quand elles sont prises au plus proche du terrain : « *La première délégation de gestion que nous avons lancée, à la fois la plus simple et la plus symbolique, c'est celle concernant les ressources humaines. La gestion des carrières et le recrutement restent centralisés, mais tout ce qui concerne l'organisation quotidienne – planning, congés, remplacement par du personnel contractuel pour combler les absences, départs en formation – est dévolu aux pôles. Pour les équipes soignantes, c'est important de pouvoir gérer les effectifs au plus près de l'activité.* » A ses yeux, les décisions prises par le pôle font autorité, grâce à la collégialité du triumvirat.

Mais l'autonomie des pôles pour développer ses propres projets, très divers – incitation à l'allaitement maternel, mise en place d'une équipe pluridisplinaire pour améliorer le diagnostic prénatal, progrès des processus qualité, solutions pour remédier à l'absentéisme, etc. – requiert une autre façon de travailler : « *Il faut mettre en place une véritable culture de fonctionnement par objectifs et aussi bien les médecins que les administratifs n'y sont guère habitués*, juge Catherine Chambon. *Il leur faut apprendre à piloter ensemble ces objectifs, en se basant sur des indicateurs de suivi, des tableaux de bord et à faire du reporting.* » « *Travailler par projet est une petite révolution à l'hôpital*, admet le docteur Mangola. *Les différents personnels sont amenés à s'entendre, s'impliquer davantage, aller dans le même sens. Nous n'en sommes encore qu'à la mise en place des fondations de cette nouvelle organisation.* » Elle est d'autant plus complexe que le mode de financement de l'hôpital, avec l'introduction de la tarification à l'activité, provoque d'autres remous et difficultés. ■

NATHALIE QUÉRUEL

> « On demande au médecin chef de pôle d'être assez compétent dans les données financières pour participer à la gestion, organiser, planifier, manager des confrères... Cela ne s'improvise pas »

Le Monde, **10 janvier 2006**

Annexe 2

Mieux écouter les patients...
grâce au marketing

Comment les hôpitaux répondent-ils à l'obligation d'évaluation de la satisfaction du patient ? Plus ou moins bien, faute d'outils de gestion adéquats. « *Le questionnaire de sortie est imparfait puisque moins de 15 % des patients nous le retournent*, raconte Michèle Elles, directrice des ressources humaines (DRH) adjointe du centre hospitalier universitaire (CHU) de Strasbourg. *Et il exprime des avis extrêmes, soit très satisfaits ou très mécontents. Depuis un an, nous disposons de l'enquête de satisfaction, basée sur un échantillon représentatif. Elle permet de repérer des dysfonctionnements et de se comparer entre établissements. Néanmoins, nous manquons d'outils de terrain – l'attente du patient n'est pas la même dans un service de cancérologie ou de chirurgie court séjour – et qui donnent des résultats hiérarchisés dont médecins et soignants puissent s'emparer pour changer leurs pratiques.* »

C'est dans ce but que Mᵐᵉ Elles, alors directrice de la qualité, a donné son feu vert pour une recherche-action menée dans le service de chirurgie maxillo-faciale par Caroline Merdinger-Rumpler, professeur de marketing à l'Ecole de commerce de Strasbourg. L'idée de cette dernière est simple : utiliser certaines méthodologies du marketing de services pour évaluer plus précisément la satisfaction : « *Il s'agit de classer par catégories les éléments de la prestation de santé en prenant compte de leur niveau de contribution à la satisfaction. Un bon niveau de performance sur les éléments basiques – les aspects cliniques et médicaux – permet d'éviter l'insatisfaction mais ne procure pas de satisfaction. Les éléments clés – les pratiques professionnelles et les compétences relationnelles – jouent très fortement sur la satisfaction. C'est là qu'on peut trouver des leviers d'action, sur la qualité de l'information médicale, la disponibilité du personnel, etc.* »

Au terme de sa recherche, Mᵐᵉ Merdinger-Rumpler fait le constat d'un drôle de paradoxe entre le jugement positif qui émane des enquêtes de satisfaction et l'évaluation négative de certains aspects de la prestation de santé, lors des entretiens en tête-à-tête avec les patients : « *Dans les enquêtes, les patients n'ont pas d'espace pour exprimer ce vécu douloureux qu'est parfois une hospitalisation. D'autre part, ils ne se sentent pas compétents pour évaluer la prise en charge clinique.* » D'où, selon elle, la nécessité de développer des outils plus pertinents pour faire ressortir les non-dits...

N. Q.

Le Monde, 10 janvier 2006

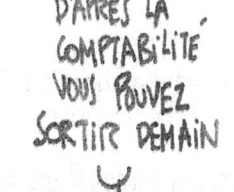

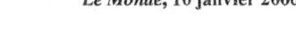

Les hôpitaux s'organisent pour acheter moins cher

SANTÉ
D'un établissement à un autre, les prix d'achat peuvent varier de 50 %. L'objectif est d'économiser 200 à 300 millions d'euros dès cette année.

« JE SOUHAITE *que des économies très significatives soient réalisées sur les achats publics*», a déclaré Jacques Chirac vendredi, lors de ses vœux aux fonctionnaires. Au même moment, la direction de l'hospitalisation (Dhos) du ministère de la Santé annonçait la création d'un comité de pilotage pour aider les hôpitaux à acheter plus efficacement. Objectif : économiser 200 à 300 millions d'euros en 2006, sur un volume total d'environ 15 milliards.

Bons élèves, les hôpitaux ? Ils ont surtout du retard à rattraper, répondront les plus critiques. L'an dernier, sur 150 millions d'économies visées, moins de 60 millions ont été réalisées, selon la Dhos. La tâche est compliquée par un code des marchés publics rigide, par la multitude de fournisseurs (1 000 à 1 200 pour un hôpital « moyen », et des dizaines de milliers de produits), et par l'autonomie des hôpitaux : chacun est libre d'acheter dans son coin. D'où des écarts de prix avoués de 10 % à 50 % d'un établissement à l'autre.

Pour autant, « *nous devons éviter l'écueil inverse : une sorte de gosplan, de supercentrale d'achat au ministère*, prévient le directeur de l'hospitalisation, Jean Castex. *Les besoins ne sont pas les mêmes partout.* » Le comité de pilotage servira donc d'« *aiguillon* » mais « *c'est aux établissements de mettre en place les outils pour progresser* », insiste Jean Castex.

Ne plus subir les fournisseurs

Les CHU viennent ainsi de créer un groupement. A partir de mars-avril, pour chaque catégorie de biens ou de services, un CHU sera chargé des achats pour la trentaine d'autres. Il s'agit d'obtenir de meilleurs prix grâce à des volumes importants, mais aussi de professionnaliser les acheteurs. Au lieu de commander des seringues aussi bien que des logiciels, des tables de nuit ou des prestations de blanchisserie, chaque acheteur sera spécialisé sur un marché « *pour ne plus subir les fournisseurs* », souligne le directeur de l'hospitalisation.

Les centres de lutte contre le cancer se sont lancés récemment. Ces 20 établissements ont économisé 500 000 euros sur les premières prestations achetées en commun (téléphonie mobile et intérim médical), soit un gain de 14 % environ. La Fédération hospitalière de France prépare de son côté un indice des prix et des indicateurs qui permettront aux établissements de se comparer entre eux.

OLIVIER AUGUSTE

Le Figaro, 9 janvier 2006

Sujet 2 : entreprise globale et proximité

Le travail suivant correspond à une dissertation portant sur les éléments généraux de l'analyse des organisations et sur l'économie de l'entreprise (soit une dissertation de management) traitée en temps réel (6 heures).
Le sujet a été donné à l'Agrégation externe en avril 2006. Ma copie a obtenu la note de 11,5/20 (la moyenne de l'épreuve s'est élevée à 5,75/20 ; seuls 16 % des candidats ont obtenu une note supérieure ou égale à 10/20).

Accroche

L'entreprise Virgin, dirigée par Richard Branson, souhaite être proche de ses clients, tant en termes de satisfaction apportée que d'implantation géographique. Cette société diversifiée doit être gérée dans toute sa globalité afin d'atteindre ses objectifs dans le contexte socio-économique actuel.

Définition des termes

L'entreprise peut être perçue comme un centre de décision capable de se doter d'une stratégie pour assurer sa pérennité et sa croissance. L'entreprise globale correspond à une entreprise prise dans sa globalité, c'est-à-dire à travers ses différentes fonctions et activités. La globalité de l'entreprise varie en fonction de sa taille (PME ou grande entreprise), de son étendue (société mère regroupant plusieurs filiales, entreprise réseau regroupant plusieurs entreprises partenaires, ou entreprise sans lien juridique ou économique). La présence de la conjonction de coordination « et » nous oblige à traiter exclusivement le sujet en mettant en relation les concepts clés d'entreprise globale et de proximité.

La proximité est un nom commun signifiant « proche de ». Mais vers quel type de proximité semble nous diriger le sujet ? L'entreprise, prise dans sa globalité, peut être proche de ses clients (en termes de satisfaction et/ou géographiquement), de ses salariés (par rapport à leurs besoins et attentes), de ses fournisseurs (en termes de complémentarité et/ou géographiquement), des publics, c'est-à-dire de la société civile, des associations (par rapport à leurs valeurs et aspirations), voire encore de ses propriétaires lorsqu'elle dégage des dividendes au moins conformes aux prévisions.

De même, quel type d'entreprise est concerné par le sujet ? Pouvons-nous parler de globalité quelle que soit la taille de l'entreprise ? En effet, une micro-entreprise possède une globalité restreinte puisque ses fonctions et activités sont peu nombreuses mais, au sens strict du terme, elle a quand même une certaine globalité. A contrario, l'envergure d'une grande entreprise lui confère une globalité plus importante, car elle comprend plusieurs fonctions et activités.

D'autre part, l'activité de l'entreprise est une variable pouvant influer le niveau de proximité de l'entreprise globale. Une société de service bureautiques ou informatiques a, par exemple, moins besoin de proximité physique des salariés au sein de l'entreprise puisque de multiples travaux peuvent être réalisés au domicile des salariés (exemple : télétravail). Le réseau intranet permet ici l'échange des données professionnelles.

L'opposition du terme « proximité », qui évoque un espace réduit, à celui d'« entreprise globale », qui présente une dimension plus importante, nous incite à analyser davantage les grandes entreprises (celles qui ne répondent pas à la nouvelle classification des PME : plus de 250 salariés, seuils financiers dépassés ou indépendance remise en cause), dont la globalité est plus étoffée.

Nous traiterons le sujet sur le plan international en nous basant sur des théories traditionnelles et contemporaines, tout en illustrant nos propos à l'aide d'exemples pertinents.

Débat théorique

Le contexte socio-économique actuel se caractérise par un environnement turbulent, complexe et incertain. Les théoriciens de la contingence, comme Lawrence et Lorsch ont mis en avant le concept de différenciation/intégration. Pour eux, afin de mieux répondre aux spécificités de l'environnement, les activités de l'entreprise doivent être différenciées et présenter des moyens d'actions appropriés tout en intégrant un objectif global pour l'organisation.

Problématique

Aussi, dans un tel contexte contingent, quelle proximité est recherchée pour l'entreprise globale ? De quels moyens d'action dispose l'entreprise globale pour encourager cette proximité ?

Actualité du sujet

Une des principales données mercatiques de ces dernières années réside dans la différenciation de la consommation. Les clients souhaitent des produits nouveaux, spécifiques par rapport à leurs besoins. Le défi de l'entreprise globale est d'y répondre en utilisant ses ressources propres et externes.

Annonce du plan — Aussi, nous verrons dans une première partie que l'entreprise globale recherche la proximité de ses clients, puis dans un second temps nous analyserons les moyens dont elle dispose pour favoriser cette proximité (de ses clients).

I. L'entreprise globale à la recherche de la proximité de ses clients

Chapeau — Nous étudierons tout d'abord la satisfaction des clients au sein d'une entreprise globale (A), puis la nécessaire flexibilité que celle-ci doit mettre en place pour répondre aux attentes des clients (B).

A. Satisfaire les clients

L'entreprise globale doit rechercher la satisfaction des clients, et donc dégager de la valeur de manière transversale, conformément au concept de chaîne de valeur développé par Michaël Porter dans son ouvrage *L'Avantage concurrentiel*.

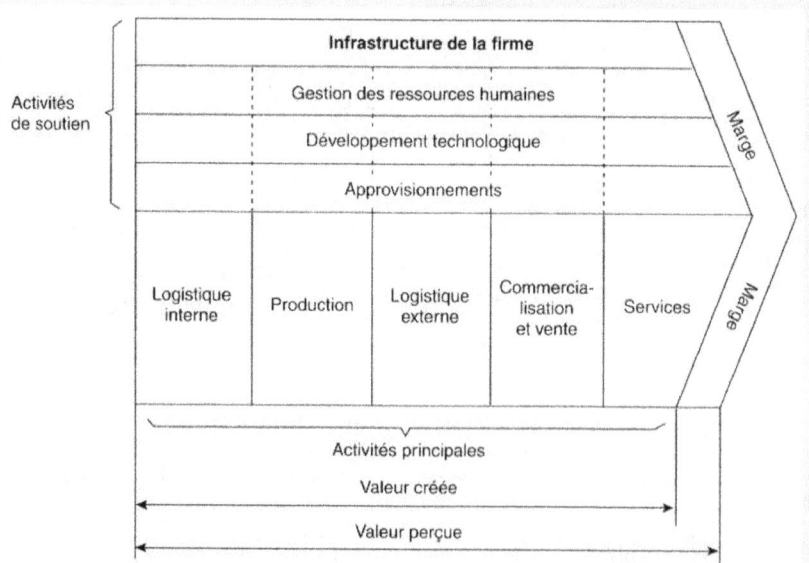

Figure 4.1 – Schéma de principe de la chaîne de valeur d'une entreprise

Source : M. Porter, *L'Avantage concurrentiel*, Dunod, 2003.

Chaque activité décrite dans la figure 4.1 représente un maillon de la chaîne qui, combiné aux autres, forme la chaîne de valeur. Il est alors possible de mesurer la valeur créée, c'est-à-dire le niveau de satisfaction procuré aux clients et de repérer les activités qui en dégagent le moins et qui pourraient donc être modifiées, voire supprimées. Ce schéma montre bien la globalité de l'entreprise et la volonté spécifique de chaque activité de contribuer à la création de valeur aux yeux du client.

Être proche du client passe également par une amélioration de la qualité des produits et des services proposés. Joseph Juran et Edward Deming ont inventé le concept de qualité totale, c'est-à-dire la qualité à travers toutes les fonctions de l'entreprise, et non pas seulement celle de la production. L'entreprise globale, de part son étendue (dans le cas d'une entreprise réseau comprenant de multiples partenaires), doit même envisager la gestion d'une qualité globale de ses réalisations afin de répondre à la satisfaction de la clientèle et par ce biais d'être proche de ses besoins (exemple : Nissan, Matsushita).

Enfin, quelle stratégie peut être privilégiée, dans l'optique d'une plus grande proximité de ses clients, au sein de l'entreprise globale ? À ce niveau et selon les stratégies de base décrites par Porter (domination par les coûts, différenciation et concentration), il semble possible pour l'organisation d'adopter chacune d'entre elles avec succès.

Transition
L'entreprise globale ne paraît donc pas limitée dans son choix afin d'être proche de la clientèle. Toutefois, dans le contexte actuel, la flexibilité devient de plus en plus essentielle.

B. Être flexible

Les demandes de spécificités des consommateurs nécessitent une flexibilité de l'entreprise sur le plan qualitatif, quantitatif et organisationnel. L'Oréal vient d'absorber une entreprise spécialisée dans les crèmes de soin d'origine végétale et non animale en réponse aux souhaits des clients potentiels. Mais quelle structure adopter pour être le plus proche des clients ? Selon les auteurs de la contingence, il n'existe pas une structure qui soit meilleure qu'une autre, mais des structures adaptées aux différents secteurs et contextes de marché.

Enfin, le choix de la structure devra tenir compte des problèmes de gestion des flux (physiques et informationnels) car, par essence, une entreprise globale dispose d'une taille assez importante. Les méthodes de flux tirés et tendus du JIT (just in time) de Kenichi Ohmae permettent de répondre aux délais imposés par les clients et de limiter les stocks.

Transition — L'entreprise globale rencontre donc quelques difficultés dans sa quête de proximité du client. La proximité de l'entreprise globale par rapport à ses salariés et ses fournisseurs peut être un facteur favorisant la proximité des clients.

II. Les moyens dont dispose l'entreprise globale pour favoriser la proximité des clients

Chapeau — L'entreprise globale dispose de deux moyens importants : la proximité de ses salariés (A) et celle de ses fournisseurs (B), lui permettant de répondre à une proximité essentielle aujourd'hui : celle de ses clients.

A. Développer la proximité de ses salariés

Le travail en équipes, prôné au départ par Follet (dans les années 1920) avec sa théorie des équipes, permet la mise en place de groupes de travail, d'équipes transverses (comme chez Renault sous la direction de Carlos Ghosn). L'entreprise globale travaille alors en rapprochant les fonctions puisqu'un membre de chaque fonction (production, finances, approvisionnement, recherche, maintenance, etc.) participe aux études du groupe. L'objectif est d'accroître la performance du groupe, mais aussi de transmettre une certaine culture commune, un ensemble de valeurs partagées. Ainsi, indirectement, l'équipe répond aux exigences des clients. L'entreprise globale améliore sa proximité vis-à-vis des clients tout en augmentant la proximité de ses salariés au sein des groupes de travail.

Afin de faciliter le rapprochement des salariés au sein de l'équipe transverse, il convient d'intégrer les valeurs des salariés selon le concept de valeurs intégrées présenté par Rensis Lickert. Pour que le salarié s'implique davantage, il faut qu'il retrouve au sein de l'entreprise des valeurs similaires aux siennes.

Enfin, au niveau des mécanismes de coordination, Mintzberg a développé une typologie permettant aux managers de coordonner les tâches, et par ce biais de répondre à un souci d'efficience de l'organisation.

Transition

Tout cela améliore la proximité des salariés par rapport à l'entreprise globale, et à plus grande échelle la satisfaction procurée aux clients. Un autre partenaire, externe cette fois-ci, permet de favoriser cette proximité.

B. Augmenter la proximité de ses fournisseurs

L'entreprise réseau, comme les fameux keiretsu japonais ou chebaol coréens décrits par Redding, ou encore des entreprises plus connues comme Nike ou Reebok, met en place des liens très étroits (partenariats) afin d'améliorer la réactivité de l'ensemble et de répondre aux délais des clients.

De même, la proximité des fournisseurs semble ici intéressante. L'entreprise globale ne doit pas apparaître comme morcelée, mais comme un vaisseau amiral assisté de multiples embarcations de soutien (Cruz). L'équipementier automobile Valéo doit gérer cette variable temporelle importante aux yeux des clients. À ce niveau, il semble possible d'analyser la chaîne de valeur des fournisseurs dans un souci de compétitivité et d'amélioration de la satisfaction de la clientèle (chaîne de valeur externe).

Enfin, en cas de problème, Cyert et March suggèrent leur résolution au voisinage des symptômes, c'est-à-dire par rapport à des problèmes similaires déjà rencontrés (exemple : un problème d'approvisionnement) dans la fonction ou l'activité, puis dans une fonction ou activité proche. Là encore, le but est de se rapprocher des souhaits de la clientèle.

Bilan de l'analyse

En définitive, la priorité de l'entreprise globale semble résider dans la recherche de proximité de ses clients. Pour ce faire, elle doit augmenter la satisfaction procurée aux clients en répondant à leurs demandes souvent changeantes. La flexibilité et la réactivité paraissent primordiales. L'entreprise globale doit utiliser la principale richesse dont elle dispose (les salariés) et veiller à ce que ses objectifs coïncident avec leurs aspirations. D'autre part, elle peut s'appuyer sur un réseau de partenaires afin d'améliorer la satisfaction dégagée.

Autre cheminement possible

L'analyse des termes du sujet était ici primordiale. Un approfondissement de la proximité géographique aurait été intéressant.

REGARD CRITIQUE

L'objectif du sujet est de faire réfléchir les candidats sur les contraintes liées à la globalisation des firmes, en particulier lorsqu'il s'agit de prendre en compte la dimension locale du management. En plus des difficultés habituelles de définition des termes, ce sujet demande également une formulation d'une problématique qui met en avant la gestion du paradoxe apparent entre entreprise globale et proximité.

Sur le plan théorique, les travaux de Ghoshal et ceux de Yip semblent intéressants dans le cadre de l'étude des firmes globales et des facteurs de globalisation.

Sujet 3 : entreprise étendue et création de valeur

Le travail suivant correspond à une dissertation portant sur les éléments généraux de l'analyse des organisations et sur l'économie de l'entreprise (soit une dissertation de management) traitée en temps réel (6 heures).
Le sujet a été donné à l'Agrégation externe en avril 2004. Ma copie a obtenu la note de 12/20 (la moyenne de l'épreuve s'est élevée à 6,05/20 ; seuls 21 % des candidats ont obtenu une note supérieure ou égale à 10/20).

Accroche

D'après le philosophe Sénèque, « il n'est de vent favorable qu'à celui qui sait où il va ». Cette citation peut s'appliquer à l'entreprise, véritable centre de décision capable de se doter d'une stratégie pour assurer sa pérennité et sa croissance, souhaitant se développer tout en conférant à ses acteurs et partenaires les fruits de son essor.

Définition des termes

L'organisation dispose de choix stratégiques. Elle peut se maintenir sur un marché, voire se retirer, mais surtout s'étendre, c'est-à-dire élargir sa taille, repousser sa frontière. Pour ce faire, l'entreprise possède plusieurs possibilités d'extension : elle peut mener une politique de croissance interne en utilisant ses propres ressources humaines, financières et matérielles. Il lui est également possible d'opter pour une croissance externe (fusion, alliance, partenariat, etc.).

L'objectif premier d'une organisation réside dans le maintien de sa pérennité. Ensuite, l'entreprise semble sans cesse à la recherche d'une amélioration de sa performance et de création de valeur. L'élaboration, le développement, l'augmentation de la valeur paraît être au cœur des préoccupations managériales actuelles. La valeur représente bien plus que la simple différence entre un prix de vente et un coût de revient. Elle mesure également la satisfaction, l'utilité que peuvent procurer un produit ou un service aux différents acteurs et partenaires de l'entreprise. Nous distinguons ici deux grandes catégories de bénéficiaires de cette création de valeur : d'une part, les shareholders, c'est-à-dire les porteurs de parts (les actionnaires), et d'autre part les stakeholders, c'est-à-dire les parties prenantes que sont les clients, les salariés, les fournisseurs et autres partenaires.

Délimitation du champ spatio-temporel

Notre exposé prendra en considération les théories du management traditionnelles et contemporaines (théories du management = théories des organisations et théories de la firme) et sera traité sur le plan international.

Débat théorique

Un débat théorique s'articule déjà autour de l'adjectif « étendue ». En effet, nous ne savons plus trop où commencent et s'arrêtent les frontières de l'entreprise. Aussi, il existe des différences sur le plan juridique : chaque société possède une structure juridique alors que l'entreprise n'est pas reconnue par le droit. Nous tiendrons donc compte du sens large du terme « étendue » en intégrant dans nos réflexions les concepts d'alliances et de partenariats.

D'un autre côté, les travaux de Cruz présentent l'entreprise comme un véritable « vaisseau amiral ». Les recherches de Kenichi Ohmae vantent les mérites des réseaux keiretsu ou chebaol (en Corée) et illustrent l'importance de ce phénomène d'extension des entreprises.

Actualité du sujet

Les groupes Matsushita, Nike, Nissan ou Reebok sont de bons exemples d'entreprises réseaux à la recherche de création de valeur.

Problématique

Mais comment, en s'étendant, l'entreprise peut-elle créer de la valeur ? Disposons-nous d'instruments de mesure fiables de cette création de valeur ? L'entreprise étendue parvient-elle à créer de la valeur à la fois aux porteurs de parts et aux autres parties prenantes de l'organisation ? Enfin, l'élargissement de l'entreprise, l'agrandissement de ses frontières, permettent-ils toujours de créer de la valeur ?

Annonce du plan — Nous tenterons de répondre à toutes ces questions en analysant, dans une première partie, l'entreprise étendue comme créatrice de valeur pour les porteurs de parts de l'organisation, puis, dans un second temps, nous étudierons l'entreprise étendue comme créatrice de valeur pour les parties prenantes de l'organisation.

I. L'entreprise étendue : créatrice de valeur pour les porteurs de parts de l'organisation.

Chapeau — Nous nous intéresserons tout d'abord aux moyens employés par l'entreprise pour atteindre son objectif d'augmentation de valeur, puis, nous nous attarderons sur les limites qu'elle rencontre.

A. Moyens employés

L'entreprise opère un choix stratégique afin de satisfaire les actionnaires, c'est-à-dire en leur attribuant des dividendes plus importants. Elle dispose d'une batterie de moyens pour arriver à ses fins : croissance interne en développant un nouveau produit, une nouvelle activité, en innovant ses méthodes de management ou alors par le biais d'une croissance externe (fusion-absorption, alliances, impartitions, etc.). À ce titre, nous pouvons citer les fusions d'Air France et de KLM, du Crédit lyonnais et du Crédit agricole, de Daimler et Chrysler, les partenariats de Renault et Nissan ou encore les stratégies de développement interne de Danone menées par Franck Riboud. Toutes ces stratégies de développement ont pour but de dégager une valeur supplémentaire aux porteurs de parts. Mais comment mesurer la création de valeur issue d'une telle extension de l'entreprise ?

Porter, dans son ouvrage *L'Avantage concurrentiel*, présente un outil de mesure de la valeur créée : la chaîne de valeur. Celle-ci distingue les activités principales et de soutien de l'entité et permet de relever la contribution de chaque activité à la création de valeur afin d'en développer, repenser ou arrêter certaines. Chaque activité constitue un maillon de la chaîne destiné à dégager un maximum de valeur.

Les actionnaires ne perçoivent pas très bien les apports de cet outil. Ils ne se situent pas « dans » l'entreprise et sont plus réceptifs à des informations financières, des calculs de gestion. Ainsi, deux indicateurs mesurent la création de valeur pouvant provenir d'un développement de l'organisation : l'EVA (Economic Value Added) et la MVA (Market Value Added).

Les dirigeants accordent davantage d'importance aux dividendes dégagés. En effet, les porteurs de parts disposent d'un droit de vote et peuvent sanctionner les pratiques managériales. Les gouvernements d'entreprise (corporate governance) accentuent la pression sur les managers et les incitent à dégager un surplus de valeur. Dès lors, les dirigeants peuvent être amenés à internaliser ou externaliser des activités afin de présenter des comptes plus respectueux des vœux des actionnaires. La théorie des coûts de transaction développée par Coase puis par Williamson permet d'orienter les choix décisionnels : externalisation d'activités standardisées et internalisation d'activités plus spécifiques (coûts de transaction élevés).

Chapeau — Malheureusement, des conséquences structurelles sont sous-jacentes à de telles pratiques et nous invitent dès lors à nous pencher sur les limites rencontrées par l'extension de l'entreprise dans sa recherche de création de valeur.

B. Limites rencontrées

Tout d'abord, l'entreprise peut être amenée à se séparer de certaines activités puisque, dans une analyse préalable, il convient de repérer celles qui dégagent le plus ou le moins de valeur. Des conséquences sociales sont souvent irrévocables et montrent qu'une augmentation de valeur à la fois pour les actionnaires et les parties prenantes paraît délicate.

D'autre part, une extension de l'entreprise n'est pas toujours synonyme de création de valeur. En effet, une fusion sur deux est un échec. Les dividendes de l'entreprise peuvent être affectés et donc diminuer la valeur à destination des actionnaires. La fusion de France Telecom et d'Orange a-t-elle dégagé un surplus de valeur pour l'actionnaire ?

Enfin, il convient ici de préciser que les cotations financières ne sont plus les seules à retenir l'attention des investisseurs. Depuis quelques années, nous assistons à la mise en place de cotations éthiques comme l'indice Domini 400 aux États-Unis, ou encore le référentiel SA 8000, voire, en France, les indicateurs de la société Vigeo (dont la présidente est Nicole Notat). Désormais, l'entreprise doit aussi être éthique, c'est-à-dire agir de manière citoyenne dans des perspectives de développement durable et de pratiques professionnelles respectueuses des acteurs et de ses partenaires.

Transition — Analysons maintenant comment l'organisation peut créer de la valeur pour ses parties prenantes.

II. L'entreprise étendue : créatrice de valeur pour les parties prenantes de l'organisation

Chapeau — Là encore, nous verrons dans un premier temps les moyens employés par l'entité puis, ensuite, les limites qu'elle rencontre.

A. Moyens employés

L'entreprise s'étend en essayant de répondre aux attentes des clients, des salariés, des fournisseurs et autres partenaires en termes de valeur.

Face aux clients, l'organisation est contrainte de gérer le couple valeur/coût. En effet, le prix n'est plus la seule variable mercatique à privilégier, même si, dans la grande distribution par exemple, la stratégie de domination par les coûts revient sur le devant de la scène (exemple : montée du hard discount avec les sociétés Aldi, Lidl, etc.). Le client attend aussi de la qualité, des caractéristiques qui lui correspondent. L'entreprise qui se développe peut utiliser des méthodes de comptabilité de gestion comme la méthode ABC ou ABM (Activity Based Costing ou Activity Based Management), combinée à une méthode de coût cible pour répondre au mieux à la demande des clients. En effet, très souvent, le coût cible est inférieur au coût estimé du produit à la mise en place de la méthode. Il convient alors de diminuer les coûts des composants qui ne représentent pas le plus de valeur aux yeux des clients. Des démarches d'amélioration continue, comme les kaizen costs, permettent d'optimiser encore ces méthodes. Les clients sont également demandeurs de délais très réduits, de services après-vente efficaces. Le développement de l'entreprise doit en tenir compte.

D'un autre côté, les salariés souhaitent également profiter de l'extension de l'entreprise. La mise en place d'un pouvoir coactif, comme le présente le concept d'« empouvoirement » (empowerment) de Mary Parker Follet, l'élargissement et l'enrichissement des tâches de Herzberg, la recherche de leur implication au travail comme le présente Thévenet dans son ouvrage du même nom (2002) ou encore la recherche de leur engagement (théorie de Karl Weick : théorie de l'énaction ou du constructivisme) tentent de répondre à leurs attentes. La constitution de groupes de travail, d'équipes transverses (ex. : PSA) témoigne de la volonté des managers de créer de la valeur en développant des pratiques de team building. De plus, ces pratiques ont le mérite de créer indirectement de la valeur pour les actionnaires et les clients. L'être humain peut, dans ce sens, être considéré comme la principale richesse de l'entreprise.

Enfin, l'entreprise réseau fait également profiter les fournisseurs de la création de valeur. La collaboration, la participation étendue leur permet de bénéficier d'un effet de synergie (Husson).

Transition

Toutefois, là encore, la volonté de s'étendre afin de dégager de la valeur rencontre des obstacles divers.

B. Limites rencontrées

L'extension de l'entreprise peut déboucher sur l'apparition de nouvelles gammes de produits qui ne correspondent plus aux attentes et aux besoins des clients. De mauvais choix de gestion caractérisent souvent ce problème.

Par exemple, Coca a lancé la marque Dasani (eau minérale) qui n'a pas eu le succès attendu. De même, la firme Sony se voit rattraper par son concurrent Samsung, qui a davantage innové pour séduire les consommateurs. Enfin, la délocalisation de points de vente (exemple : Mitsubishi) empêche le client de s'approvisionner comme il le souhaite. L'entreprise étendue qui gère ses filiales en fonction d'avantages fiscaux oublie la création de valeur aux yeux du client.

Les salariés, quant à eux, souffrent parfois de problèmes culturels. En effet, lors de fusion, l'unité semble difficile à trouver. Nous pouvons citer le cas de Monoprix et de Prisunic qui se sont rapprochées, mais ne partageaient pas les mêmes valeurs, rites et symboles. Geert Hofstede a démontré dans ses ouvrages toutes les difficultés que rencontrent les entreprises lorsqu'elles s'implantent dans différents pays. Les salariés souffrent ainsi de pratiques nationales opposées aux leurs, ce qui ne génère pas de création de valeur pour eux lors d'un rachat, par exemple.

De même, l'extension de l'entreprise, en cas de restructuration suite à un downsizing, ou delayering, peut détruire des emplois et donc de la valeur pour les salariés. Cette idée nous rappelle le concept de destruction créatrice de Schumpeter.

Enfin, les fournisseurs se voient souvent imposer des prix de cessions internes lorsqu'ils font partie d'un groupe. Ils sont partie prenante de la chaîne de valeur externe de l'entreprise, mais subissent les options managériales de leurs dirigeants, ce qui diminue la motivation de ces centres fournisseurs. De plus, ces mêmes fournisseurs ne perçoivent pas de création de valeur en cas d'abus de position dominante de leurs donneurs d'ordres.

Synthèse des développements

L'entreprise étendue peut créer de la valeur à destination des porteurs de parts mais aussi des parties prenantes. Elle dispose de nombreux moyens de croissance interne et externe pour dégager un surplus de valeur : élaboration d'un nouveau produit, nouveau service, innovation, fusion, alliance, partenariat, etc.

Bilan de l'analyse et réponse à la problématique

Nonobstant, il semble souvent difficile de combiner une création de valeur aux actionnaires avec une création de valeur aux clients, salariés ou autres fournisseurs. Le manager se retrouve face à des choix et doit tenter de mettre en place des méthodes et pratiques lui permettant de satisfaire un maximum de personnes. Privilégier les dividendes, sans tenir compte des préoccupations de ses clients ou de la principale richesse de l'entreprise que constituent les salariés, paraît fort risqué. N'oublions pas, comme Peter Drucker le soulignait, que le consommateur constitue la principale cause de survie des entreprises.

L'entreprise qui s'étend semble désormais devoir agir dans un esprit de co-développement avec son environnement interne et externe. Toutes ces nuisances éthiques lui sont véritablement préjudiciables à plus ou moins court terme.

La création de valeur par extension de l'entreprise possède de multiples instruments de mesure : chaîne de valeur, méthode ABC, ABM, analyse de la valeur, coût cible, EVA, MVA, qui permettent de la faire progresser. De même, sur le plan social, des indicateurs comme le taux de turnover, d'absentéisme, d'accidents du travail ou du nombre de malfaçons peuvent également l'aider dans la recherche de création de valeur.

Management

> La problématique de la taille est centrale. La flexibilité, la réactivité, sa capacité à gérer le changement permettent à l'entreprise de maintenir son développement.

Autre cheminement possible
> A contrario, nous rencontrons actuellement un phénomène de création d'entreprises virtuelles performantes et génératrices de valeur. Nous pouvons parler d'une sorte de dématérialisation qui caractérise les start-up. D'un autre côté, le Crédit mutuel, avec à sa tête Étienne Pfimlin, s'intéresse au développement du contact client à distance.

Ouverture
> L'entreprise, quelle qu'elle soit, songe à son extension tout en dégageant un maximum de valeur autour d'elle. Les nouvelles technologies de l'information et de la communication lui offrent désormais d'intéressantes perspectives… affaire à suivre.

REGARD CRITIQUE

Le thème de la création de valeur étant largement développé aujourd'hui, la difficulté réside dans la définition de la notion « d'entreprise étendue ». L'entreprise étendue illustre un nouveau mode de coordination, moins axé sur la hiérarchie et plus centré sur des mécanismes de marché. Cela renvoie aux alliances nouvelles, aux nouvelles formes de collaboration que l'entreprise noue avec ses partenaires traditionnels (clients et fournisseurs). Ces nouvelles collaborations vont au-delà de la simple prestation de service : il existe une influence réciproque et profonde entre ces partenaires.

Deux problématiques peuvent ici être proposées : « Sous quelles conditions l'entreprise étendue crée-t-elle de la valeur ? » ou alors « Existe-t-il une spécificité de la valeur créée par l'entreprise étendue ? ».

Chapitre 5

Gestion

Sujet 1 : indicateurs de performance et analyse de la valeur

Le travail suivant correspond à une composition portant sur la gestion des entreprises et des organisations traitée en temps réel (7 heures). Cette épreuve consiste en l'étude d'une situation pratique relative au domaine de l'option choisie par le candidat (option B dans mon cas). Le sujet a été donné à l'Agrégation externe en avril 2006.
Ma prestation globale m'a permis d'obtenir la note de 12/20 (moyenne de l'épreuve : 7,65/20 ; seuls 31 % des candidats ont obtenu une note supérieure ou égale à 10/20).
Vous trouverez ci-dessous les éléments les mieux traités, soient une partie du troisième dossier et le quatrième dossier du sujet.

Indicateurs de performance (troisième dossier, partie 3)

3.3.1. Préciser les avantages du tableau de bord prospectif par rapport au tableau de bord de gestion classique

Dans les années 1990, l'expression « tableau de bord prospectif » (balanced score card) apparaît sous la plume de Kaplan et Norton. Les auteurs proposent une approche des tableaux de bord où les indicateurs mettent en cohérence le pilotage au niveau opérationnel avec la stratégie. Cet ensemble d'indicateurs doit assurer un équilibre, une cohérence entre les différents axes (perspectives stratégiques de l'entreprise) étudiés.

Ce type de tableaux de bord a un aspect également prospectif en cherchant à appréhender non seulement les performances passées, mais également les facteurs clés de la performance future. Le tableau de bord prospectif revêt une approche multidimensionnelle de la performance globale. Il doit permettre de veiller à l'équilibre entre les ambitions des objectifs à long terme et le caractère plus immédiat des activités au niveau opérationnel. Il cherche à apprécier la performance selon quatre axes complémentaires :

- l'axe financier ;
- l'axe clients ;
- l'axe processus internes ;
- l'axe apprentissage organisationnel.

Les tableaux de bord de gestion classique sont souvent trop financiers. Or, au niveau opérationnel, cela représente peu d'utilité. Le tableau de bord prospectif tente de répondre à ces problèmes.

3.3.2. Proposer cinq indicateurs à prendre en compte dans un tableau de bord de gestion des ateliers

- quantités produites ;
- nombre d'heures de travail des salariés ;
- taux de sous-activité ;
- taux de rebuts de production ;
- temps d'attente entre deux séries de production ;
- taux de turnover des salariés.

Ces indicateurs relèvent en fait de quatre domaines : productivité, qualité, délais et coûts.

3.3.3. Proposer quatre indicateurs à prendre en compte dans un tableau de bord prospectif concernant le capital intellectuel

- productivité du travail (mise en pratique du capital intellectuel) ;
- taux de turnover des salariés (fuite du capital intellectuel) ;
- un indicateur de motivation (ex. : taux d'absentéisme) ;
- performance du système d'information (pertinence, rapidité, précision du système d'information dans le cadre de l'apprentissage organisationnel).

Quatrième dossier : analyse de la valeur

Le groupe Linna souhaite procéder à une analyse de convergence entre la valeur produite et la valeur perçue par le client. Il désire appliquer cette analyse à un tableau de bord pour « deux roues » dont il est un équipementier. Une analyse de la valeur a donc été réalisée et plusieurs informations internes et externes ont été obtenues (voir annexe 9).

4.1. Présenter une note expliquant pour le groupe Linna l'intérêt de cette analyse de convergence

[Vous évoquerez particulièrement la manière dont elle intègre, entre autres, et en les explicitant, les méthodes du coût cible (target costing), l'amélioration continue (kaizen costing) et la reconception du coût (redesign to cost).]

L'analyse de convergence entre la valeur produite et la valeur perçue semble très intéressante pour le groupe Linna. En effet, cela devrait permettre à la société de repérer les composantes des produits qu'elle propose qui sont importantes aux yeux du client (création de valeur pour le client = satisfaction dégagée), et donc cela l'incitera à faire attention aux différentes caractéristiques de ces composantes importantes pour le consommateur. De même, elle pourra tenter de diminuer ses coûts sur des éléments dégageant moins de valeur pour le client. Les méthodes du coût cible (target costing), de l'amélioration continue (kaizen costing) et de reconception du coût (redesign to cost) peuvent être utilisées pour atteindre l'objectif de l'entreprise (maximiser la valeur créée pour le client ou plutôt diminuer les coûts sans affecter la satisfaction des clients).

Le target costing représente une démarche de gestion stratégique des produits. Le produit est considéré sur la totalité de son cycle de vie et plus particulièrement dans sa phase de conception. La mise en œuvre de cette méthode renvoie à la capacité d'apprentissage de l'organisation dans le domaine stratégique de la conception des produits.

Ce sont les produits qui génèrent le profit de l'entreprise. La profitabilité est définie dès les phases de conception. La méthode du target costing s'appuie sur trois constatations :
- prédominance de l'amont du cycle de vie du produit dans la constitution des coûts du produit ;
- saturation des capacités d'amélioration en production ;

– nécessité de gérer le changement : l'écoute du marché-aval est primordiale. Le prix de vente est imposé par le marché.

Coût cible = prix de vente imposé par le marché – profit désiré par les propriétaires. Très souvent, l'évaluation du coût du produit (appelé coût estimé) est supérieure au coût cible. La méthode va chercher à réduire l'écart entre le coût estimé et le coût cible. Pour ce faire, l'entreprise va analyser les raisons de cet écart et trouver des solutions par des méthodes d'ingénierie de la valeur, de réduction continue des coûts (kaizen costing) ou de reconception du coût (redesign to cost ; méthode présentée en France notamment par Alain Chauvet, ingénieur au CNAM).

La méthode du coût cible comprend alors plusieurs étapes :

- fixation du prix cible ;
- fixation du profit cible ;
- détermination du coût cible ;
- politiques de réduction des coûts.

On ne diminue pas le coût si cela doit affecter la valeur reconnue au produit, mais on tente d'optimiser le rapport entre ces deux notions (coût et valeur). Ce processus d'optimisation s'effectue par les analyses de la valeur successives afin de baisser le coût jusqu'à un niveau acceptable (processus itératif d'amélioration continue).

4.2 Commenter brièvement la répartition de la valeur perçue et celle du coût de production de la fonction « esthétique »

Au niveau de la valeur perçue, il n'y a pas un élément qui semble essentiel. Nonobstant, la visibilité et la bonne esthétique dégagent le plus de valeur aux yeux des clients (17 % chacun par rapport à la valeur totale).

D'un autre côté, les alertes efficaces, la robustesse et l'accessibilité du produit « deux roues » représentent le moins de valeur aux yeux du client (avec respectivement 4 %, 6 % et 8 %). C'est peut-être sur ces fonctions que l'entreprise pourra réduire ses coûts.

Gestion

Mais il convient également d'analyser la structure des coûts de ce produit. Au niveau de la fonction esthétique, son coût est représenté à hauteur de 80 % par le boîtier et le corps. Une réduction de coût à ce niveau pourrait être dangereuse, car la fonction « esthétique » est l'une de celles qui dégage le plus de valeur aux yeux du client.

4.3. Présenter la répartition des coûts relativement à l'appréciation par le marché et en déduire l'importance relative de chaque composant exprimée en pourcentage

Répartition des éléments de coûts dans les fonctions retenues relativement à l'appréciation par le marché et importance relative de chaque composant

Fonctions	Alimentation sécurité	Absorption des vibrations	Électronique	Aiguilles et vu-mètres	Contacts	Boîtier et corps	Alarmes	Rétro éclairage
Visibilité			3,40 %	11,90 %		1,70 %		
Réglages simples				1,30 %	11,70 %			
Précision		7,70 %	0,55 %	1,10 %	1,65 %			
Bonne esthétique				1,70 %	0,85 %	13,60 %		0,85 %
Robustesse			4,20 %	1,20 %		0,60 %		
Lisibilité nocturne	0,55 %							10,45 %
Alertes efficaces						0,20 %	3,80 %	
Accessibilité	4,80 %		2 %	0,40 %				0,80 %
Bien intégré au tout			0,65 %	1,30 %	0,65 %	10,40 %		
TOTAL	5,35 %	7,70 %	10,80 %	18,90 %	14,85 %	26,50 %	3,80 %	12,10 %

Importance relative de chaque composant exprimée en %

4.4. En conservant l'intitulé des composants de l'annexe 9 et compte tenu des informations de l'annexe 10...

- présenter leur indice (ou index) de valeur sachant qu'il exprime pour chaque composant la combinaison de son importance relative et de sa part dans la valeur produite ;
- proposer un graphique pour exprimer ces résultats ;
- interpréter le cas d'un indice de valeur supérieur à 1 ;
- commenter les résultats obtenus et indiquer les politiques à suivre.

Indice (ou index) de valeur sachant qu'il exprime pour chaque composant la combinaison de son importance relative et de sa part dans la valeur produite

Composants	% du coût total unitaire (1)	Importance relative en % (2)	Index de valeur (2) / (1)
Alimentation sécurité	10 %	5,35 %	0,54
Absorption des vibrations	6 %	7,70 %	1,28
Électronique	14 %	10,80 %	0,77
Aiguilles et vu-mètres	18 %	18,90 %	1,05
Contacts	8 %	14,85 %	1,86
Boîtier et corps	16 %	26,50 %	1,66
Alarmes	20 %	3,80 %	0,19
Rétro-éclairage	8 %	12,10 %	1,51
TOTAL	100 %	100,00 %	

Graphique exprimant les résultats du tableau précédent

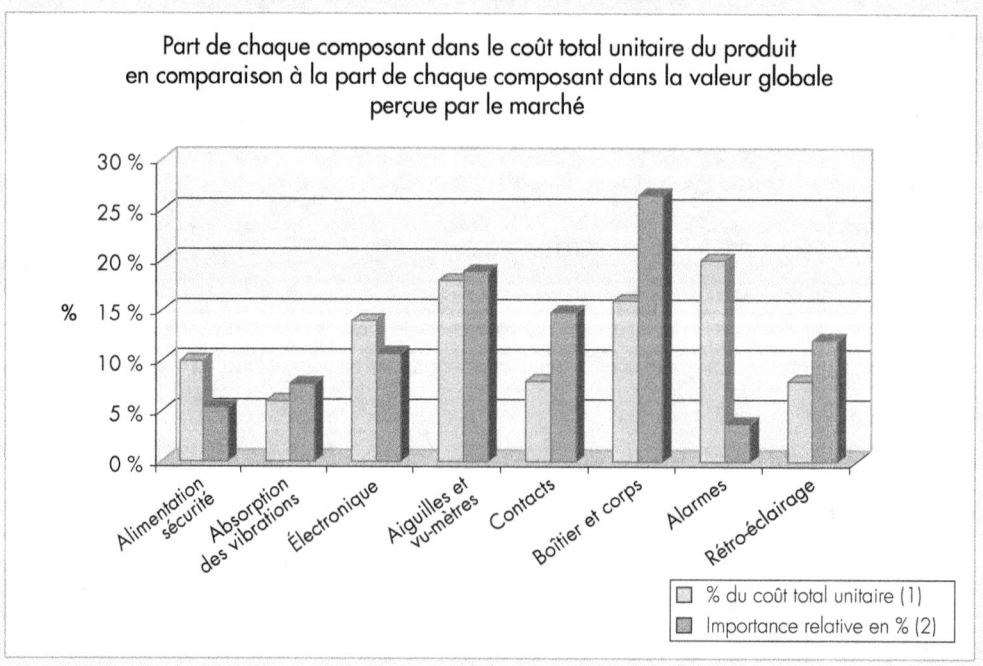

Part de chaque composant dans le coût total unitaire du produit en comparaison à la part de chaque composant dans la valeur globale perçue par le marché

- Exemple de lecture du tableau et interprétation d'un indice de valeur supérieur à 1 : l'alimentation sécurité, qui représente 5,35 % de la valeur globale du produit perçue par le marché, nécessite 10 % du coût total du produit.

Ce tableau permet de repérer les coûts trop élevés, c'est-à-dire ceux des composants qui ont un index de valeur inférieur à 1. De même, il est possible d'investir dans les composants jugés utiles, c'est-à-dire ceux dont l'index de valeur est supérieur à 1, autrement dit ceux dont la part dans le coût total du produit est inférieur à l'importance relative du composant dans la valeur globale dégagée par le produit.

- Commentaire des résultats obtenus et politiques à suivre : eu égard aux interprétations indiciaires, il convient de diminuer les coûts des composants suivants (dans un ordre d'importance ; index de valeur inférieur à 1) : alarmes, alimentation sécurité et électronique.

Il semble également intéressant d'investir dans les composants qui représentent une part importante dans la satisfaction globale des clients et dont le coût est en proportion inférieur dans le coût total du produit, c'est-à-dire les composants suivants (dans un ordre d'importance ; index de valeur supérieur à 1 : contacts, boîtier et corps, rétro éclairage, absorption des vibrations et aiguilles et vu-mètres).

> **REGARD CRITIQUE**
>
> Dans le quatrième dossier, il s'agissait de vérifier que le candidat comprend la répartition des coûts et le calcul des indices.
>
> La notion de « redesign to cost » est assez méconnue mais le développement présenté en donne un éclairage satisfaisant.
>
> Enfin, il est important de relever que de nombreuses questions non quantitatives sont comprises dans une étude de cas, et qu'il convient de s'y préparer. Ici, le commentaire de la répartition de la valeur perçue et celui du coût de production de la fonction esthétique peuvent faire apparaître quelques difficultés.

Annexes 9 et 10

Annexe 9 : étude de marché et de coûts

Résultat de l'étude de marché sur les principaux éléments de la valeur perçue

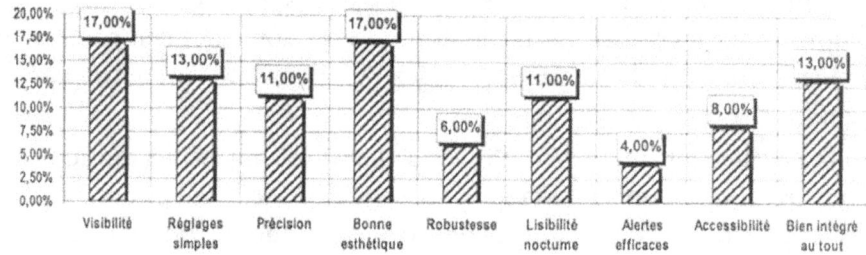

Valeur perçue par élément

Répartition des éléments des coûts dans les fonctions retenues

Composants → / Fonctions ↓	Alimentation sécurité	Absorption des vibrations	Électronique	Aiguilles et vu-mètres	Contacts	Boîtier et corps	Alarmes	Rétro éclairage
Visibilité			20%	70%		10%		
Réglages simples				10%	90%			
Précision		70%	5%	10%	15%			
Bonne esthétique				10%	5%	80%		5%
Robustesse			70%	20%		10%		
Lisibilité nocturne	5%							95%
Alertes efficaces						5%	95%	
Accessibilité	60%		25%	5%				10%
Bien intégré au tout			5%	10%	5%	80%		

Annexe 10 : ventilation des coûts

Composants	Alimentation sécurité	Absorption des vibrations	Électronique	Aiguilles et vu-mètres	Contacts	Boîtier et corps	Alarmes	Rétro éclairage
Coûts unitaires	50 €	30 €	70 €	90 €	40 €	80 €	100 €	40 €

Sujet 2 : test de dépréciation des actifs et image fidèle

Le travail suivant correspond à une étude comportant l'utilisation de techniques de gestion spécifiques à l'option choisie (option B dans mon cas : gestion comptable et financière) traitée en situation réelle (4 heures de préparation et 1 heure de présentation orale devant jury). Le sujet a été donné à l'Agrégation externe en juin 2006 dans le cadre de la troisième épreuve d'admission.

Ma prestation a obtenu la note de 13/20 (la moyenne de l'épreuve s'est élevée à 8,35/20 ; 46 % des candidats admissibles ont obtenu une note supérieure ou égale à 10/20). Vous trouverez une présentation des transparents que j'ai utilisés devant le jury au cours de l'épreuve.

Rappel du sujet : Le sujet est : « Test de dépréciation des actifs et image fidèle ».

Apostrophe au jury : Madame la Présidente du jury, Madame, Messieurs les membres du jury,

Accroche : L'article L123-14 du code de commerce définit les objectifs à atteindre par les comptes annuels. Ils doivent être réguliers, sincères et donner une image fidèle du patrimoine, de la situation financière et du résultat de l'entreprise.

Définition des termes : L'image fidèle n'est définie par aucun texte législatif ou réglementaire. Elle est issue du droit britannique (notion de « true and fair view ») et implique que, lorsque plusieurs modes de présentation ou d'évaluation sont réguliers, il faut choisir la méthode qui permet de décrire au mieux la situation de l'entreprise. Ainsi, l'image fidèle correspond à l'image aussi objective que possible de la réalité de l'entreprise.

Actualité du sujet : Le contexte comptable international se traduit aujourd'hui par une convergence des normes au niveau mondial. Fin 2002, lors des accords de Norwalk, l'International Accounting Standard Board (IASB) et le Federal Accounting Standard Board (FASB) s'engagent à faire converger leurs normes. L'Union européenne (UE) décide également d'adopter et d'appliquer les normes IAS/IFRS (International Accounting Standard/International Financial Reporting Standard). En 2005, ce sont près de 9 000 sociétés cotées européennes, dont environ 1 000 groupes français, qui ont dû publier leurs comptes consolidés selon les normes IAS/IFRS.

Dès lors, les règles françaises édictées par le Comité de la réglementation comptable (CRC) et homologuées par des arrêtés interministériels s'orientent vers les règles internationales IAS/IFRS. Nous pouvons citer plusieurs règlements importants, comme les règlements 02-10 concernant les amortissements et la dépréciation des actifs et 04-06 présentant la définition, comptabilisation et évaluation des actifs.

Éléments théoriques

Le règlement CRC 02-10 contraint chaque entreprise à apprécier, à chaque clôture, si les éléments d'actif ont perdu de la valeur. Pour ce faire, il conviendra de rechercher s'il y a des indices de perte de valeur (présentation des différents indices de perte de valeur sur le transparent T1). Si oui, il faudra chiffrer, puis comptabiliser la dépréciation, sinon, il n'y aura rien à faire. Dans le cas où l'on repère un indice de perte de valeur, il convient d'appliquer un test de dépréciation (même en ce qui concerne les immobilisations amortissables) en effectuant une comparaison entre la valeur comptable des éléments d'actif et la valeur actuelle, c'est-à-dire la valeur recouvrable (selon IAS 36).

Définition des termes

La valeur actuelle correspond à la valeur vénale ou à la valeur d'usage. La plus forte de ces deux valeurs étant retenue. La valeur vénale est le montant qui peut être obtenu de la vente d'un actif lors d'une transaction, dans des conditions de concurrence normale, diminué des coûts de sorties. La valeur d'usage représente la valeur des avantages économiques futurs attendus de l'utilisation de l'actif et de sa sortie. Elle est calculée à partir des estimations des avantages futurs attendus. Dans la majorité des cas, elle est déterminée en fonction des flux nets de trésorerie (FNT) attendus.

Problématique

Mais, comment déterminer les flux attendus de trésorerie ? La notion d'unité génératrice de trésorerie (UGT) introduite dans la norme IAS 36 peut être un élément de réponse. Quel niveau de regroupement mettre en place pour constituer une UGT ? Comment déterminer objectivement les flux futurs de trésorerie ? Comment choisir le taux d'actualisation ? Comment respecter dans ce contexte l'image fidèle de l'entité ?

Gestion

Annonce du plan

Nous présenterons des réponses à ces différentes interrogations en traitant les questions du cas qui nous est proposé et en les intégrant dans un développement structuré. Nous verrons dans une première partie que la dépréciation d'un actif peut porter atteinte à l'image fidèle, puis, dans un second temps, nous tenterons de montrer comment traiter la dépréciation d'un actif sans affecter l'image fidèle de l'entité.

I. La dépréciation d'un actif peut porter atteinte à l'image fidèle

Chapeau

Nous analyserons tout d'abord le problème de détermination d'une UGT (A) puis nous étudierons le problème de détermination de la valeur recouvrable (B).

A. Le problème de détermination d'une UGT

Nous nous baserons sur le traitement de la question 1 du cas afin de présenter les difficultés de détermination d'une UGT.

Question 1 : les lignes de bus constituent-elles des UGT indépendantes ? Devons-nous effectuer un regroupement pour constituer une UGT cohérente ? Quel est le montant éventuel de la dépréciation à constater ?

Une UGT peut se définir comme étant le plus petit groupe d'actifs qui génère des entrées de trésorerie largement indépendantes des flux de trésorerie venant d'autres actifs ou groupes d'actifs.

Il est difficile de dire qu'un seul élément d'actif est générateur de flux de trésorerie. C'est parce qu'il fonctionne avec d'autres éléments qu'il est capable de produire de la trésorerie. Ainsi, il n'est pas aisé de constituer une UGT. La norme IAS 36 présente quelques critères clés pour élaborer des UGT (voir annexe I du cas) :

– critère déterminant du marché actif pour le produit ;
– critère de cohérence de l'UGT/regroupement d'actifs ;
– critère d'indépendance des flux générés par l'UGT ;
– critère de cohérence du découpage des UGT avec la stratégie.

Eu égard à ces critères, et notamment ceux d'indépendance des flux et de cohérence du découpage des UGT avec la stratégie, un regroupement semble plus approprié pour constituer une UGT cohérente car :

– le contrat de délégation de services publics (DSP) prévoit un minimum obligatoire sur les quatre itinéraires ;

– les quatre itinéraires constituent un lot indissociable ;

– il existe des correspondances donc des liens entre ces quatre lignes.

D'autre part, il n'y a pas de dépréciation à constater car la valeur recouvrable est supérieure à la valeur nette comptable (VNC). La valeur recouvrable étant le montant le plus important issu de la comparaison de la valeur d'utilité et de la valeur vénale.

Si l'entreprise fait le choix d'élaborer des UGT par lignes de bus, alors une dépréciation serait à enregistrer au niveau de la ligne 3 pour 120 en passant l'écriture suivante.

| 6816 | | Dotations pour dépréciations des immobilisations incorporelles et corporelles | 120 | |
| | 291 | Dépréciation des immobilisations corporelles Dépréciation ligne 3 | | 120 |

B. Le problème de détermination de la valeur recouvrable

Nous nous appuierons sur le traitement de la question 2 afin d'expliciter les complications que suscitent la détermination de la valeur recouvrable.

Question 2 : quelle est la méthode de calcul appropriée pour déterminer la valeur recouvrable ?

La valeur recouvrable est la valeur la plus élevée entre la valeur vénale et la valeur d'utilité.

La valeur vénale est le montant qui peut être obtenu de la vente d'un actif, lors d'une transaction dans des conditions de concurrence normale, diminué des coûts de sortie. Concrètement, la valeur vénale peut correspondre au prix de transaction le plus récent s'il existe un marché, au prix fixé lors de transactions comparables ou encore être obtenue par des techniques d'évaluation spécifiques. L'énoncé et les annexes du cas ne transmettent pas d'information précise concernant la valeur vénale.

La valeur d'utilité représente la valeur actualisée des entrées et des sorties de trésorerie futures générées par l'utilisation continue de l'actif. Selon la norme IAS 36, elle se fonde sur des projections de flux de trésorerie à partir de prévisions et des budgets à cinq ans maximum.

Dès lors, nous sommes confrontés au problème du choix du taux d'actualisation qui s'opère en fonction des trois points suivants :

- le taux d'actualisation doit être indépendant de la structure financière de l'entité évaluée ;
- il doit être déterminé en référence à des actifs comparables ;
- il doit être fixé en fonction du coût de la dette reflétant la vision du marché.

D'où, en application de ces principes, la valeur recouvrable s'élève à 69,03 euros, c'est-à-dire la somme des flux nets de trésorerie actualisés de l'année 1 à l'année 5 (le sujet ne précise pas l'unité employée). Le taux d'actualisation retenu est de 11 % ; il correspond au taux de rentabilité attendu par les actionnaires. La durée retenue est de cinq ans ; elle représente la durée habituelle de retour sur investissement estimée par les actionnaires et respecte les recommandations de la norme IAS 36.

Nonobstant, des problématiques sous-jacentes apparaissent :

- une mise en œuvre éloignée de la réalité économique : l'utilisation continue d'un groupe d'actifs, sans prendre en compte le moindre investissement de productivité ou la nécessité d'anticiper une réorganisation industrielle, suit une logique qui s'oppose à tout objectif de rentabilité et de retour sur investissement des actionnaires
- une application difficile : les projections fondées sur des budgets et prévisions financières doivent couvrir une période maximale de cinq ans. Il semble difficile d'exclure les dépenses d'investissement de productivité ou de capacité et les restructurations, ainsi que leurs effets positifs attendus.

II. Comment traiter la dépréciation d'un actif sans affecter l'image fidèle de l'entité ?

Chapeau

Deux moyens d'action permettent de tenir compte d'une dépréciation tout en représentant au mieux la situation de l'entité. L'intervention des experts-comptables et des commissaires aux comptes veille à une présentation des comptes de manière fidèle, sincère et régulière (A). Le commissaire aux comptes joue un véritable rôle de garant de l'image fidèle de la société (B).

A. Faire appel à des spécialistes

Les réponses apportées aux questions 3 et 4 illustreront ici nos propos.

Question 3 : quelles sont les informations que la société devra fournir aux commissaires aux comptes ?

L'article L225 (L225-235 à L225-237) définit la mission générale du commissaire aux comptes. Il certifie que les comptes annuels sont réguliers, sincères et donnent une image fidèle de la situation financière et du patrimoine de la société.

Selon l'ouvrage *Les Normes comptables internationales IAS/IFRS* (Maillet et Le Manh), la société devra fournir les informations suivantes en annexe pour apprécier la pertinence des modalités de calcul retenues pour la détermination de la valeur recouvrable :

– le montant de la dépréciation ou de la reprise ;
– le montant de la valeur recouvrable retenue avec la base de calculs utilisée pour la déterminer ou les différentes modalités utilisées ;
– les postes du compte de résultat dans lesquels sont incluses les dépréciations ;
– les événements ou circonstances qui ont conduit à comptabiliser ou à reprendre la dépréciation.

Question 4 : le dirigeant peut-il demander conseil à son commissaire aux comptes dans la réalisation du test de dépréciation ?

Le commissaire aux comptes ne peut pas être à la fois juge et partie. Aussi, un conseil concernant la réalisation du test de dépréciation peut être demandé à un expert-comptable.

REGARD CRITIQUE

Attention ! Il convient ici de compléter cette réponse qui s'avère insuffisante. Il ne faut pas que l'indépendance du commissaire aux comptes soit affectée. Ainsi, le commissaire aux comptes ne peut recevoir de rémunération à un autre titre que celui de sa mission de commissaire aux comptes de la société et ne peut être chargé d'une mission autre. Cependant, le commissaire aux comptes a le droit, voire l'obligation, de donner des avis, recommandations et conseils à son client dans le cadre des vérifications qui font partie de sa mission.

Dans notre cas précis, le commissaire aux comptes ne peut pas indiquer à son client les procédures à mettre en place, mais il analysera, critiquera et donnera

> son avis sur les modalités retenues par l'entreprise pour réaliser les tests de dépréciation puisque, dans le cadre de sa mission, il doit évaluer les procédures et vérifier les valeurs retenues. Dès lors, il peut préciser les réformes souhaitables si les dirigeants de la société lui demandent mais il ne peut pas procéder lui-même à leur mise en place (selon la règle de non-immixtion dans la gestion) et ne peut recevoir des honoraires distincts pour une telle mission.

B. Le commissaire aux comptes est garant de l'image fidèle

Les explications apportées à la question 4 caractériseront le rôle important joué par le commissaire au compte dans le maintien de l'image fidèle.

Question 4 (suite) : quelles sont les diligences que le commissaire aux comptes doit réaliser ?

Le commissaire aux comptes doit effectuer plusieurs tâches :

- le contrôle des comptes : il doit obtenir tous les éléments probants suffisants et appropriés pour fonder l'assurance raisonnable lui permettant de délivrer sa certification ;
- l'examen de l'ensemble des comptes annuels (bilan, compte de résultat, annexe) : il vérifie, par exemple, que l'annexe comporte toutes les informations significatives sur la situation financière de l'entreprise ;
- établissement du rapport de certification : il est élaboré en deux parties, l'une présentant l'opinion du commissaire aux comptes sur les comptes annuels, l'autre, les vérifications et informations spécifiques.

REGARD CRITIQUE

Il faut ajouter à cela l'évaluation des procédures de contrôle interne et la vérification de leur fonctionnement, qui sont des tâches essentielles à toute vérification et ceci préalablement au contrôle des comptes proprement dit.

La nature et l'approfondissement de ce contrôle seront fonction de la fiabilité des procédures de contrôle interne.

De plus, la loi sur la sécurité financière oblige les dirigeants des sociétés cotées à établir un rapport sur le contrôle interne mis en œuvre dans la société, ainsi que sur le gouvernement d'entreprise.

POUR ALLER PLUS LOIN

Article L822-11 du code de commerce

I. Le commissaire aux comptes ne peut prendre, recevoir ou conserver, directement ou indirectement, un intérêt auprès de la personne ou de l'entité dont il est chargé de certifier les comptes, ou auprès d'une personne qui la contrôle ou qui est contrôlée par elle, au sens des I et II de l'article L. 233-3.

Sans préjudice des dispositions contenues dans le présent livre ou dans le livre II, le code de déontologie prévu à l'article L. 822-16 définit les liens personnels, financiers et professionnels, concomitants ou antérieurs à la mission du commissaire aux comptes, incompatibles avec l'exercice de celle-ci. Il précise en particulier les situations dans lesquelles l'indépendance du commissaire aux comptes est affectée, lorsqu'il appartient à un réseau pluridisciplinaire, national ou international, dont les membres ont un intérêt économique commun, par la fourniture de prestations de services à une personne ou à une entité contrôlée ou qui contrôle, au sens des I et II de l'article L. 233-3, la personne ou l'entité dont les comptes sont certifiés par ledit commissaire aux comptes. Le code de déontologie précise également les restrictions à apporter à la détention d'intérêts financiers par les salariés et collaborateurs du commissaire aux comptes dans les sociétés dont les comptes sont certifiés par lui.

II. Il est interdit au commissaire aux comptes de fournir à la personne ou à l'entité qui l'a chargé de certifier ses comptes, ou aux personnes ou entités qui la contrôlent ou qui sont contrôlées par celle-ci au sens des I et II du même article, tout conseil ou toute autre prestation de services n'entrant pas dans les diligences directement liées à la mission de commissaire aux comptes, telles qu'elles sont définies par les normes d'exercice professionnel mentionnées au sixième alinéa de l'article L. 821-1.

Lorsqu'un commissaire aux comptes est affilié à un réseau national ou international, dont les membres ont un intérêt économique commun et qui n'a pas pour activité exclusive le contrôle légal des comptes, il ne peut certifier les comptes d'une personne ou d'une entité qui, en vertu d'un contrat conclu avec ce réseau ou un membre de ce réseau, bénéficie d'une prestation de services, qui n'est pas directement liée à la mission du commissaire aux comptes selon l'appréciation faite par le Haut conseil du commissariat aux comptes en application du troisième alinéa de l'article L. 821-1.

Bilan de l'analyse

En définitive, la dépréciation d'un actif peut porter atteinte à l'image fidèle. D'une part, la détermination d'une UGT semble délicate, et d'autre part le calcul de la valeur recouvrable rencontre plusieurs difficultés : problème d'évaluation des flux de trésorerie futurs, choix du taux d'actualisation, mise en œuvre quelque fois éloignée de la réalité économique ou encore une préconisation de calculs sur une période maximale de cinq ans.

Cependant, les professionnels de la comptabilité mettent leurs compétences au service des entreprises afin de réduire les erreurs d'interprétation sur la dépréciation effective des actifs. L'expert-comptable et le commissaire aux comptes jouent respectivement un rôle de conseiller et de garant au service de l'image fidèle de l'entreprise.

Ouverture

Sauront-ils préserver celle-ci dans un contexte où la primauté accordée à « l'économique » se fait de plus en plus pressante ?

Transparents

T1

Indices de perte de valeur

Indices externes	Indices internes
Valeur de marché (baisse plus importante que du seul effet de l'utilisation normale)	Obsolescence
Changements importants (environnement économique, technique, juridique)	Changements de mode d'utilisation (restructuration, abandon d'activité…)
Taux d'intérêt (augmentation, donc baisse de la valeur actuelle)	Performances inférieures aux prévisions

Si pour un actif l'un des indices se vérifie, il faut alors procéder à un test de dépréciation.

T2

Problématique :

Comment déterminer les flux attendus de trésorerie ?

Quel niveau de regroupement pour une UGT ?

Comment déterminer objectivement les flux futurs de trésorerie ?

Comment choisir le taux d'actualisation ?

Comment respecter dans ce contexte l'image fidèle de l'entité ?

I) La dépréciation d'un actif peut porter atteinte à l'image fidèle.

II) Comment traiter la dépréciation d'un actif sans affecter l'image fidèle de l'entité ?

T3

I) LA DÉPRÉCIATION D'UN ACTIF PEUT PORTER ATTEINTE À L'IMAGE FIDÈLE

A) LE PROBLÈME DE DÉTERMINATION D'UNE UGT

B) LE PROBLÈME DE DÉTERMINATION DE LA VALEUR RECOUVRABLE

II) COMMENT TRAITER LA DÉPRÉCIATION D'UN ACTIF SANS AFFECTER L'IMAGE FIDÈLE DE L'ENTITÉ ?

A) FAIRE APPEL À DES SPÉCIALISTES

B) LE COMMISSAIRE AUX COMPTES GARANT DE L'IMAGE FIDÈLE

AGRÉGATION D'ÉCONOMIE ET GESTION
CONCOURS EXTERNE
SESSION 2006

ÉPREUVE ORALE

OPTION B : GESTION COMPTABLE ET FINANCIÈRE

CAS N° 3

Le traitement du cas doit s'intégrer à un exposé structuré sur le thème proposé.

Les questions posées servent de guide à la résolution du cas mais pas de plan.

Nombre de pages y compris celle-ci : 4

Option B – Session 2006

En vous appuyant sur le cas "Vitalis" qui servira d'illustration à votre exposé, vous traiterez le sujet suivant :

« Test de dépréciation des actifs et image fidèle »

La norme comptable internationale IAS36 prévoit que les actifs ne doivent pas être comptabilisés pour une valeur excédant leur valeur recouvrable. La valeur recouvrable est définie comme étant la valeur la plus importante de la valeur d'utilité et de la valeur vénale.

Le test de dépréciation doit s'effectuer au niveau d'une UGT ou Unité Génératrice de Trésorerie, qui est définie comme étant le plus petit groupe d'actifs qui génère des entrées de trésorerie largement indépendantes des flux de trésorerie venant d'autres actifs ou groupes d'actifs. L'annexe 1 précise quelques critères clés pour la définition des UGT.

La société Vitalis (société de transport de l'agglomération de Poitiers), exploite plusieurs lignes de bus. Le directeur de la société Vitalis a demandé à ses équipes de constituer un petit dossier (voir annexe 2) sur les caractéristiques des lignes de bus.

Question 1. La société aimerait savoir si ses lignes de bus constituent des UGT indépendantes, ou au contraire, un regroupement devrait être effectué pour constituer une UGT « cohérente ». C'est une donnée sensible pour le directeur qui s'interroge également sur le montant éventuel de dépréciation à constater.

Par ailleurs, le directeur se pose des questions sur les données chiffrées fournies par ses services pour la ligne de bus 3 (voir annexe 3). En particulier, les hypothèses et modalités de calcul retenues pour la détermination de la valeur recouvrable des actifs le laisse sceptique. Le directeur se demande si le commissaire aux comptes en charge de la certification des comptes, sera d'accord avec ce mode d'évaluation. Pour éviter tout conflit il a adressé un courrier à son commissaire aux comptes pour lui demander une mission de conseil portant sur la réalisation du test de dépréciation.

Le service comptable a également déposé une revendication salariale pour recevoir une prime liée à la surcharge de travail induite par la mise en œuvre des normes internationales et l'accroissement des informations exigées tant dans l'annexe que par le commissaire aux comptes pour l'exercice de sa mission. Le directeur a fait rédiger à sa secrétaire une réponse négative à cette revendication en indiquant que si certes les modalités de calcul sont modifiées, cela ne remet pas en cause ni la nature des informations à mentionner dans l'annexe, ni les diligences que le commissaire aux comptes doit réaliser pour l'exercice de sa mission légale.

Dans cette optique, le directeur vous demande de vous prononcer sur :

Question 2. La méthode de calcul appropriée pour la détermination de la valeur recouvrable

Question 3. Les informations que la société devra fournir aux commissaires aux comptes

Question 4. Les diligences que le commissaire aux comptes devra réaliser et si le cas échéant, le dirigeant peut demander conseil à son commissaire aux comptes dans la réalisation du test de dépréciation.

Option B – Session 2006

Annexe 1. Points clés du processus de construction du réseau des UGT

Source : L'académie, « Guide de lecture de IAS36, version mars 2004 » – Colloque 19 janvier 2005, p.16

IAS36 a pour objectif de valider la valeur comptable d'actifs ou de groupes d'actifs, y compris les actifs de support et le goodwill afférents aux actifs.

La norme, pour tester la valeur des actifs, requiert l'utilisation de critères probants et exige une analyse précise des flux : externes, internes, réels ou potentiels, qui peuvent être raisonnablement rattachés aux actifs ou groupe d'actifs.

La norme fait appel au jugement et à la connaissance de l'entreprise et précise les critères à prendre en compte pour construire le réseau d'UGT et l'évaluer de façon cohérente, raisonnable, permanente et documentée :

- critère déterminant du « marché actif pour le produit » (§70) pour des produits issus du ou des actifs testés,
- critère de cohérence de l'UGT (§75) avec regroupement des actifs et passifs liés, du BFR du goodwill et possibilité d'y rattacher des prévisions fiables et un taux de risque spécifique,
- critère « d'indépendance des flux » générés par les UGT (§69) qui doivent tenir compte du niveau auquel le management gère ses activités et du niveau retenu pour le suivi du retour sur investissement (§82), en particulier lorsqu'un goodwill est attaché à l'UGT,
- critère de cohérence du découpage des UGT avec la stratégie (finalité de détention des actifs et des goodwills, définitions des secteurs) et l'organisation du système de prévisions budgétaires, du contrôle de gestion et du système comptable.

Annexe 2. Les lignes de bus gérées par la société Vitalis

La société Vitalis exploite 4 flottes de bus affectées à 4 itinéraires différents. La société possède une comptabilité analytique lui permettant de faire un suivi des coûts afférents à chaque itinéraire et il en va de même pour les recettes. En particulier, pour la répartition des recettes d'abonnement, une répartition statistique est réalisée en fonction d'études réalisées annuellement. Pour les recettes tickets (achat de carnets ou à l'unité), les tickets doivent être poinçonnés et un ticket n'est valable que pour une ligne de bus.

La société Vitalis est titulaire d'une DSP (délégation de service public) attribuée par la mairie de Poitiers. Le contrat de DSP prévoit un service minimum obligatoire sur les 4 itinéraires (fréquence minimale des passages des bus sur chaque itinéraire).

Le contrat de DSP ne prévoit pas la possibilité de répartir les 4 itinéraires à des sociétés d'exploitation différentes (les 4 itinéraires constituent un lot indissociable). Il existe des arrêts « correspondances » entre les 4 lignes.

	Ligne de bus 1	Ligne de bus 2	Ligne de bus 3	Ligne de bus 4
Valeur nette comptable des actifs	200	300	230	500
Valeur recouvrable des actifs	250	330	110	610
Ecart	50	30	- 120	110

Option B – Session 2006

Annexe 3. Hypothèses et simulations pour la détermination de la valeur recouvrable de la ligne du bus 3

Deux taux d'actualisation sont proposés par le service comptable :
- le taux moyen d'endettement de la société qui s'élève à 6%
- le taux de rentabilité attendu par les actionnaires : 11%

Par ailleurs, la période de temps à retenir fait l'objet de discussions :
- 10 ans : durée résiduelle d'utilité de la flotte de bus de la ligne 3
- 8 ans : durée résiduelle de la DSP
- 5 ans : durée habituelle de retour sur investissement estimée par les actionnaires

Pour les calculs, par manque de temps, les services comptables n'ont pas souhaité intégrer la valeur résiduelle des équipements à l'issu des 5 ans, 8 ans ou 10 ans.

Année		1	2	3	4	5	6	7	8	9	10
Flux de trésorerie		18	18	18	20	20	20	20	22	22	22
Actualisation à	6%	16,98	16,02	15,11	15,84	14,95	14,10	13,30	13,80	13,02	12,28
				Sous total 5 ans		78,90	Sous total 8 ans		120,10		145,41
Actualisation à	11%	16,22	14,61	13,16	13,17	11,87	10,69	9,63	9,55	8,60	7,75
				Sous total 5 ans		69,03	Sous total 8 ans		98,90		115,25
				Moyenne 5 ans		73,97		8 ans	109,50	10 ans	130,33
							Arrondi		110		

Gestion

Sujet 3 : coûts et décisions de gestion

Le travail suivant correspond à l'exploitation pédagogique d'un thème, traitée en temps réel (3 heures de préparation et 1 heure d'exposé oral). Le sujet suivant a été donné au CAPET interne en économie et gestion comptable (option B) en février 2003.
Ma prestation m'a permis d'obtenir la note de 18/20, soit la note la plus élevée de la session.
Le traitement du sujet tient compte des rénovations des différentes filières existantes en économie-gestion (STG, BTS CGO et DCG). Vous trouverez une présentation des transparents que j'ai utilisés devant le jury au cours de l'épreuve.

Apostrophe au jury — Monsieur le Président du jury, Messieurs les membres du jury, le sujet présente ici deux angles « d'attaque » possibles : une problématique scientifique et une autre pédagogique.

• Problématique scientifique

Accroche — Comme le proclamait le philosophe Sénèque, « il n'est de vent favorable qu'à celui qui sait où il va ». Le manager s'appuie sur un ensemble d'outils de gestion comme des tableaux de bord ou des tableaux de présentation d'écarts entre réalisations et prévisions afin de prendre des décisions.

Définition des termes — Le mot décider vient du terme latin « decidere » qui signifie « trancher ». Au sein de l'organisation, de multiples décisions peuvent être prises : des décisions stratégiques, c'est-à-dire des décisions qui influencent l'avenir de l'entreprise, sa pérennité et sa performance sur le long terme ; des décisions tactiques, c'est-à-dire des décisions de gestion qui ont des effets à moyen terme ; des décisions opérationnelles, c'est-à-dire des décisions plus routinières, répétitives qui affectent l'entité à court terme.

Les coûts sont définis par le PCG comme étant une somme de charges. Ils sont nombreux et présentent des dénominations multiples : coût privé, social, réversible, direct, de produits liés, fixe, marginal, d'opportunité, spécifique, complet, partiel, préétabli, par activités (méthode ABC, ABM). De manière plus fine, un coût peut être défini par les trois caractéristiques suivantes : le champ d'application du calcul (produit, client, etc.), le moment du calcul (coût prévisionnel ou réel) et le contenu (les charges retenues : coût privé ou social, coût direct ou indirect, coût fixe ou variable, coût réversible ou irréversible, coût marginal ou total, etc.).

Rappel historique

Leur origine remonte à 3300 avant J.-C. à Sumer en Mésopotamie. Les Romains utilisaient alors une comptabilité, mais ce n'est qu'au XVe siècle que le développement des échanges a permis l'essor de la partie double (Luca Pacioli en 1494). La révolution industrielle a développé une comptabilité de gestion dans certaines manufactures textiles, notamment en Italie et en Autriche, mais la comptabilité de gestion n'a véritablement connu son essor qu'avec les modèles de production de l'OST et du fordisme au début du XXe siècle.

Délimitation du champ spatio-temporel

Le sujet met en relation deux concepts : les coûts et les décisions de gestion.

Nous analyserons le sujet à l'appui de théories traditionnelles et contemporaines sur le plan international.

Débat théorique

Au niveau théorique, les travaux de Simon et de Porter nous apportent des éclaircissements.

Actualité du sujet

Le sujet présente un thème d'actualité eu égard aux nombreux redressements et liquidations judiciaires, qui apparaissent souvent comme des conséquences de mauvaises décisions, plus ou moins liées à un manque de pertinence dans le calcul de coûts.

Problématique

Ainsi, nous pouvons nous demander dans quelle mesure la pertinence d'une méthode d'élaboration des coûts peut-elle améliorer les décisions de gestion ?

• Problématique pédagogique

Éléments théoriques

Les disciplines de l'enseignement de l'économie et de la gestion sont des disciplines carrefour. Des sciences dures, exactes se mêlent à des sciences humaines et forment un ensemble particulièrement riche. L'apprenant (l'élève ou l'étudiant) est au cœur du système éducatif. Un triangle pédagogique ou didactique est formé autour de trois pôles : l'apprenant, l'enseignant et le savoir. Il comprend trois axes :

– un axe d'apprentissage entre l'apprenant et le savoir. Il semble important ici de tenir compte des représentations que les apprenants possèdent par rapport aux savoirs en question ;

– un axe d'enseignement entre l'enseignant et le savoir, c'est-à-dire un axe didactique (science qui étudie les phénomènes d'enseignement et les conditions de transmission et d'acquisition du savoir) ;
– un axe de formation entre l'enseignant et l'apprenant. L'enseignant reformule les objectifs en fonction des compétences et des connaissances à faire acquérir.

Actualité du sujet

La pédagogie (l'art d'enseigner) revêt une importance capitale dans la réussite des élèves. Notre filière d'économie et gestion peut conférer des débouchés très intéressants en termes de poursuite d'études. La rénovation de l'enseignement d'Économie-Gestion qui a eu lieu : filière BTS Comptabilité et gestion des organisations (CGO), filière Sciences et technologies de la gestion (STG) et qui se poursuivra en septembre 2007 avec la classe préparatoire au DCG (Diplôme de comptabilité et de gestion) vise à rendre nos enseignements plus efficaces, plus efficients, plus pertinents, c'est-à-dire plus performants.

Problématique

La définition des pré-requis, la recherche d'une transversalité sont véritablement nécessaires afin d'atteindre nos objectifs. Mais, dans un tel contexte, quelle démarche pouvons-nous mener afin d'améliorer la performance de nos enseignements ?

Annonce du plan

Nous analyserons, dans une première partie, le thème de l'exploitation pédagogique puis, dans un second temps, nous expliciterons le déroulement de séance qui peut alors être envisagé.

I. Le thème de l'exploitation pédagogique

Chapeau

L'étude du thème de l'exploitation pédagogique peut se réaliser en deux temps. D'une part, par une analyse approfondie des fondements scientifiques et des notions de bases concernées. D'autre part, l'utilisation de supports pertinents peut rendre plus facile l'acquisition des compétences des élèves et des étudiants.

A. Fondements scientifiques et notions de base

Il paraît très important de présenter tout d'abord les fondements scientifiques correspondant au thème puis les finalités et les objectifs du thème au sein des enseignements en économie et gestion. Enfin, nous mettrons en avant les extraits du référentiel permettant de faire acquérir aux étudiants les compétences souhaitées.

1. Fondements scientifiques

Les décisions de gestion ont été l'objet des travaux de Simon (prix Nobel d'Économie en 1978). Il proposa un modèle de prise de décision : le modèle IMC et mit en avant le concept de rationalité limitée en raison de la subjectivité du décideur, de l'existence d'une information imparfaite et du choix d'une solution satisfaisante plutôt qu'optimale. Un peu plus tard, Cyert et March ont présenté le concept de rationalité adaptative. Des modèles décisionnels plus récents comme le modèle de la poubelle (1972) de Cohen, March et Olsen, ou encore le modèle CDR (croyances-désirs-rationalité) de Munier montrent l'importance du processus décisionnel dans les organisations.

En définitive, il n'existe pas de modèle décisionnel plus pertinent qu'un autre, l'environnement influence considérablement les décisions et chaque décision semble prise dans un contexte précis.

La décision fait partie intégrante du processus de la gestion : information → décision → action → contrôle.

La connaissance des coûts renforce ou modifie les décisions prises, afin d'augmenter la performance de l'entité ou de dégager davantage de valeur pour les shareholders (porteurs de parts : actionnaires) et pour les stakeholders (parties prenantes : clients, salariés, fournisseurs, partenaires...).

Porter, aux États-Unis, a développé le concept de chaîne de valeur, notamment au sein du groupe de recherche CAM-I.

Nous constatons que certaines méthodes de comptabilité ont perdu de leur pertinence. Le coût complet paraît principalement visé :

– augmentation des charges indirectes (elles représentent environ 70 % du coût global d'un produit) et la pyramide des coûts s'inverse ;

– imputation des charges indirectes au moyen de clés en nombre trop réduit, voire uniques et exclusivement volumiques (exemple : heures de main-d'œuvre directe) ;

– ce sont les activités qui créent de la valeur : il s'agit alors de mesurer le couple valeur/coût, et dans ce cadre les méthodes ABC, ABM et target costing (coût cible) sont plus adaptées ;

– de nouvelles élaborations de coûts semblent dès lors plus réalistes et pertinentes pour améliorer les décisions, et donc favoriser la pérennité et l'augmentation de la performance et de la valeur dégagée par l'entité.

2. Finalités et objectifs du thème dans les classes de la filière Économie et Gestion (au lycée et post-bac)

- En 1STG spécialité « Gestion », dans la partie 4 du référentiel (comptabilité de gestion) :
  - calcul d'un coût complet et d'un résultat par produit ou pour une commande ;
  - notion de coût, marge et résultat ;
  - notion de charges directes et indirectes ;
  - connaissance de la hiérarchie des coûts (coût d'achat, de production, hors production, de revient) ;
  - prise en compte des stocks et évaluation.
- En TSTG spécialité « Comptabilité et finance d'entreprise », dans la partie 6 du référentiel (analyse des charges et aide à la décision) :
  - notions d'activité et d'indicateurs d'activité ;
  - charges opérationnelles et de structure ;
  - coût variable et marge sur coût variable ;
  - le seuil de rentabilité.
- En BTS CGO, dans le processus 7 (détermination et analyse des coûts) et plus précisément au point 7.3. (activités : analyser les coûts pour l'aide à la décision) :
- En classe préparatoire économique et commerciale option technologique, au niveau de l'analyse des coûts ;
  - réflexion sur les coûts, les éléments centraux d'une comptabilité de gestion ;
  - activité, production, moyens, centre de responsabilité, décomposition des charges.
- En DCG, dans les unités d'équivalence (UE) 7 (management) et 11 (contrôle de gestion) :
  - étude des processus de décision au sein des organisations ;
  - présentation des modèles de calculs de coûts ;

- identification des critères de décision et de pilotage des organisations ;
- détermination des coûts comme réponse à différents problèmes de gestion.
— En DSCG, au niveau des UE 2 (finance) et 3 (management et contrôle de gestion) :
  - maîtrise des critères de sélection des projets d'investissements ;
  - choix d'une structure de financement ;
  - analyse du pilotage stratégique par le contrôle de gestion.

3. Extraits du référentiel (niveau BTS CGO)

- Compétences techniques :
  - analyser l'évolution des coûts en fonction du niveau d'activité de l'entreprise ;
  - proposer la méthode de calcul des coûts adaptée à une situation de gestion donnée ;
  - mesurer l'impact sur les coûts des décisions de gestion ;
  - utiliser des logiciels outils pour la présentation et l'analyse des résultats.
- Compétences en communication :
  - présenter par écrit et oralement les résultats de ces analyses aux différents responsables (commerciaux, financiers, techniques…).
- Connaissances associées :
  - Au niveau technique :
    - intérêts et limite du coût complet ;
    - charges opérationnelles et de structure ;
    - intérêts et limites des coûts partiels (coût variable, coût spécifique) ;
    - seuil de rentabilité ;
    - analyse marginale ;
    - les fonctions statistiques d'un tableur.
  - Au niveau communication :
    - note de synthèse ;
    - mode de représentation graphique ;
    - techniques de l'exposé oral.

B. L'utilisation de supports pertinents

1. Pas de document fourni
Augmente la difficulté, car le candidat ne dispose pas de support.

2. Modifications proposées
Transmission de documents :
- texte d'une revue de gestion (ex : *RFG*) présentant l'évolution des pratiques en comptabilité de gestion ;
- un énoncé présentant une situation d'entreprise demandant de :
  - présenter les calculs en comptabilité analytique traditionnelle ;
  - commenter les résultats obtenus mettant en avant des choix de gestion suggérant la suppression éventuelle de certains produits ;
  - proposer une nouvelle imputation des coûts ;
  - commenter les nouveaux choix de gestion ;
  - faire une synthèse globale.

Le but est de montrer aux étudiants que certaines méthodes de comptabilité de gestion peuvent conduire à des choix de gestion différents.

Transition — Les fondements scientifiques du thème de l'exploitation pédagogique étant désormais présentés, ses notions de base explicitées et l'usage de supports pertinents démontré, nous pouvons désormais présenter un déroulement de séance possible.

II. Le déroulement de séance envisagé

Chapeau — L'élaboration du déroulement d'une séance nécessite deux étapes de travail. D'un côté, une analyse pédagogique a priori semble primordiale. De l'autre, une action pédagogique dynamique paraît nécessaire et complémentaire.

A. Une analyse pédagogique a priori

1. Place de l'exploitation pédagogique dans la progression
La progression est établie sur une année, avec réajustements après chaque période de vacances ou de stages. Une année scolaire s'étend sur 36 semaines au départ, mais en compte beaucoup moins en réalité. Notre exploitation pédagogique pourrait donc être utilisée dans le cadre d'une Activité Professionnelle de Synthèse (APS) en 2e année préparant

au BTS CGO, dans le cadre d'un travail de synthèse sur les calculs de coûts, afin de prendre du recul sur les concepts et d'élaborer une note et/ou un exposé oral.

2. Prérequis nécessaires
- compétences et connaissances de 1STG et TSTG (élaboration d'un coût complet) ;
- compétences en informatique (tableur) dans l'optique d'une utilisation informatique créant une valeur ajoutée.

3. Représentations que les élèves/étudiants ont de la réalité
Il s'agit d'une question délicate. Les étudiants sont en général plus ou moins influencés par les médias, certaines affaires, certains livres ou magazines. Ils ont par ailleurs déjà une expérience professionnelle (stage, travail saisonnier).

4. Projet d'activité
Il s'agit donc d'une activité professionnelle de synthèse (APS) ayant lieu lors d'une séance de travaux dirigés (TD). Le travail se fait en groupes (très riche) pendant 4 heures.

Les mots clés du sujet sont bien « coûts » et « décisions ».
- Objectifs généraux :
- Acquérir des compétences techniques :
  - proposer la méthode de calcul des coûts adaptée à une situation de gestion donnée ;
  - mesurer l'impact sur les coûts de décisions de gestion ;
  - utiliser des logiciels outils (tableur, traitement de textes) pour la présentation et l'analyse des résultats.
- Acquérir des compétences en communication :
  - présenter par écrit et oralement les résultats de ces analyses aux différents responsables (commerciaux, financiers et techniques).
- Objectifs intermédiaires :
- calculer les coûts de plusieurs produits selon la méthode du coût complet (u.o.) ;
- commenter les résultats obtenus et le type de décision à prendre ;

- calculer les coûts de ces mêmes produits selon une autre méthode de calcul (calcul à partir d'une autre répartition des coûts en utilisant par exemple des inducteurs comme unités de mesure des activités) ;
- commenter les résultats obtenus. Répondre à quelques questions :
  - pourquoi obtient-on des résultats différents ? Est-ce normal ? Quelles décisions pourrait-on prendre maintenant ?
- élaborer une synthèse sur l'impact des coûts sur les décisions de gestion.

Transition — Cette phase d'analyse primordiale est complétée par une action pédagogique dynamique.

B. Une action pédagogique dynamique

Notre action pédagogique peut se dérouler en trois temps :

1. L'évaluation

Elle peut être multiple : diagnostique, formative, sommative et normative. Notre APS sera ici l'objet d'une évaluation formative. L'enseignant assistera les étudiants et leur transmettra les compétences et connaissances nécessaires.

2. La transversalité

Elle est essentielle entre les différents processus. Des liens sont possibles entre eux.

- Processus 8 : prévision et gestion budgétaire puisque les coûts sont des points de départ de l'établissement de prévision. Un travail lors d'une prochaine APS pourrait être envisagé (ex. : étude d'une simulation d'entreprise).
- Processus 9 : mesure et analyse de la performance avec l'analyse d'un processus de pilotage, l'élaboration d'un contrôle budgétaire et d'un tableau de bord.
- Processus 10 : organisation du système d'information comptable et de gestion, car l'information est la matière première de la décision. Ainsi, une amélioration de la qualité de l'information augmentera la pertinence des méthodes de gestion, et donc la qualité des décisions.

3. L'interdisciplinarité (vers une pédagogie par projet)

Des liens existent également avec l'enseignement général : techniques d'expression et de communication, mathématiques. De plus, une pédagogie active permettrait de lutter contre l'hétérogénéité et une pédagogie intégrée placerait l'activité dans une optique de travaux par projet.

Bilan de l'analyse

En définitive, il semble qu'une analyse fine du thème de l'exploitation pédagogique soit primordiale. C'est à partir de multiples réflexions et études que nous pouvons élaborer un déroulement de séance possible qui tentera de répondre au mieux aux objectifs généraux que nous nous sommes fixés, c'est-à-dire faire acquérir à nos élèves ou étudiants des compétences plurielles, transversales (techniques, d'organisation, de communication) et des connaissances appropriées à leur insertion professionnelle ou à leurs poursuites d'études.

La performance est au cœur de notre démarche pédagogique. L'enseignant, comme le manager, doit utiliser des méthodes clefs pour développer l'axe didactique qui le lie à l'élève.

Ouverture

Ce thème permet de montrer les liaisons existantes entre deux concepts essentiels en gestion. La transversalité semble être plus que nécessaire dans nos enseignements.

Donner véritablement du sens à notre enseignement apparaît désormais comme un enjeu majeur.

REGARD CRITIQUE

Eu égard à la note obtenue, cette prestation répond à de nombreuses exigences attendues au niveau CAPET. Les notions scientifiques fondamentales concernant les termes du sujet sont abordées et semblent maîtrisées.

Par ailleurs, il s'agit d'une épreuve orale et, dans ce cadre, la capacité de communication du candidat est essentielle.

En bref, les candidats doivent s'efforcer de mettre en valeur leurs connaissances, leurs objectifs pédagogiques et leur qualité d'écoute.

Transparents

T1

2 angles « d'attaque » possibles

        1) une problématique scientifique
        2) une problématique pédagogique

Quelle démarche pouvons-nous mener afin d'améliorer la performance de nos enseignements ?

T2

(Transparent dévoilé de manière progressive)

I) LE THÈME DE L'EXPLOITATION PÉDAGOGIQUE
A) FONDEMENTS SCIENTIFIQUES ET NOTIONS DE BASE
B) L'UTILISATION DE SUPPORTS PERTINENTS

II) LE DÉROULEMENT DE SÉANCE ENVISAGÉ
A) UNE ANALYSE PÉDAGOGIQUE A PRIORI
B) UNE ACTION PÉDAGOGIQUE DYNAMIQUE

T3

Présentation d'un calcul de résultat selon la méthode de comptabilité de gestion « traditionnelle »

Produits	A	B	C
Chiffre d'affaires	1 000	500	2000
Charges directes	300	100	400
Charges indirectes	600	300	1 000
Résultat	100	100	600

Présentation d'un calcul de résultat selon une autre méthode de comptabilisation des coûts (méthode de comptabilité par activités)

Produits	A	B	C
Chiffre d'affaires	1 000	500	2000
Charges directes	300	100	400
Charges indirectes	200	200	1500
- « inducteur » 1			
- « inducteur » 2			
- …			
Résultat	500	200	100

Chapitre 6

Thème économique, juridique et social (TEJS)

Sujet 1 : comment protéger efficacement l'environnement ?

Le travail suivant correspond à un exposé portant sur un thème économique, juridique et social (TEJS), traité en situation réelle en mai 2006 lors d'une phase d'entraînement (5 heures de préparation, 1 heure de présentation orale devant jury). L'épreuve de TEJS possède le coefficient le plus élevé à l'Agrégation externe (coefficient 4) et semble assez redoutée par de nombreux candidats.

Rappel du sujet	Le sujet s'intitule « Comment protéger efficacement l'environnement ? »
Apostrophe au jury	Madame la Présidente du jury, Mesdames, Monsieur, les membres du jury,
Accroche	Des signes alarmants témoignent aujourd'hui de la destruction progressive de notre environnement : épuisement des zones de pêche, fonte des glaciers et diminution du niveau des nappes phréatiques.
Rappel historique	Nonobstant, la question des rapports entre l'homme et la nature ne date pas d'hier. Déjà, Platon (IVe siècle avant J.-C.) s'interrogeait sur ce rapport dans le cadre de la gestion de la Cité. Plus tard, les Romains relataient les dangers de la surexploitation forestière. Plus près de nous, au XVIIIe siècle, les physiocrates placèrent la terre comme seul facteur à l'origine de valeur.

La multiplication des problèmes environnementaux a fait naître une prise de conscience générale. En 1970, un rapport intitulé *Halte à la croissance* (rapport Meadows) a été élaboré, présentant une véritable volonté interventionniste de protection de l'environnement. Il suscita la création d'un programme des Nations unies pour l'environnement dans le but de le protéger et en 1972, à Stockholm, s'est déroulée la première conférence internationale sur l'environnement.

Définitions des termes

Sur le plan étymologique, le verbe protéger est dérivé du nom « protection », qui vient du latin « protectio » (abri, défense). Aussi, la protection est une précaution qui consiste à prémunir une personne ou un bien contre un risque, à garantir sa sécurité, son intégrité, par des moyens juridiques ou matériels. La protection désigne aussi bien l'action de protéger que le système de protection établi[1].

Le sujet nous invite à analyser la protection de l'environnement. L'environnement peut être défini comme un ensemble d'éléments constitutifs du milieu où vit l'homme : eau douce, eau courante, terre cultivable, couverture végétale, l'air, etc.[2]

Depuis la fin des années 1970, les Nations unies multiplient les conférences et les rapports afin de mettre en place des actions visant à réduire les nuisances pesant sur l'environnement.

Pourtant, la présence de l'adverbe « efficacement » dans l'intitulé du sujet rappelle l'existence de tentatives de protection de l'environnement inefficaces. Le caractère efficace d'une action signifiant que celle-ci répond aux objectifs préalablement fixés.

Délimitation du champ spatio-temporel

Nous traiterons le sujet sur un plan international et à notre époque actuelle. Des théories économiques et des concepts juridiques traditionnels et contemporains alimenteront notre exposé.

Réflexion menant à la problématique

En 1987, le rapport Brundtland, intitulé *Notre avenir à tous*, constate la faillite de notre gestion de l'environnement et présente un plaidoyer en faveur d'un développement durable, c'est-à-dire « un développement qui répond aux besoins du présent sans compromettre la capacité des générations futures de répondre aux leurs ». Mais, assez rapidement, un

---

1. G. Cornu, *Vocabulaire juridique*.
2. *Lexique d'économie*, éditions Dalloz.

débat va opposer les économistes en faveur du développement durable, comme Ignacy Sachs par exemple, à ceux qui prônent au contraire la décroissance. Cette opposition constituera le premier axe de notre problématique.

Ensuite, dans cette vision d'éco-développement (développement durable), quelles solutions proposer ? Faut-il privilégier le marché ou l'État ? (Deuxième axe de notre problématique).

Enfin, les inégalités au niveau des nuisances créées par chaque pays complexifient notre analyse. Au nom de quoi les pays développés auraient-ils le droit d'imposer aux pays en développement des contraintes environnementales fortes, alors qu'eux-mêmes se sont développés sans se soucier de la planète ? Devons-nous alors admettre des solutions et des obligations différentes, c'est-à-dire des moyens asymétriques ? (Troisième axe de notre problématique).

Problématique — Dès lors, en tenant compte de ces multiples problèmes, quels outils allons-nous choisir pour protéger efficacement l'environnement ? Plus précisément, qui agira ? Dans quel sens ? Par quels moyens ?

Annonce du plan — Nous étudierons dans une première partie, les outils d'ordre économique, puis dans un second temps nous analyserons les outils d'ordre juridique permettant de protéger efficacement l'environnement.

I. Les outils d'ordre économique

Chapeau — Deux philosophies s'opposent. D'un côté, une philosophie « réformiste » préconise une gestion des externalités négatives environnementales en améliorant les pratiques de développement durable existantes (A). De l'autre, une philosophie « radicale » met en avant la thèse de la décroissance (B).

A. Les solutions issues d'une philosophie « réformiste » : la gestion des externalités négatives environnementales

1. Les solutions d'inspiration libérale faisant confiance à une régulation par le marché

La théorie des droits de propriété stipule que les dysfonctionnements de la société sont dus à ce que les droits de propriété de ses membres sur les ressources disponibles ne sont pas toujours clairement définis. Si une ressource n'appartient à personne, chacun va en tirer parti sans se soucier des conséquences négatives (externalités négatives) de ses actes ou du renouvellement de cette ressource, et adopter ainsi un comportement de passager clandestin.

Ronald Coase propose de rendre ces ressources privées. Selon son théorème, le problème posé par des externalités, comme la pollution par exemple, peut être résolu de façon efficiente en organisant un marché où s'échangent des droits concernant la ressource concernée (l'air, l'eau, etc.). Pour lui, il est donc possible d'éviter la solution traditionnelle, c'est-à-dire l'intervention directe de l'État, avec un résultat au moins aussi bon, en organisant des transactions sans intermédiaire entre les parties concernées. Aussi, l'État doit se contenter d'attribuer des droits de propriété clairement délimités pour les ressources concernées par les externalités, ces droits devenant alors des marchandises comme les autres. Cette solution permettrait de parvenir, comme en concurrence parfaite, à une situation efficiente selon le critère de Pareto.

En application du théorème de Coase, des marchés de permis négociables, appelés marchés de droits à polluer, sont apparus. Aux États-Unis, des permis ont été vendus afin de baisser la quantité de dioxyde de soufre. De même, un marché international des droits à polluer dans le cadre du protocole de Kyoto et concernant certains polluants a été mis en œuvre au sein de l'Union européenne dès le 01/01/2005. Le but de ces marchés est d'inciter chaque entreprise à calculer s'il vaut mieux acheter des permis de polluer ou réduire ses émissions. En effet, une entreprise peut dégager un profit de la vente de permis négociables. Toutefois, cette solution nécessite une pluralité d'acteurs, des coûts de transaction réduits et un contrôle étatique afin de vérifier la réalité des émissions.

2. Les solutions d'inspiration interventionniste faisant davantage confiance à une régulation par la puissance publique

Depuis Pigou, la théorie libérale acceptait l'idée que le marché est inefficace dans le cas d'externalités positives ou négatives. Il concluait que l'action de l'État était légitime et qu'il fallait taxer les agents à effets externes négatifs et subventionner les agents à effets externes positifs. Dès lors, il convient, selon le principe « pollueur-payeur », de fixer des écotaxes, c'est-à-dire de faire payer le pollueur (exemples : rejets de nitrates, dioxyde de carbone, etc.) afin qu'il réduise ses nuisances. De même, il faut encourager les entreprises qui utilisent des technologies propres en les subventionnant (éco-subvention). L'avantage de ce système est d'augmenter les ressources de la collectivité mais il peut aussi freiner le développement de l'activité de l'entreprise et sa compétitivité.

L'édiction de réglementations peut également être une solution efficace si l'État se donne les moyens de contrôler. Par exemple, l'utilisation de divers matériaux (amiante, mercure, etc.) et le rejet de certains produits dans la nature (huiles usagées, etc.) sont interdits.

La mise en place de normes, à défaut d'empêcher l'atteinte à l'environnement, établit des limites. Ces normes regroupent à la fois des normes de procédés, mais aussi et surtout des normes d'émission (exemple : limitation des rejets industriels polluant dans l'eau et dans l'air). Mais quel niveau de normes faut-il mettre en œuvre ? Si le niveau est trop faible, cela n'aura pas assez d'effet sur la protection de l'environnement et, si le niveau est trop élevé, cela peut représenter un inconvénient important, c'est-à-dire une certaine forme d'inefficacité économique.

En encourageant la création de labels, c'est-à-dire de signes distinctifs apposés sur un produit ou un service garantissant une certaine qualité (exemple : label AB pour les produits issus de l'agriculture biologique), la puissance publique dispose d'une possibilité de réorienter l'appareil productif vers des productions moins polluantes.

D'un autre côté, les investissements publics tiennent de plus en plus compte de la protection de l'environnement. Ainsi, au niveau des infrastructures de transport, un rapport de la Commission des comptes et de l'économie de l'environnement (CCEE) intitulé *Mobilité, transport et environnement* a été élaboré en 2006. L'objectif de la France est de réduire par quatre les émissions globales de gaz à effet de serre d'ici 2050. Pour ce faire, nous disposons de plusieurs leviers d'actions :

- des incitations à un changement des comportements en termes de mobilité (co-voiturage, éco-conduite, régulation de la vitesse, interdiction de doubler pour les poids lourds, développement d'alternatives à la voiture, transport combiné rail-route, mer-routage, etc.) ;

- des incitations fortes à l'utilisation de véhicules économes ;

- une affectation plus spécifique de la TIPP à la réduction de gaz à effet de serre ;

– aucun dispositif nouveau ne devra être écarté : péages urbains, tarification des parkings.

De même, l'État souhaite favoriser l'essor des énergies renouvelables et appuie dans ce sens les pratiques de recherche-développement. Les activités de l'ADEME (Agence de l'environnement et de la maîtrise de l'énergie), qui est un établissement public à caractère industriel et commercial, placé sous la tutelle conjointe des ministères en charge de l'écologie et du développement durable d'une part, et de l'industrie et de la recherche d'autre part, visent à susciter, animer, coordonner, faciliter ou réaliser des opérations ayant pour objet la protection de l'environnement et la maîtrise de l'énergie. Cette organisation intervient dans plusieurs domaines : énergie, air, bruit, déchets, sites et sols pollués et management environnemental.

Enfin, la puissance publique fait preuve d'interventionnisme juridique pour encadrer le développement économique de la nation en édifiant un véritable droit de l'environnement. Ce point sera davantage explicité dans notre seconde partie.

3. Les solutions cherchant à intégrer les inégalités de développement

Le succès de la réorientation du développement durable dépendra également du comportement des pays du Sud, car leur poids démographique et leur dynamisme économique sont importants. Comme nous l'avons souligné précédemment, au nom de quoi les pays développés auraient-ils le droit d'imposer aux pays en développement des contraintes environnementales fortes alors qu'eux-mêmes se sont développés sans se soucier de la planète ? Même si certains pays du Sud ont pris conscience des problèmes environnementaux (comme en témoigne par exemple la volonté de l'Inde de baisser de 40 % ses émissions de dioxyde de souffre en cinq ans), il reste encore beaucoup d'efforts à fournir.

Une première approche nous montre qu'il ne sert à rien de s'alarmer puisque, selon la courbe environnementale de Kuznets présentée ci-dessous, le développement favorise l'efficacité énergétique.

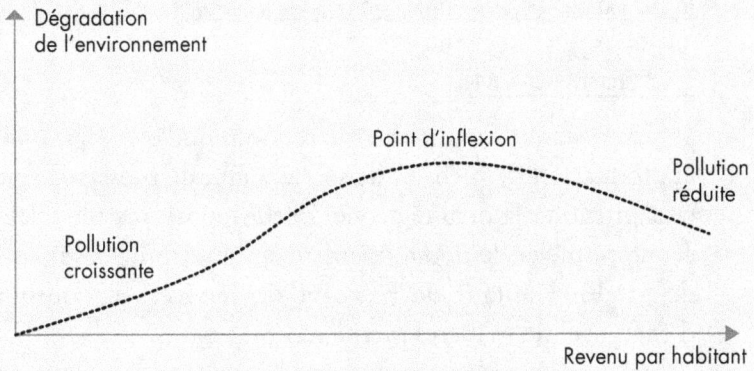

Courbe environnementale de Kuznets

Pourtant, empiriquement, le point d'inflexion a été atteint par le Mexique, qui voit sa pollution augmenter, ce qui remet en question les travaux de Kuznets. Aussi, nous pouvons avancer que plus l'économie d'un pays connaît une croissance importante et plus elle pollue.

Cependant, il convient de relever un effet de composition de la production de la nation et un effet technique. À terme, l'économie se concentre davantage sur des activités de service au détriment du secteur secondaire, et voit le niveau de revenu des classes moyennes progresser. C'est alors dans un contexte de recherche d'une meilleure qualité de vie que les ménages prônent une protection accrue de l'environnement.

À l'heure actuelle, une aide des pays du Nord semble nécessaire. Le transfert de technologies et de compétences et le partage de savoir-faire peuvent contribuer à un développement davantage maîtrisé des pays du Sud. Afin d'inciter les pays développés à aller dans ce sens, le mécanisme de développement propre (MDP) dans le cadre du protocole de Kyoto sur les gaz à effet de serre, permet à un pays du Nord de limiter ses efforts de réduction d'émission sur son territoire s'il contribue à limiter les émissions dans un pays du Sud.

Transition

Nous venons de voir un certain nombre de moyens économiques, inspirés par une philosophie « réformiste », permettant d'améliorer les pratiques de développement durable et par ce biais de protéger plus efficacement l'environnement. Analysons désormais d'autres moyens éventuels appartenant à une toute autre philosophie, plus « radicale » et privilégiant le concept de décroissance.

B. Les solutions issues d'une philosophie « radicale » : la thèse de la décroissance

1. Les prémisses théoriques

La décroissance est une théorie économique basée sur une réduction de la production de biens et de services afin de préserver l'environnement et d'améliorer la qualité de vie. Elle s'oppose aux modèles de croissance économique et de développement durable, pour lesquels il est possible de produire autant de biens et de services en consommant moins d'énergie et de matières premières.

Pour Georgescu-Roegen, qui peut être perçu comme le père spirituel du courant de la décroissance, « *il n'y a pas le moindre doute que le développement durable est l'un des concepts les plus nuisibles* » (1991). En fait, les théoriciens de la décroissance réactivent la critique du productivisme de Jacques Ellul ou Ivan Illich. Si l'on suit Ivan Illich, la disparition programmée de la société de croissance n'est pas nécessairement une mauvaise nouvelle : « *La bonne nouvelle est que ce n'est pas d'abord pour éviter les effets secondaires négatifs d'une chose qui serait bonne en soi qu'il nous faut renoncer à notre mode de vie, comme si nous avions à arbitrer entre le plaisir d'un mets exquis et les risques afférents. Non, c'est que le mets est intrinsèquement mauvais, et que nous serions bien plus heureux à nous détourner de lui. Vivre autrement pour vivre mieux.* »[1]

Selon Serge Latouche, la croissance est fondée sur l'accumulation des richesses, elle est destructrice de la nature et génératrice d'inégalités sociales. « Durable » ou « soutenable », elle demeure dévoreuse du bien-être. C'est donc à la décroissance qu'il faut travailler : à une société fondée sur la qualité plutôt que sur la quantité, sur la coopération plutôt que la compétition, à une humanité libérée de l'économisme se donnant la justice sociale comme objectif.

Ce mouvement de la décroissance influence de nombreuses organisations altermondialistes comme ATTAC (Association pour la taxation des transactions pour l'aide aux citoyens). Fondée en 1998, l'association promeut et mène des actions de tous ordres en vue de la reconquête, par

---

1. Illich I., *La convivialité*, Seuil, 1973.

les citoyens, du pouvoir que la sphère financière exerce sur tous les aspects de la vie politique, économique, sociale et culturelle dans l'ensemble du monde.

2. Les propositions concrètes

Les actions de développement durable paraissent très pauvres et l'image que leur donnent certaines multinationales en les associant à leur politique mercatique semble souvent négative. En effet, toute pratique de développement durable remet en question des situations acquises, ce qui freine la plupart des entreprises. Pire, chacun attend que les autres fassent le premier pas et espèrent jouer les passagers clandestins. Aussi, selon Lester Brown, le concept de développement durable n'est pas assez réformiste.

Lester Brown place les décideurs politiques devant un choix primordial de plan d'actions : le plan A (développement durable) ou le plan B (décroissance). Pour lui, seul le plan B peut réussir. Le plan A ne représente que la poursuite de la dégradation de l'environnement et l'explosion de la bulle économique. Empiriquement, le plan B se traduit par une coopération internationale afin de stabiliser la démographie, le climat, les nappes phréatiques et les sols.

Aujourd'hui, ce que nous exigeons de la Terre excède largement sa capacité de régénération. Dans ce contexte, une redéfinition de la richesse et une restructuration de l'économie semblent nécessaires. Le marché possède des faiblesses importantes :
– il ne tient pas compte des coûts indirects de production de biens et services ;
– il ne valorise pas correctement l'utilisation de la nature ;
– il ne respecte pas les limites de rendement supportables par les systèmes naturels.

Bien qu'ayant atteint une certaine forme de prospérité économique, les pays développés n'en ont pas moins accumulé des déficits écologiques qui n'apparaissent pas dans leurs calculs d'indicateurs de richesse. Comme le souligne Dominique Méda, le PIB peut être critiqué :
– il ne donne pas une image exacte de l'enrichissement d'un pays ;
– il n'est pas un indicateur de bien-être ;
– il ne rend pas visible les dégâts occasionnés lors de la production.

Face aux multiples dégradations écologiques, il convient de taxer les activités qui détruisent l'environnement et de subventionner les activités à externalités positives en matière d'environnement (exemple : entreprises de fabrication d'éoliennes). Cette solution suit une logique gagnant/gagnant puisque l'efficacité économique est améliorée, tout en diminuant les atteintes à l'environnement.

D'autre part, des formes alternatives de développement, s'appuyant sur une économie plus sociale et solidaire où les relations non-marchandes sont plus importantes, rendent la thèse de la décroissance davantage applicable.

Sur le plan technologique, nous possédons des moyens suffisants pour maîtriser la démographie et le taux de dioxyde de carbone dans l'air. Il s'agit désormais d'être volontaire afin de construire une économie compatible avec les systèmes naturels.

3. Critique de la critique radicale

Les théoriciens du développement durable pensent qu'il est possible de poursuivre sur la voie d'une croissance écologique soutenable car elle paraît centrée davantage sur des activités de services peu consommatrices d'énergie et de matières premières. A contrario, les théoriciens de la décroissance privilégient une vision passéiste. Mais un retour en arrière rappellerait inéluctablement les difficultés matérielles d'une société traditionnelle, sa faible productivité, ses profondes inégalités sociales et l'absence d'un système de protection sociale. Pour toutes ces raisons, la décroissance ne semble pas pouvoir constituer une alternative crédible.

Mais quelle attitude alors adopter face aux nuisances environnementales ? La nécessité de progresser dans la maîtrise de notre environnement semble quasi-unanimement reconnue. Une piste intéressante réside dans l'attribution d'une valeur monétaire à des choses qui sont gaspillées parce que leur usage est gratuit. Dès lors, nous nous tournons non pas vers une réduction de l'économie monétaire, comme le voudraient les théoriciens de la décroissance, mais bien vers son extension.

Transition

Nous venons d'étudier bon nombre de moyens économiques inspirés de courants différents permettant de protéger efficacement l'environnement. Mais l'économique ne peut à lui tout seul modifier les pratiques. Il a besoin d'un cadre juridique plus ou moins contraignant rendant l'ensemble des moyens d'action beaucoup plus performant.

II. Les outils d'ordre juridique

Chapeau — Ils s'appuient sur la création d'un droit spécial de l'environnement (A) et sur des règles de droit commun (B).

A. La création d'un droit spécial de l'environnement

1. L'émergence d'une exigence globale

Le droit à l'environnement s'est développé autour du concept de développement durable, dans un contexte de réflexions sur l'état de la planète et les conditions de développement des activités humaines. Il résulte d'une prise de conscience dont le mouvement associatif sera porteur, notamment avec l'Union internationale pour la conservation de la nature (IUCN) qui, dès 1951, met l'accent sur la dégradation de l'environnement. À partir de 1972 et de la publication du rapport *Halte à la croissance*, le droit va progressivement prendre en considération le concept et ses conditions de réalisation, tant au niveau international, régional que local. En effet, le développement durable a d'abord été reconnu par des textes sans portée normative immédiate (telles les déclarations lors des conférences internationales), puis ce droit « proclamatoire » a produit des effets sur l'élaboration des textes ultérieurs, directement opposables.

Les conventions internationales signées après la conférence de Rio (1992) vont faire référence au concept de développement durable et aux principes ou aux conditions de sa mise en œuvre. Le droit communautaire va lui-même être inspiré des apports de Rio. Le traité de l'Union européenne (UE), puis ceux de La Haye, de Maastricht et d'Amsterdam, vont faire expressément référence au développement durable, générant un cinquième programme européen pour l'environnement. Les directives ou les règlements adoptés en application de ce programme vont, là encore, mettre en avant le concept de développement durable (exemple : directive dans le domaine de l'eau en 2000). Le droit français n'échappe pas à cette prise en considération. Dès la loi du 2 février 1995, relative au renforcement de la protection de l'environnement, le développement durable est reconnu comme un objectif politique (article L110 du code de l'environnement). De même, il va aussi déterminer un ensemble de politiques sectorielles (aménagement du territoire en 1995, puis en 1999 ; agriculture en 1999 ; urbanisme en 2000 ; forêt en 2001).

Enfin, la réforme constitutionnelle intervenue en France avec l'adoption de la Charte de l'environnement, le 1er mars 2005, constitue l'aboutissement d'un processus de reconnaissance juridique du développement durable.

Au-delà de cette reconnaissance récurrente, il s'agit d'en apprécier les conditions de réalisation.

2. Les conditions de réalisation du développement durable

De manière générale, le développement durable est exprimé dans les textes juridiques comme un objectif politique. Il en est ainsi dans le traité de l'UE, dont l'article 2 précise que l'Union se donne pour objectif « de promouvoir le progrès économique et social ainsi qu'un niveau d'emploi élevé, et de parvenir à un développement équilibré et durable ». Cette orientation a aussi été retenue par la Charte de l'environnement, dont l'article 6 précise que « les politiques publiques doivent promouvoir un développement durable. À cet effet, elles concilient la protection et la mise en valeur de l'environnement, le développement économique et le progrès social. »

Il s'agit donc d'apprécier à quelles conditions cet objectif politique peut être atteint par nos sociétés, les entreprises étant concernées au même titre. Il résulte de la déclaration de Rio que la réalisation du développement durable repose sur l'ensemble des conditions préalables relatives aux choix fondamentaux de nos sociétés et aux modalités d'intervention des activités humaines, ainsi qu'à la mise en œuvre de principes fondamentaux. Les textes adoptés ultérieurement permettent d'apprécier le niveau de prise en considération de ces exigences, mais aussi la capacité de nos sociétés à les imposer aux acteurs économiques.

Les conditions de protection de l'environnement sont au nombre de deux et concernent l'ensemble des activités économiques, notamment les entreprises :

– l'exigence d'une démarche intégrée, signifiant, selon la déclaration de Rio, que « la protection de l'environnement doit faire partie intégrante du processus de développement et ne peut être considérée isolément ». La détermination de règles et normes, comme l'instauration d'incitations économiques, financières ou fiscales, peuvent y contribuer ;

- la réduction et l'élimination de modes de production et de consommation non viables et la promotion de politiques démographiques appropriées. Tant au niveau international, communautaire, qu'interne, de nombreux textes préconisent, par exemple, de réduire ou d'éliminer les déchets, les pollutions et les nuisances (eau, air, bruit), incitant, le cas échéant par des mesures financières, les acteurs économiques à modifier leurs pratiques d'exploitation. En revanche, la confirmation récurrente, par les politiques, d'un système concurrentiel n'incite pas les entreprises à inscrire leurs pratiques dans cet objectif.

Le droit, par des développements plus ou moins caractérisés, tente de mettre en œuvre quatre principes visant à protéger plus efficacement l'environnement :

- la participation. Ce principe correspond à l'accès aux informations relatives à l'environnement, la participation du public au processus de prise de décision et un accès effectif à des actions judiciaires et administratives ;
- la prévention. Il s'agit de l'instauration de mesures pour anticiper sur les effets d'une décision ou d'une activité sur l'environnement. Les textes communautaires, transposés en droit français, ont ainsi instauré un système de management environnemental et d'audit (EMAS) ou éco-audit. De plus, l'instauration de normes environnementales (normes ISO, série 14000) constitue une autre forme de gestion volontaire.
- la précaution. Ce principe veut qu'« en cas de risques de dommages graves ou irréversibles, l'absence de certitude scientifique absolue ne doit pas servir de prétexte pour remettre à plus tard l'adoption de mesures effectives visant à prévenir la dégradation de l'environnement ». Il repose sur un double mécanisme, d'incertitude scientifique et de risque d'irréversibilité. Alors qu'en principe il intéresse l'ensemble des acteurs socio-économiques, la Charte de l'environnement en réserve l'application à la sphère publique.

– le pollueur/payeur. Ce principe repose sur une double exigence, l'internalisation des effets externes de toute activité (volet préventif) et l'engagement de la responsabilité du pollueur en cas de dommages résultant de pollutions ou de nuisances ainsi que l'indemnisation des victimes (volet curatif). Il met en œuvre à la fois un volet économique (l'internalisation) et un volet juridique (l'obligation de réparation des dommages causés). La reconnaissance de ce principe est imprécise. Le code de l'environnement (article L110-1-2) est essentiellement attaché à l'aspect préventif du principe, alors que l'article 4 de la Charte de l'environnement porte essentiellement sur le volet curatif, mais sa mise en œuvre reste insuffisante.

Pour les acteurs socio-économiques, publics et privés, c'est la réalisation des conditions préalables et l'application effective de ces principes qui peuvent contribuer à protéger plus efficacement l'environnement. Certaines formulations juridiques imposent des interrogations. L'article L110-1 du code de l'environnement subordonne l'application des principes de prévention et de précaution à un « coût économiquement acceptable ». De même, les pratiques développées apparaissent trop souvent contradictoires avec les objectifs énoncés. En fait, les moyens mis en place pour protéger l'environnement génèrent un ensemble d'ambiguïtés que le droit permet de révéler.

3. Les ambiguïtés du développement durable

La protection de l'environnement se heurte à des obstacles essentiellement juridiques :

- Le concept de développement durable est omniprésent dans les discours, mais l'interprétation qui en est faite et les pratiques mises en œuvre semblent très contradictoires. Certaines entreprises utilisent le développement durable comme un élément de communication. D'autres se sont spécialisées dans l'évaluation de ces démarches. L'ambiguïté apparaît dans la garantie d'indépendance de ces acteurs et dans la détermination de critères connus et partagés d'évaluation. Dans de nombreux domaines (énergie, agriculture, transports, etc.), l'usage du terme s'inscrit en faux par rapport à ses objectifs effectifs. Lors de la conférence de Rio, les États ont aussi adopté le programme Action 21 qui recommandait la mise en œuvre de l'Agenda 21. De nombreux acteurs économiques, plusieurs institutions comme les collectivités territoriales, ont pris des initiatives pour adopter un tel document, alors même qu'en droit français, l'agenda 21 n'a pas d'existence juridique, aucun texte opposable n'en déterminant le statut et la portée juridique !

- La protection de l'environnement au niveau des Nations unies relève d'institutions spécialisées, sans réels moyens ni possibilités d'intervention effectives. Même si des conventions internationales sectorielles (déchets, eau, biodiversité, etc.) préconisent la mise en œuvre du développement durable, les conditions de production et de consommation relèvent d'autres logiques. Ainsi, la convention internationale déterminant les échanges commerciaux (les accords de Marrakech de 1994) instaurant l'Organisation mondiale du commerce (OMC) a été adoptée en excluant pratiquement les conditions sociales et environnementales.

- En droit interne, les grandes lois votées ces dernières années (agriculture, aménagement du territoire, environnement) inscrivent leurs objectifs dans le cadre du développement durable, mais les pratiques conduisent à méconnaître les volets sociaux et environnementaux.

- Le débat autour de la décroissance, non précisément approprié par les juristes, constitue une opportunité pour repenser le concept actuel de développement durable qui apparaît encore, selon Serge Latouche (*La Planète uniforme*, 2000), comme « l'occidentalisation du monde ». Les mesures prises doivent résulter d'un « compromis dans l'urgence » qui fera l'objet d'une formalisation juridique :

  - un cadre politique, identifiant des choix répondant aux enjeux et reposant sur des évaluations préalables indépendantes, transparentes et contradictoires (domaine de l'énergie, des OGM ou des risques technologiques) ;

  - la création d'une Organisation mondiale de l'environnement (OME), dotée de compétences et de moyens suffisants pour faire émerger l'ingérence écologique ;

  - un cadre juridique global permettant d'identifier les conditions de réalisation de ces nouvelles orientations et de soumettre des activités relevant du commerce, de l'industrie et des finances aux principes de droit de l'environnement ;

- la prise en considération des effets des activités humaines sur l'environnement et la situation sociale afin de conduire à l'adoption de critères d'évaluation communs ;
- une application des règles en vigueur de manière plus stricte.

Transition

Nous venons de voir que la mise en place d'un droit spécial, malgré de nécessaires améliorations, représente un moyen de protéger efficacement l'environnement. D'un autre côté, nous pouvons relever l'importance du droit commun qui œuvre également pour une meilleure défense de notre environnement.

B. Le recours aux règles de droit commun

Le droit commun regroupe un ensemble de moyens permettant de protéger de manière plus efficace l'environnement. Préventives ou curatives, ces solutions proviennent de diverses branches du droit. Aussi, différentes juridictions peuvent intervenir, aussi bien administratives, pénales, que civiles. L'effectivité de cet aspect repose pour l'essentiel sur le niveau des sanctions/réparations. Trop souvent, ce niveau est manifestement insuffisant pour générer de réels changements de comportement.

1. Le droit des contrats : des solutions préventives

Le contrat est une convention faisant naître une ou plusieurs obligations ou bien créant ou transférant un droit. On considère de manière usuelle qu'il y a contrat dès que les deux parties se sont accordées sur la chose et le prix. Intervient donc la notion de consentement des parties, et par conséquent de leur information mutuelle sur la chose et le prix.

En matière d'environnement, certains types de contrats trouvent des applications nombreuses. On pense ici aux contrats de conseil, d'étude, d'expertise, contrôles techniques, contrat de conception ou réalisation. On pense également aux contrats de cession et acquisition notamment en matière de foncier (pollution des sols).

La responsabilité contractuelle est engagée sur la base des obligations nées du contrat. Le « fait générateur », c'est-à-dire le fait à l'origine du dommage de pollution, est l'inapplication du contrat. Une des parties au contrat doit donc invoquer le préjudice né de l'inexécution totale ou partielle du contrat par l'autre partie (le cocontractant, ou débiteur) pour pouvoir soulever cette responsabilité. La spécificité de ce domaine est l'extrême souplesse qui le caractérise. Le contrat constituant la loi des parties (art. 1134 du code civil), les critères de la responsabilité peuvent en effet être librement déterminés et appliqués par les parties, dès lors qu'il n'y a pas de contradiction avec l'ordre public.

Il n'existe pas de régime de responsabilité contractuelle propre à l'environnement. Il convient alors de se référer au régime général de la responsabilité contractuelle, inséré aux articles 1146 à 1155 du code civil, en l'appliquant plus particulièrement à ce domaine.

2. Le droit de la responsabilité : des solutions curatives

La responsabilité du chef d'entreprise peut être engagée sur le plan civil et pénal.

- La mise en œuvre de la responsabilité civile a pour objectif de réparer un dommage causé à un tiers, à ses biens ou à ses intérêts. Il y a peu d'affaires engagées dans le domaine de l'environnement sur le plan de la responsabilité civile. Elles portent principalement sur des questions de pollution de l'eau et il est souvent difficile d'établir le lien de causalité entre la pollution, sa source et le dommage.

  On distingue deux types de responsabilité civile :
  - la responsabilité pour faute qui peut être engagée lorsqu'un dommage causé à autrui résulte d'un comportement illicite ;
  - la responsabilité sans faute est engagée pour les dommages causés par des choses que l'on a sous sa garde. Deux principes facilitent sa mise en œuvre :
    - les troubles de voisinage prévoient la responsabilité de celui qui, même en l'absence de faute, est à l'origine d'un trouble manifestement excessif évalué par le juge ;
    - la préoccupation est une exception à l'application de la théorie des troubles de voisinage. Les dommages causés aux occupants d'un bâtiment par des nuisances dues à des activités polluantes n'entraînent pas droit à réparation lorsque le permis de construire afférent au bâtiment exposé à ces nuisances a été demandé postérieurement à l'existence des activités les occasionnant.

- La responsabilité environnementale est une forme de responsabilité civile qui vise à réparer uniquement les dommages causés à l'environnement. Elle est prévue par une directive européenne qui, pour être applicable en droit français, doit être transposée (modification du code civil) avant le 30 avril 2007.

- La responsabilité pénale est engagée lorsqu'une infraction à la réglementation (non-respect des dispositions d'un texte de loi ou d'un règlement) est commise. Les sanctions sont alors prévues par les textes. Il n'existe pas d'incrimination générale unique pour atteinte à l'environnement. Afin de connaître les dispositions pénales applicables, il faut se référer aux différentes rubriques du code de l'environnement et aux textes d'application notamment:

  - pour les déchets,

  - pour les installations classées pour la protection de l'environnement (ICPE).

- La responsabilité pénale pèse sur les personnes physiques (le dirigeant, patron individuel, gérant ou PDG de l'entreprise ou sur le responsable d'exploitation ou préposé investi de fonctions comportant délégation de pouvoir) mais aussi sur les personnes morales (la société en tant qu'entité juridique ; exemple : l'affaire Total) qui encourent alors des peines spécifiques.

POUR ALLER PLUS LOIN

Dans le cadre du procès de l'Érika, plusieurs collectivités ont décidé de faire cause commune pour obtenir la reconnaissance du préjudice écologique. Leur objectif est d'obtenir des indemnisations supérieures au simple remboursement des frais de nettoyage et de remise en état. C'est une première en France. Il s'agit de donner toute sa force de dissuasion au principe « pollueur-payeur ». Si les tribunaux reconnaissent la responsabilité du préjudice environnemental, les sommes en jeu sont telles que la réglementation et le comportement des armateurs et des affréteurs évolueront très sensiblement. Le risque de se voir lourdement condamnés en cas d'accident conduira les différents acteurs à une plus grande responsabilité.

Jusqu'à présent, le régime d'indemnisation défini par les conventions CLC et FIPOL 92 n'assure que le remboursement du coût des frais de nettoyage et de remise en état. Le FIPOL, organisation intergouvernementale chargée d'indemniser les victimes des marées noires, s'abrite derrière l'impossible monétarisation de la nature pour ne pas prendre en compte le préjudice écologique.

3. Le rôle des associations : des solutions mixtes

En France, ce sont des associations régies par la loi de 1901 qui contribuent à révéler les problèmes dans les domaines de la protection de la nature et de l'environnement, et de l'amélioration du cadre de vie (leur vigilance s'exerce sur l'ensemble du territoire). Elles ont donc un premier rôle de prévention.

Pour renforcer leur action, elles peuvent demander l'agrément « protection de l'environnement ». Cet agrément permet à une association d'être consultée à l'occasion de l'élaboration du plan local d'urbanisme, ou du plan de sauvegarde et de mise en valeur des secteurs sauvegardés qui intéressent la commune où l'association a son siège social.

L'agrément permet également de se constituer partie civile dans un procès en cas d'infraction aux dispositions législatives et réglementaires relatives à la protection de la nature et de l'environnement, à l'amélioration du cadre de vie, à la protection de l'eau, de l'air, des sols, des sites et paysages, à l'urbanisme, ou ayant pour objet la lutte contre les pollutions et les nuisances, à condition que les faits constituant l'infraction portent un préjudice direct ou indirect aux intérêts collectifs que l'association défend. L'agrément permet enfin d'agir en réparation pour le compte de personnes ayant subi un préjudice individuel en matière d'environnement si elle a été mandatée pour ce faire. Elles ont aussi un rôle de répression.

Synthèse des développements

En définitive, il existe de multiples outils d'ordre économique ou juridique permettant de protéger efficacement l'environnement. Sur le plan économique, deux philosophies s'opposent. Une vision « réformiste » tente de gérer les externalités environnementales négatives, soit par le marché, soit par la puissance publique. Une autre thèse, celle de la décroissance, prône une redéfinition de la richesse en se basant sur des formes alternatives de développement. Sur le plan juridique, l'existence d'un droit spécial de l'environnement et l'ensemble des règles de droit commun constituent les instruments essentiels d'une meilleure protection de notre environnement.

Bilan de l'analyse

Les défis posés par l'homme lui-même à la planète imposent désormais l'instauration d'une véritable « éthique pour la civilisation technologique » au sens de Hans Jonas (*Le Principe de responsabilité*, 1995). Cela implique la reconnaissance d'un droit à l'environnement comme droit de l'homme au niveau planétaire, mais aussi l'émergence d'institutions, d'outils et de règles à la hauteur des challenges à relever.

Ouverture

Il doit en résulter un renouvellement fondamental des politiques publiques et du droit. L'entreprise ne peut pas échapper à cette logique novatrice. Nos sociétés doivent désormais être capables d'assurer les conditions d'un développement reposant sur une exigence de durabilité.

REGARD CRITIQUE

Le travail réalisé contient de très nombreuses références théoriques. Il convient de veiller à leur articulation, c'est-à-dire ne pas perdre de vue le fil conducteur de l'exposé.

Il semble également important de respecter l'équilibre entre l'économie et le droit, ainsi que de montrer quelques connaissances dans d'autres domaines comme la sociologie, voire la philosophie.

N'oubliez pas que ce sont vos propres idées qui constituent le point de départ de votre raisonnement et qui doivent vous conduire à présenter des éléments théoriques ou des exemples empiriques en relation avec votre réflexion.

Sujet 2 : la propriété intellectuelle, c'est le vol ?

Le travail suivant correspond à un exposé portant sur un thème économique, juridique et social (TEJS), traité en situation réelle en mai 2006 lors d'une phase d'entraînement (5 heures de préparation, 1 heure de présentation orale devant jury).
Le traitement de ce sujet a été réactualisé et contient des éléments récents issus de la loi du 1er août 2006 relative au Droit d'auteur et aux droits voisins dans la société de l'information (loi DADVSI).

Rappel du sujet	Le sujet s'intitule « La propriété intellectuelle, c'est le vol ? »
Apostrophe au jury	Madame la Présidente du jury, Mesdames, Monsieur, les membres du jury,
Accroche	Comme le disait Proudhon, « la propriété, c'est le vol ! » Aujourd'hui, il est possible d'interpréter de deux manières cette exclamation. D'une part, celui qui s'approprie quelque chose qui jusqu'à présent était inappropriable ou hors du commerce peut être considéré comme un voleur puisqu'il entrave la libre circulation des idées et des connaissances. D'autre part, celui qui contraint les pays émergents à se soumettre à l'Accord sur les aspects des droits de propriété intellectuelle qui touchent au commerce (ADPIC) peut également être assimilé à un voleur dans le sens où il prive une grande partie de la population d'un accès vital aux médicaments. En effet, depuis 1995, cet accord étend à tous les pays développés membres de l'OMC le système de droits relatifs à la protection des inventions, des marques, des dessins et modèles industriels et des droits d'auteurs.
Définition des termes	Aussi, la notion de vol doit ici être comprise au sens large et non au sens strict du terme comme le définit l'article 311 du code pénal : « Le vol est la soustraction frauduleuse de la chose d'autrui. » Afin de bien circonscrire le sujet, il convient de définir la propriété intellectuelle. Selon Gérard Cornu (dans son ouvrage *Vocabulaire juridique*), la propriété intellectuelle englobe la propriété littéraire et artistique, et la propriété industrielle.
Rappel historique	L'intitulé du sujet détourne la citation de Proudhon en la reformulant de manière interrogative et met en avant un débat particulièrement intéressant. Les opinions antagonistes concernant les droits de propriété intellectuelle existent depuis longtemps. Des auteurs comme Diderot, Lamartine et Hugo réclament une protection perpétuelle de leurs œuvres, alors que Brissot, puis Proudhon, s'opposent à toute revendication d'une protection perpétuelle.
Débat théorique	À l'heure actuelle, deux discours bien différents s'opposent. Le premier vise à justifier le système actuel des droits de propriété intellectuelle, qui permet au public de bénéficier des résultats de la création et qui attribue aux inventeurs une juste rémunération incitative. Si tout devient gratuit, qui voudra encore investir pour produire des œuvres originales ?

Dans ce contexte, le voleur est celui qui viole les droits du propriétaire et qui par la même occasion sape le développement de l'innovation. Dès lors, seule une extension des droits de propriété intellectuelle semble synonyme de solution efficace. D'un autre côté, certains privilégient une vision davantage proudhonnienne en considérant l'extension des droits de propriété intellectuelle comme un facteur favorisant les intérêts économiques des puissantes firmes multinationales et de leurs pays d'implantation, au détriment de l'intérêt général. Les solutions qu'ils proposent sont multiples et vont de la suppression des droits de propriété intellectuelle, en passant par l'organisation de la mutualisation des connaissances, jusqu'à la mise en place d'un système de financement public par l'impôt. Selon ce courant de pensée, il convient de miner le marché des technologies et de la création qui profite essentiellement aux grands groupes internationaux.

Délimitation du champ spatio-temporel

Notre réflexion s'appuiera sur un ensemble de théories économiques, doctrines philosophies et éléments juridiques traditionnels ou contemporains et s'étendra au niveau mondial.

Actualité du sujet

L'équilibre économique entre les différentes parties prenantes (les créateurs, les financeurs et le public), instauré par le système des droits de propriété intellectuelle, semble aujourd'hui menacé. Tout d'abord, les offices d'octroi des brevets acceptent le dépôt d'inventions insignifiantes et l'enregistrement de brevets trop étendus. À titre d'exemple, nous pouvons citer le cas de Microsoft qui, en 2004, s'est vu accorder un brevet dans le but de protéger le clic et toutes ses déclinaisons possibles, dès lors que celles-ci concernent un programme développé pour un ordinateur de poche de type assistant personnel. En 1997, Amazon a même obtenu un brevet sur sa technologie « one-click » d'achats en ligne ! Ainsi, des droits exclusifs peuvent récompenser des innovations plus proches de la découverte scientifique d'idées nouvelles que de l'invention brevetable stricto sensu.

Réflexion menant à la problématique

D'autre part, des différences existent entre le système de droits américain (l'Office américain des brevets) et le système de droits européen (l'Office européen des brevets), ce qui peut poser problème au sein d'une économie mondialisée.

De plus, de tels brevets transmettent à leurs titulaires une véritable rente de situation qui constitue un frein pour l'innovation.

Enfin, l'extension de la propriété industrielle à de nouveaux domaines (exemples : domaines du génie génétique et du génie logiciel) et à une grande majorité des pays en développement, ainsi que la révolution numérique, modifient de manière importante le compromis établi depuis plus de deux siècles entre les différentes parties intéressées à l'économie des droits de propriété intellectuelle. Effectivement, la technologie numérique permet désormais de reproduire en masse des œuvres protégées sans coût de duplication excessif et sans perte de qualité. Ainsi, cette évolution majeure soulève le problème du piratage des œuvres (contrefaçon traditionnelle des producteurs par des concurrents, mais aussi – et surtout – par des consommateurs qui, via un système d'échange gratuit de fichiers par Internet, réalisent des copies illicites et en assurent la diffusion) et fragilise l'exploitation des industries de la création principalement musicale et cinématographique. Face à la remise en cause de leur modèle économique, les compagnies du secteur de la production audiovisuelle suggèrent plusieurs solutions : poursuites judiciaires, pollution des systèmes de peer to peer (fichiers dégradés, contenant des virus, spams, fichiers mouchards ou encore vides), systèmes de cryptage qui empêchent la réalisation de toute copie et élaboration de plates-formes de téléchargement légal.

Problématique

Comment alors faire la part des choses entre, d'une part, un argument économique incitatif, et d'autre part une vision davantage éthique de partage et de défense du plus faible ?

Annonce du plan

Nous verrons dans une première partie que la propriété intellectuelle peut se justifier (I), puis, dans un second temps, nous aborderons des arguments qui la réfutent (II). Enfin, dans un souci d'équilibre entre incitation et usage, nous tenterons de montrer comment il est possible de réguler la propriété intellectuelle (III).

I. Justification de la propriété intellectuelle

Chapeau

La distribution de droits de propriété intellectuelle est justifiée dans l'analyse économique (A) mais aussi sur le plan philosophique (B).

A. Justifications économiques

L'analyse économique justifie tout d'abord l'attribution de droits de propriété parce qu'elle représente un facteur favorisant la production d'innovation. Les travaux d'Arrow (1962) sur la production de connaissances nous permettent de comprendre l'existence de brevets et de droits d'auteur. Selon lui, la connaissance est à la fois le produit d'une activité de recherche et de développement, mais aussi la matière première de travaux ultérieurs. La théorie néoclassique parle ainsi d'input et d'output.

Pour Arrow, la connaissance est, d'une part, un bien public. Un bien public se caractérise par deux éléments : la non-exclusivité et la non-rivalité (travaux de Samuelson en 1954). En effet, il semble difficile de priver les tiers étrangers de la connaissance produite (non-exclusivité). D'autre part, la connaissance est un bien indivisible dont la capacité d'usage ne diminue pas avec l'augmentation du nombre d'utilisateurs (non-rivalité). Aujourd'hui, cette non-rivalité est renforcée par des techniques grand public de numérisation. Le système du peer to peer, par le biais d'un réseau, permet à un tiers de laisser d'autres personnes utiliser sa propriété, tout en ne se privant pas soi-même de l'usage de ce même bien et en augmentant sa propre satisfaction en accédant gratuitement à d'autres biens. Dès lors, le coût de production d'une unité supplémentaire de ces biens (coût marginal) sur le réseau d'échange est nul, tant que la capacité de stockage de ce même réseau n'est pas saturée. Ainsi, les mécanismes traditionnels de fixation du prix optimal d'un bien à son coût marginal paraissent inadaptés. En effet, le modèle économique standard n'est pas conçu pour prendre en compte le développement d'une offre gratuite sur le marché !

De plus, la connaissance est un bien cumulatif : la production de nouveaux savoirs s'appuie sur les connaissances déjà accumulées. Romer considère que l'accumulation des connaissances est un facteur endogène de croissance. Il affirme que c'est en produisant qu'une économie accumule spontanément les expériences et donc les connaissances. De même, il considère que l'innovation et la recherche-développement constituent le facteur résiduel de croissance : plus les efforts de recherche-développement sont importants, plus la croissance est forte, et plus les efforts de recherche-développement peuvent être importants. Aussi, en l'absence de droits de propriété intellectuelle solides et respectés, la production de nouvelles connaissances n'est pas encouragée, ou alors, si elle l'est suffisamment, l'inventeur est incité à ne pas la divulguer par peur de la voir exploitée par d'autres, véritables « passagers clandestins » ou autres « pirates » du système.

Le domaine de la connaissance connaît une problématique majeure. En fait, un véritable dilemme provient des caractéristiques économiques des produits de l'innovation et de la création. D'une part, les activités de production de connaissances nouvelles ont un rendement social très important puisqu'elles engendrent des externalités positives et contribuent à la croissance économique (théorie de la croissance endogène). Dans ce contexte, les savoirs doivent être diffusés de la manière la plus large possible afin d'améliorer le bien-être économique global. L'idéal serait même de proposer gratuitement toute nouvelle connaissance produite ! D'autre part, le bénéfice privé du créateur est plus faible que le rendement social si la diffusion de son travail n'est pas contrôlée. À moins que les inventeurs soient vraiment philanthropes et essentiellement préoccupés par leur propre réputation, seule une exclusion des autres agents de l'usage du bien les inciterait à se lancer dans la production de nouvelles connaissances. Autrement dit, il semble impératif de permettre au créateur de couvrir l'ensemble de ses coûts de production de nouvelles connaissances en lui accordant le droit et les moyens de faire payer les utilisateurs de la connaissance produite. Mais, dès lors, l'usage de la connaissance est restreint, ce qui constitue bel et bien un dilemme.

Le système doit inciter à produire de nouvelles connaissances tout en veillant également à une diffusion de cette même production. Le régime juridique des brevets et des droits d'auteurs, couplé à des actions publiques d'incitation à la recherche (crédit d'impôt, subvention, voire étatisation complète d'une partie de la recherche), représente une solution possible et acceptable. Toutefois, seuls les droits de propriété intellectuelle se sont réellement imposés en raison de leur coût assez faible pour la collectivité et d'une inaptitude marquée de l'État à sélectionner les meilleures innovations. L'auteur possède alors un droit exclusif sur son invention ou son œuvre de l'esprit. Il est véritablement incité à investir dans la création ou la recherche puisqu'il dispose d'un droit de faire payer tous les utilisateurs intéressés. Nonobstant, le rendement social n'est pas optimal. Il y a une perte de surplus économique. Le fait de conférer un monopole, même provisoire, aux détenteurs de droits de propriété intellectuelle, implique une forme de rationnement quantitatif de l'œuvre et l'instauration de prix plus élevés qu'en situation de concurrence. Au bout d'un certain temps, l'invention et la création tombent dans le domaine public et la diffusion des connaissances s'opère, stimulant l'ensemble de l'économie.

La distribution des droits de propriété intellectuelle permet une meilleure allocation des ressources en savoirs. En effet, les droits de propriété intellectuelle accordent à l'inventeur un droit de disposer librement de sa chose, ce qui facilite les échanges. L'innovation fonctionne alors comme un marché, ce qui permet une meilleure division du travail et une exploitation des avantages comparatifs des différents intervenants. Un rapide balayage des inventions existantes oriente les nouvelles recherches puisque le simple achat d'un brevet ou d'une licence d'exploitation transfère à l'acquéreur l'ensemble des connaissances souhaitées.

La libre cession des droits de propriété sur le marché des technologies garantit, sur le plan théorique, que l'actif soit utilisé par celui qui le valorise le mieux.

POUR ALLER PLUS LOIN

La réglementation en vigueur, notamment en France, prévoit qu'un brevet non exploité puisse être cédé par décision de justice à un tiers intéressé. Le code de la propriété intellectuelle prend en compte l'intérêt général. Le TGI peut délivrer à toute personne qui en fait la demande une licence obligatoire si, sans excuse légitime, le titulaire n'a pas pendant trois années exploité ou commencé d'exploiter son brevet.

Dès lors qu'une entreprise innovante est dépourvue de moyens suffisants pour développer son invention, elle a intérêt à céder son brevet. Ainsi, en l'absence de coûts de transaction (coûts de négociation, d'exécution et de contrôle des contrats), les innovations seraient toujours utilisées par ceux qui les valorisent le mieux. L'instauration d'un marché de la technologie se justifie par une augmentation de l'efficience économique, comme le souligne Coase à travers son théorème (1960). Il montre la possibilité de résoudre le problème des externalités en organisant des transactions directes entre les parties concernées. Pour lui, il semble possible d'éviter la solution traditionnelle (intervention de l'État) avec un résultat au moins aussi bon. L'État doit se contenter d'attribuer des droits de propriété clairement délimités pour les ressources concernées par les externalités (comme les connaissances dans notre cas), ces droits devenant alors des marchandises comme les autres. Cette solution par le marché permettrait de parvenir, comme en concurrence parfaite, à une situation efficiente (selon le critère de Pareto). Toutefois, l'hypothèse d'absence de coûts de transaction paraît irréaliste et peut empêcher les échanges de droits. Effectivement, lorsque les coûts de transaction sont supérieurs au gain de l'échange, la transaction n'a pas lieu et prive la société d'une meilleure allocation des ressources.

Transition

Comme nous pouvons le constater, de multiples arguments économiques justifient la propriété intellectuelle. Des justifications philosophiques renforcent également ce point de vue.

B. Justifications philosophiques

La doctrine utilitariste des droits de propriété, héritée des travaux de Bentham, soumet ces droits à leur utilité sociale. La propriété tire sa légitimité de son efficacité économique. Cette position est défendue par Dupuit, contre la plupart des économistes libéraux de l'époque. Dans la lignée de Pascal, Montesquieu et Mirabeau, il rejette l'idée d'une propriété résultant d'un droit naturel antérieur à la loi. La propriété est une construction sociale dont l'origine doit être recherchée dans son utilité sociale. Il apparaît sous cet angle comme un des précurseurs de l'économie du bien-être : « *Le but de la société est le bien-être des membres qui la composent. Elle ne peut exister qu'en vertu de certaines lois ou conventions […]. Le principe de ces conventions, c'est de procurer la plus grande somme de bien-être à l'universalité de chacun de ses membres. Quand les choses sont ainsi réglées, personne n'a le droit de se plaindre, attendu que, quelle que soit sa part, elle ne pourrait être augmentée qu'en diminuant la richesse générale de beaucoup plus qu'il n'aurait à recevoir […].* » Le vrai fondement de la propriété, c'est l'utile. Et c'est donc sous l'angle de cette utilité que doit être débattue la question de la propriété intellectuelle. Aussi, selon lui, la règle qui doit dicter les caractéristiques du système de droit d'auteur est l'utilité sociale.

Dupuit sera suivi par Walras. Cette doctrine a inspiré la législation américaine comme l'atteste un rapport du House Committee de 1909 : « *Le copyright est accordé de premier chef non pas au bénéfice de l'auteur mais au bénéfice du public (…). En promulguant la loi sur le copyright, le Congrès doit envisager deux questions : premièrement, dans quelle mesure la loi stimulera-t-elle le producteur et quel en sera le bénéfice pour le public ; et, deuxièmement, en quoi le monopole conféré à l'auteur pénalisera-t-il le public ?* »

Proudhon a vivement critiqué cette approche utilitariste.

Selon Locke, la propriété intellectuelle se justifie pour d'autres raisons. Pour lui, l'homme, avant toute institution politique, a des droits, qui découlent de sa nature. Il a le droit de vivre et de subvenir à ses besoins. Pour cela, il met en œuvre ses capacités : il travaille. Or, chacun étant propriétaire de soi-même, chacun l'est aussi du fruit de son travail, où il a mis de lui-même. Sans le droit de propriété, fondé sur le travail, le droit de vivre ne serait qu'un vain mot. Ainsi, la propriété est originairement individuelle et non sociale. Elle n'est donc pas soumise à des limites comme chez Saint-Thomas. C'est plutôt l'ordre social qui doit respecter son libre essor. La propriété des uns n'appauvrit pas les autres mais, par la fructification et ses retombées, elle enrichit tout le monde. Les hommes sont tous libres de travailler, de poursuivre l'exploitation de la terre, et d'accumuler des propriétés. La justice sociale consiste à garantir la propriété. Elle est réalisée quand les échanges sur le marché sont faits avec le consentement des parties.

Transition

Avec des aspects différents, certaines doctrines philosophiques semblent pouvoir justifier la propriété intellectuelle. Sur le plan économique, certains travaux, issus par exemple de la théorie de la croissance endogène ou de celle des externalités, défendent la propriété intellectuelle. Nonobstant, comme nous l'avons vu précédemment, l'existence de coûts de transaction peut empêcher des échanges de droits. L'amélioration de l'efficience allocative nécessite alors que des mesures soient prises pour réduire les coûts de transaction. Or, la tendance actuelle ne va pas dans ce sens. Examinons maintenant les dérives récentes qui concourent finalement à une réfutation de la propriété intellectuelle.

II. Réfutation de la propriéte intellectuelle

Chapeau

Deux grandes familles d'arguments alimentent la réfutation de la propriété intellectuelle. Tout d'abord, un ensemble de critiques découlent des inégalités d'accès aux biens protégés (A). De plus, certaines doctrines attaquent la légitimité même de la propriété intellectuelle (B).

A. Critiques découlant des inégalités d'accès aux biens protégés

La mise en place d'un régime juridique de la propriété intellectuelle, par le biais de l'utilisation des brevets et des droits d'auteur, vise à fournir une solution socialement acceptable au dilemme de la connaissance. Il paraît primordial d'inciter fortement la production de connaissances en raison de leur appartenance aux biens publics. Ainsi, le renforcement des droits se justifie pleinement dès lors que le processus de création engendre de lourds investissements, de multiples facteurs de risque, des aléas quant aux résultats des recherches menées et d'importantes retombées sociales. Toutefois, la distribution de droits de propriété exclusifs ne doit pas bloquer le processus d'innovation. Deux situations majeures peuvent être relevées : une trop grande privatisation des savoirs freine la circulation des connaissances, et la maîtrise d'une technologie innovante semble souvent nécessaire pour l'élaboration de nouvelles recherches ou autres exploitations.

Depuis plus de quinze ans, les dépôts et la délivrance de brevets sont en forte augmentation. Cette tendance s'explique par le fait que la connaissance est devenue une variable stratégique pour les entreprises. L'obtention d'un brevet génère des revenus par le biais de la cession de licences. Dès lors, les firmes sollicitent à tout va les offices d'octroi des brevets en élargissant leur champ d'action en s'attaquant à de nouveaux domaines de recherches, comme les logiciels ou le vivant.

Même certaines politiques publiques, comme celles mises en place aux États-Unis, encouragent les laboratoires et universités à déposer des brevets. Une logique mercantile remplace celle du savant philanthrope. Mais les défaillances de l'économie de marché diminuent le bien-être.

En effet, le brevet peut ralentir la dynamique d'innovation. D'une part, de nombreuses innovations sont complémentaires et d'autre part, elles sont cumulatives. La complémentarité des innovations oblige les créateurs à négocier avec chacun des propriétaires d'un savoir ou d'une fraction d'innovation, ce qui augmente nettement les coûts de transaction et traduit bien un phénomène de sous-exploitation de la ressource disponible en connaissance. Le processus d'innovation est victime ici de la tragédie des anti-communaux décrite par Heller et Eisenberg en 1998. Lorsque plusieurs acteurs sont détenteurs d'une ressource rare, ils ont le pouvoir de s'exclure mutuellement de l'accès à la ressource. Dès lors, l'exercice des droits de propriété intellectuelle en situation de concurrence conduit à une utilisation sous-optimale de la ressource commune. Les firmes agissent de la sorte ! Souvent, elles déposent un brevet dans le seul but de ralentir l'effort de recherche des concurrents. L'homologation de brevets très étendus renforce encore ce phénomène. Lorsque les innovations sont cumulatives, les coûts d'accès à la connaissance augmentent. Les innovations résultent les unes des autres, ce qui soulève le problème du partage des incitations à innover. Faut-il exclusivement récompenser le premier inventeur au risque de décourager les innovations ultérieures ? Ou alors, est-il préférable d'accorder des droits au second innovateur au risque de léser le premier ?

Pire encore, lorsqu'une innovation constitue un élément moteur de toutes nouvelles recherches, la détention de droits sur une innovation située en amont du processus confère à son propriétaire une position de force. Face aux coûts du « passage obligé » par cette innovation motrice, certains décideurs peuvent purement et simplement abandonner leurs nouvelles recherches au détriment du bien-être économique global. Les travaux de Green et Scotchmer en 1995 illustrent ces propos en définissant des modèles économiques appelés modèles de hold-up.

POUR ALLER PLUS LOIN

Un tel problème existe dans le domaine de la recherche, puisqu'une appropriation exclusive des résultats de la recherche fondamentale peut créer une barrière à leur utilisation qui ralentit le processus d'innovation. À titre d'exemple, nous pouvons citer le cas d'un organisme privé américain, l'Eusat, qui s'est vu attribuer un monopole d'exploitation des images de la Terre par satellite. Le coût des images a été multiplié par dix et a inéluctablement stoppé toute recherche qui était liée à ce domaine.

Enfin, la course au brevet gaspille en quelque sorte les ressources existantes. En général, la concurrence stimule l'effort de recherche des firmes. Mais, à y bien regarder, la perspective d'un monopole encourage tellement d'innovateurs à se lancer dans des projets de recherche similaires que cela occasionne des pertes de ressources, puisque un seul d'entre eux est gagnant !

Transition

Nous venons d'analyser un ensemble de critiques qui traduisent des inégalités d'accès aux biens protégés. D'autres critiques visent à remettre en question la légitimité même de la propriété intellectuelle.

B. Critiques attaquant la légitimité même de la propriété intellectuelle

Nous avons vu tout à l'heure que la connaissance est un bien cumulatif. La production de nouveaux savoirs repose largement sur les savoirs déjà accumulés. Newton disait que « *nous sommes des nains grimpés sur des épaules de géants* ». Rien n'est donc possible sans les recherches antérieures et les travaux des prédécesseurs. Dans ce cadre, la propriété intellectuelle empêche le progrès puisqu'elle limite la divulgation des connaissances produites. Sa légitimité semble donc ici remise en cause.

La thèse du « patrimoine commun de l'humanité » s'oppose à cette même légitimité de la propriété intellectuelle. En effet, dans les années 1970, la notion d'humanité s'émancipe de sa connotation purement morale et s'habille d'une signification matérielle, d'une signification économique. À l'alternative classique entre liberté et exclusivisme étatique, le droit international préfère la voie du patrimoine commun de l'humanité et s'inscrit de ce fait dans un mouvement de renouveau de la production normative internationale, caractérisé par la mise en œuvre de valeurs de solidarité et de justice entre les peuples. La communauté des intérêts et des bénéfices de l'humanité conduit impérieusement à la notion de patrimoine commun de l'humanité, notion dont la nature n'est pas philosophique mais juridique. Cette thèse stipule que les innovations doivent être partagées pour le bien de tous, et que le transfert des technologies doit se faire de telle sorte que l'ensemble des populations puisse en bénéficier. Il semble nécessaire d'envisager l'introduction de la notion de patrimoine commun de l'humanité au niveau international dans la mesure où, à l'instar de toutes nouvelles activités, l'extension horizontale des connaissances et des perspectives d'exploitation, du fond des mers jusqu'aux étoiles, d'aujourd'hui et de demain, conduit au développement ou à l'amélioration d'anciennes notions et au développement de nouvelles. En ces termes, toute forme de propriété intellectuelle serait contraire à cette thèse du patrimoine commun de l'humanité.

Transition

Ainsi, en fonction de divers arguments, la propriété intellectuelle peut être encouragée ou alors remise en cause. Les risques liés à une appropriation excessive des connaissances ne justifient pas l'abolition de la propriété intellectuelle, mais nécessitent plutôt de nouveaux moyens de gestion de ces droits. Comment alors réguler la propriété intellectuelle ?

III. Comment alors réguler la propriété intellectuelle ?

Chapeau

Nous assistons à l'émergence de nouvelles solutions de régulation. Premièrement, une régulation du système des brevets s'impose, afin d'éviter l'existence d'un contexte concurrentiel peu propice au développement de l'innovation (A). Dans un second temps, nous nous intéresserons plus précisément au cas français qui met en place un cadre légal et une autorité de régulation (B).

A. la mise en place d'une régulation du système des brevets

En matière de brevets, l'augmentation des coûts de transaction pose problème. En effet, les coûts de négociation, de surveillance ou de conflits judiciaires s'accroissent. Le marché est donc défaillant et l'échange paraît souvent peu profitable à ses parties prenantes. Aussi, l'existence de ces coûts de transaction peut justifier une intervention publique. L'objectif est d'élaborer un modèle partagé des idées et des théories, dans lequel peuvent librement puiser, sans coûts, tous ceux qui pensent pouvoir en tirer parti. L'action de l'État peut ici prendre trois directions différentes :

— intervention directe de l'État : l'État finance des laboratoires de recherche et des universités qui fonctionnent selon un modèle de science ouverte. Toutefois, à l'heure actuelle, le domaine public de la connaissance ne représente pas un élément moteur ;

— création d'institutions indépendantes de régulation de l'accès aux droits comme par exemple des associations d'auteurs (exemple : la Sacem) ;

— incitation aux initiatives privées des entreprises qui mettent en commun leurs brevets par la négociation de licences croisées, ainsi qu'à la création de pools d'entreprises qui mettent en commun leurs brevets dans le but de créer un standard commun, et à la formation de consortiums de recherches entre agents complémentaires.

Ces moyens d'action possèdent un point commun. Ils visent tous à réduire les coûts de transaction en facilitant la tâche des utilisateurs qui n'ont plus à négocier séparément avec les multiples détenteurs d'une parcelle de droits de propriété.

Nonobstant, même si la mutualisation des connaissances comporte des avantages, elle possède aussi de nombreux risques. D'un côté, les entreprises accélèrent la diffusion des connaissances au sein du réseau et, de l'autre, elles peuvent être à l'origine de l'émergence de cartels de secteurs entiers du savoir et par là même du ralentissement de la diffusion des innovations existantes ou du développement d'une autre innovation. Microsoft a été condamnée à payer une amende de 497 millions d'euros pour abus de position dominante. En effet, certains concurrents avaient déposé un recours devant la Commission européenne en raison du refus de Microsoft de divulguer des informations protégées par le droit d'auteur. Une telle opposition empêchait toute possibilité aux concurrents de commercialiser leurs propres logiciels fonctionnant avec le système d'exploitation Windows de Microsoft.

Une idée intéressante figure dans un rapport du Conseil d'analyse économique au sujet de la propriété intellectuelle. Placé auprès du Premier ministre français, ce Conseil a pour mission « d'éclairer, par la confrontation des points de vue et des analyses, les choix du gouvernement en matière économique ». Il suggère de soumettre les instances qui accordent ou refusent les brevets à une régulation de la concurrence. Dès lors qu'un brevet crée un monopole, il semble opportun d'en analyser les conséquences en termes de bien-être. En fait, il s'agit de transposer le système de régulation de l'accès aux infrastructures essentielles au fonctionnement du service public à la connaissance. Théoriquement, cette proposition émane du concept juridique appelé « facilités essentielles » qui a été transposé en économie. La détention d'une facilité essentielle peut créer un abus de position dominante. Pour qu'il y ait facilité essentielle, deux caractéristiques bien précises sont requises :

– la firme dite « dominante » doit posséder un input dont les concurrents ont besoin pour pénétrer le marché et qu'ils ne peuvent pas produire par des moyens raisonnables ;

– l'accès à la facilité essentielle doit être indispensable pour l'exercice de l'activité du demandeur et afin d'instaurer une concurrence réelle sur le marché.

Par conséquent, le détenteur des droits sur une facilité essentielle (infrastructure publique ou droit de propriété intellectuelle) peut être contraint de céder un droit d'accès ou une licence en échange d'une juste rémunération. Dans le cas des services publics de réseau, le régulateur fixe le prix de l'accès à l'infrastructure de telle sorte que ce prix crée à la fois les conditions d'une concurrence entre plusieurs opérateurs et permette de rentabiliser l'infrastructure du réseau. En matière de brevets, un organisme ad hoc fixe le prix de la licence obligatoire. Ainsi, les procédés qui limitent l'accès à la connaissance sont réduits, la mise en place d'un standard commun est facilitée et la rémunération du détenteur du droit de propriété paraît satisfaisante pour les parties prenantes.

Malheureusement, un tel système comporte lui aussi ses problèmes. En effet, une asymétrie d'information existe alors entre le régulé et le régulateur au sujet de la valeur sociale de l'innovation et des coûts de développement supportés par l'innovateur. Le régulé a bien entendu intérêt à surévaluer la valeur sociale de l'innovation et ses coûts de développement ! Comment le régulateur doit-il s'y prendre pour fixer un juste coût d'accès à l'innovation ? Cela semble délicat lorsque l'on sait combien il est complexe de mesurer la contribution à l'amélioration du bien-être collectif de l'innovation. Un prix trop élevé dissuaderait les futurs créateurs, alors qu'un prix trop bas pourrait engendrer la production d'innovations pas toujours pertinentes.

Transition

Comme nous pouvons le constater, des solutions alternatives existent, mais tout système possède ses carences. La France a toutefois le mérite de proposer des pistes intéressantes comme celles issues des travaux du Conseil d'analyse économique. D'autres dispositions légales ou organisationnelles vont renforcer ce point de vue.

B. Le choix français : un cadre légal et une autorité de régulation

Face à la commercialisation à grande échelle de copies illégales de CD et à la concurrence du peer to peer, la loi relative au droit d'auteur et aux droits voisins dans la société de l'information (loi DADVSI du 1er août 2006) entérine les différentes solutions proposées par les grandes firmes de l'industrie du disque (action répressive, pollution massive des système de peer to peer, pose de verrous, plates-formes de téléchargement légal, etc.).

Cette loi couvre un champ très vaste et contient de nouvelles dispositions. Elle conserve le caractère délictuel des échanges de fichiers en peer to peer en légitimant les mesures techniques de protection des œuvres originales (code d'accès à l'œuvre, cryptage, brouillage et tatouage). Elle abandonne la solution de la licence globale qui était à un moment donné au centre du débat. Aussi, cette loi renforce le monopole d'exploitation des auteurs et de leurs ayants droit. L'innovation est protégée par le droit d'auteur mais désormais également par des mesures techniques de protection. Les personnes contournant les moyens techniques de protection sont pénalement responsables (peine d'emprisonnement et/ou d'amende). Le rôle attribué à ces moyens techniques de protection est de rétablir les caractéristiques de rivalité et d'exclusion mises à mal par les nouvelles techniques de reproduction des supports numérisés afin de permettre une distribution numérique des œuvres garantissant les droits de propriété.

POUR ALLER PLUS LOIN

Toutefois, là encore, des problèmes de compatibilité entre les différentes mesures de protection technique existent. Dans certains cas, le consommateur ne peut pas lire les œuvres numérisées achetées légalement sur l'ensemble des supports qu'il a à sa disposition. Le consommateur peut donc être plus ou moins lésé. La FNAC a, par exemple, opté pour le système de protection de Microsoft. Ainsi, les œuvres téléchargées sur la plate-forme de téléchargement légal de la FNAC ne sont lisibles que sur des équipements compatibles avec Windows et sont totalement incompatibles avec le système d'exploitation d'Apple. De même, les mesures techniques de protection peuvent remettre en question le droit à la copie privée. Par conséquent, le consommateur ne peut plus jouir de son bien comme il l'entend, ce qui paraît paradoxal !

De plus, à une concurrence par le produit se greffe une concurrence nouvelle. Effectivement, chaque entreprise souhaite étendre son standard de protection afin de créer des effets de réseau et imposer son mode de protection technique. Dans ce contexte, nous pouvons redouter une domination du plus puissant qui dispose d'importantes capacités financières lui permettant de développer les protections les plus performantes. Ces moyens techniques de protection constituent finalement des obstacles à l'entrée sur le marché et par là même des facteurs favorisant la formation d'une position dominante.

Pour réguler les conséquences de la mise en place de moyens techniques de protection, la loi DADVSI crée une Autorité de régulation des mesures techniques de protection (ARMTP). Le fonctionnement de cette nouvelle autorité administrative indépendante sera régi par le décret du 4 avril 2007, qui a été publié au *Journal Officiel* du jeudi 5 avril 2007. Sa mission est de régler les conflits relatifs à l'adoption de mesures techniques de protection qui pourrait porter préjudice au droit à copie privée ou au principe de l'interopérabilité, c'est-à-dire la possibilité de lire des œuvres numériques sur des supports multiples. Cette instance est aussi chargée de veiller aux pratiques anticoncurrentielles et, dans ce cadre, elle doit collaborer avec le Conseil de la concurrence.

Synthèse des développements

Le compromis aménagé par le système des droits de propriété intellectuelle depuis plus de deux siècles semble aujourd'hui menacé, et avec lui le bien-être économique et social. Pourtant, autant économiquement que philosophiquement, la propriété intellectuelle peut se justifier. Elle incite à la création et alloue de manière efficiente les ressources en savoirs. De même, la propriété est une construction sociale dont l'origine doit être recherchée dans son utilité sociale ; elle correspond aussi à une forme d'appropriation du fruit de son travail.

Des arguments réfutent cette même propriété intellectuelle. Elle crée des inégalités d'accès aux biens protégés. Le processus d'innovation est ralenti par le brevet, et la course aux brevets conduit à un gaspillage de ressources. Quelque part, la légitimité de la propriété intellectuelle est remise en cause. Rien n'est possible sans le travail des autres. Le créateur semble véritablement inciter à partager ses innovations selon la thèse du patrimoine commun de l'humanité.

Bilan de l'analyse

Cependant, il faut souligner que sur un plan empirique nous assistons à la remise en question de ce fragile équilibre entre incitation et usage. De nouvelles régulations s'imposent afin de restaurer un compromis durable. C'est l'objectif ambitieux que cherche à atteindre la loi DADVSI.

Thème économique, juridique et social (TEJS)

> **Ouverture**
>
> L'instauration d'une Autorité de régulation des mesures techniques de protection constitue un rouage essentiel de cette recherche d'un nouvel équilibre entre les différentes parties prenantes.
>
> En définitive, ni la remise en cause du système des brevets, ni la gratuité ne paraissent souhaitables. La clé du système semble résider dans la mise en place de nouvelles formes de régulation équilibrées entre incitation et usage, et contribuant durablement au bien-être économique et social. Affaire à suivre…

REGARD CRITIQUE

Là encore, ce sujet d'entraînement paraît bien étoffé. Vous pouvez constater qu'il nécessite des connaissances pointues dans certains domaines. Toutefois, avant d'étudier dans le détail certains points du programme, il semble préférable de se constituer de solides bases sur l'ensemble des thèmes d'actualité. Aussi, une pratique régulière de veille informationnelle est essentielle (exemple : un candidat mal informé pourrait ne pas connaître la loi DADVSI).

Sujet 3 : politiques de l'emploi et chômage en France.

Le travail suivant correspond à un exposé portant sur un thème économique, juridique et social (TEJS), traité en situation réelle (5 heures de préparation, 1 heure de présentation orale devant jury). Ce sujet a été donné à l'Agrégation externe en juin 2006.
Ma prestation a obtenu la note de 13/20 (la moyenne de l'épreuve s'est élevée à 7,3 ; seuls 28 % des candidats admissibles ont obtenu une note supérieure ou égale à 10/20).

Rappel du sujet — Le sujet s'intitule « Politiques de l'emploi et chômage en France ».

Apostrophe au jury — Madame la Présidente du jury, Mesdames, Monsieur les membres du jury,

Accroche — Selon la déclaration universelle des droits de l'Homme (1948), dans son article 23, « toute personne a droit au travail, au libre choix de son travail, à des conditions équitables et satisfaisantes de travail et à la protection contre le chômage. Tous ont droit, sans aucune discrimination, à un salaire égal pour un travail égal. »

Les relations liées à l'emploi respectent-elles aujourd'hui en France le contenu de cet article ?

Actualité du sujet

L'ampleur du chômage est très importante : 2 300 000 chômeurs, soit environ 9,7 % de la population active (chiffres 2006). Les pouvoirs publics ne peuvent pas rester indifférents.

Rappel historique

Déjà, le président Pompidou craignait une explosion sociale si le nombre de chômeurs dépassait un million. La nécessité de combattre semble donc une revendication unanime. L'État s'est impliqué très tôt dans la lutte contre le chômage : création en 1958 d'un régime d'assurance-chômage (Unedic, Assedic) et en 1967 de l'ANPE. Depuis 1970, plus de 30 millions de personnes ont bénéficié de quelques-uns des 75 dispositifs constituant les politiques de l'emploi.

Définition des termes

Par politiques de l'emploi, on entend l'ensemble des instruments spécifiques dont se sont dotés les pouvoirs publics pour améliorer la situation de l'emploi ou atténuer certaines des conséquences du sous-emploi. Plus précisément, le champ des politiques de l'emploi est très important. Il recouvre six domaines différents : les comportements d'activité, l'emploi, la qualification des actifs, l'employabilité, la gestion de la main-d'œuvre, les parcours individuels. Un des objectifs majeurs des politiques de l'emploi est de diminuer le chômage.

Selon le Bureau international du travail (BIT), le chômage est une situation dans laquelle les personnes sont :
– sans emploi ;
– à la recherche d'un emploi ;
– disponibles pour occuper un emploi.

NB : cette définition n'implique aucune inscription à l'ANPE ; la personne qui n'a travaillé qu'une heure n'est pas comptabilisée en tant que chômeur ; il faut être prêt à travailler dans les 15 jours.

L'efficacité des politiques de l'emploi peut donc se mesurer par la baisse du taux de chômage. Deux mesures du chômage semblent essentielles :
– celle effectuée par l'Insee, appelée enquête emploi, c'est-à-dire une enquête annuelle auprès de 67 000 ménages représentatifs. Cette enquête mesure le chômage en calculant la population sans emploi à la recherche d'un emploi (PSERE). Il s'agit de la seule méthode en conformité avec les normes internationales en vigueur ;

– celle effectuée par le ministère du Travail qui mesure le nombre de demandeurs d'emploi en fin de mois (DEFM) inscrits à l'ANPE. Il s'agit d'une mesure mensuelle.

Délimitation du champ spatio-temporel

Le sujet sera traité en France, à l'époque actuelle. Toutefois, nous tiendrons compte des prises de position des pays étrangers et nous raisonnerons dans un contexte d'économie ouverte. En effet, les comportements des pays étrangers peuvent avoir des effets sur l'efficacité des politiques de l'emploi mises en place par les pouvoirs publics en France.

Débat théorique

Aujourd'hui, les politiques de l'emploi sont l'objet de débats. N'assistons-nous pas à une profonde mutation des politiques de l'emploi ? Pouvons-nous mesurer l'efficacité de ces politiques de l'emploi (le budget de l'emploi était d'environ 2 milliards d'euros en 2005) ?

Réflexion menant à la problématique

Un constat s'impose : le chômage peine à être stoppé bien qu'il représente un des objectifs majeurs des politiques de l'emploi. Les politiques de l'emploi sont-elles véritablement efficaces pour faire baisser le chômage en France ? Comment rendre les politiques de l'emploi plus efficaces ?

Problématique

Les enjeux actuels résident dans la capacité des pouvoirs publics à trouver des moyens d'action pertinents. Peut-on réduire le chômage par la baisse du coût du travail ? Les politiques de l'emploi doivent-elles augmenter la durée du travail pour diminuer le chômage en France ?

Annonce du plan

Nous verrons donc, dans un premier temps, que l'efficacité des politiques de l'emploi semble limitée (I) – par rapport à la baisse du taux de chômage. Puis, nous tenterons de montrer comment rendre les politiques de l'emploi plus efficaces (II).

I. L'efficacité des politiques de l'emploi semble limitée

Chapeau

Les pouvoirs publics utilisent deux moyens d'actions habituels : les politiques de l'emploi dites passives, en direction de l'offre de travail (A) et les politiques de l'emploi dites actives, en direction de la demande de travail (B). Toutes deux ont pour but de diminuer le taux de chômage.

A. Des politiques de l'emploi passives aux effets restreints

1. Une indemnisation du chômage nécessaire mais inefficace

Ces politiques mettent en place un traitement social du chômage. Leur objectif est d'éviter les effets récessifs des pertes d'emplois, essentiellement la baisse de la demande. Le système français d'indemnisation du chômage se base sur une logique d'assurance. Aussi, un réel problème se pose en fonction du niveau d'indemnisation et du phénomène d'aléa moral. En effet, si le montant d'indemnisation est trop important alors les chômeurs ne sont pas incités à rechercher un emploi. Selon les économistes néo-classiques, plus l'écart entre le niveau d'indemnisation et le salaire minimum est faible, plus l'incitation à demeurer au chômage est forte.

2. Une réduction possible de l'offre de travail aux effets secondaires

Il s'agit de réduire le volume de la population active (environ 27 millions aujourd'hui). Plusieurs mesures permettent d'aller dans ce sens :

– une baisse de l'âge de la retraite peut créer un appel d'air sur le marché du travail, mais également augmenter le poids des retraites et aggraver le problème de leur financement ;

– une limitation de l'immigration, mais disposons-nous de toutes les compétences ?

– une incitation à quitter le marché du travail en développant les aides familiales, mais une telle politique familiale n'est-elle pas en contradiction avec notre modèle de société ?

– une volonté de retarder l'arrivée des jeunes sur le marché du travail, mais améliorons-nous l'adéquation de l'offre de travail à la demande de travail en augmentant la durée de scolarisation ?

Autrement dit, s'il semble possible de réduire le taux de chômage à court terme, de nombreuses interrogations pèsent quant aux effets pervers de certaines mesures sur les moyen et long termes.

3. Le partage du travail : une solution mathématique inopérante

Si 20 millions de personnes travaillent 35 heures au lieu de 39 heures, alors 80 millions d'heures sont libérées, soit plus de 2 millions d'emplois possibles (loi Aubry). Cependant, dans la réalité, la baisse du temps de travail ne conduit pas, dans de nombreux cas, à l'embauche de nouveaux salariés. En effet, le travail n'est pas parfaitement divisible et les salariés en place font le même travail qu'avant en un temps réduit.

B. Des politiques actives de l'emploi aux effets insuffisants

1. Une baisse insuffisante du coût du travail

Selon les économistes néo-classiques, la baisse du coût du travail permet d'améliorer la compétitivité des entreprises. Aussi, selon eux, une réduction du SMIC, voire son abandon permettrait de réduire le chômage. Cette idée peut être explicitée par le schéma ci-dessous :

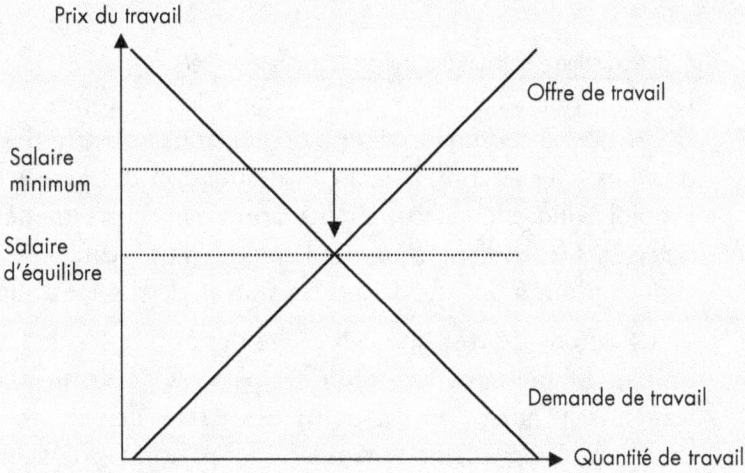

Situation d'équilibre partiel sur le marché du travail

Ce schéma présente la fameuse « croix marshallienne » traduisant une situation d'équilibre partiel, c'est-à-dire sur un marché, ici le marché du travail. L'offre de travail est une fonction croissante du prix du travail, c'est-à-dire que plus le salaire est élevé, plus les individus sont incités à travailler. De même, la demande de travail est une fonction décroissante du prix du travail, c'est-à-dire que plus le salaire est faible, plus les entreprises sont encouragées à embaucher. La confrontation de ces deux fonctions nous permet d'établir une situation d'équilibre sur le marché du travail, c'est-à-dire une situation dans laquelle il n'y a pas de chômage à un certain niveau de salaire. Aussi, comme le salaire d'équilibre se situe en dessous du SMIC, les économistes néo-classiques préconisent de réduire le montant du salaire minimum, voire même de le supprimer. Cette idée théorique paraît empiriquement difficilement réalisable, eu égard aux problèmes sociaux qu'elle susciterait.

2. Une amélioration du fonctionnement du marché du travail insuffisante
L'inadéquation de l'offre à la demande de travail semble incontestable, malgré l'augmentation du volume de formation professionnelle. À l'heure actuelle, de nombreux emplois de serveurs, de cuisiniers, d'ouvriers du bâtiment, etc., ne sont pas pourvus. Dès lors, il faudrait rendre les salariés davantage flexibles, tant sur plan professionnel que géographique. On parle dans ce contexte d'amélioration de la flexibilité qualitative des salariés.

3. Une création d'emplois particuliers aux effets pervers
Le droit joue ici un rôle prépondérant. De multiples contrats visent à favoriser une certaine catégorie de personnes. À titre d'exemples, nous pouvons citer le contrat jeune, à destination des jeunes ou le Contrat Emploi Solidarité (CES), à destination des chômeurs de longue durée ou âgés. Cependant, favoriser l'emploi d'une catégorie de personnes peut conduire à un effet de substitution au détriment d'autres catégories.

Transition

Nous venons de voir que l'efficacité des politiques de l'emploi semble limitée. D'une part, les politiques passives de l'emploi ont des effets restreints. D'autre part, les politiques actives de l'emploi ont des effets insuffisants. Comment alors rendre les politiques de l'emploi plus efficaces pour conduire à une baisse du taux de chômage ?

II. Comment rendre les politiques de l'emploi plus efficaces ?

Chapeau

Plusieurs solutions contemporaines existent (A). Elles méritent d'être présentées dans un premier temps. D'un autre côté, il convient de souligner l'action des politiques économiques globales (B) puisque toute politique de l'emploi actuelle semble liée aux politiques économiques globales.

A. Solutions contemporaines envisageables

1. Baisser de manière significative le coût du travail
L'objectif numéro 1 de nombreux gouvernements de pays européens réside dans une forte diminution du taux de chômage. En ne jouant pas sur les salaires (ce qui est particulièrement difficile et principalement en

France) mais sur les cotisations patronales, il est possible de réduire le coût du travail. Ainsi, cette baisse du coût salarial peut susciter l'embauche. De nombreuses petites entreprises artisanales ont des carnets de commande bien remplis et embaucheraient si le coût du travail diminuerait de manière assez importante.

2. Travailler plus

Les entreprises françaises subissent une forte concurrence des entreprises étrangères. En améliorant leur compétitivité, elles augmenteraient leur profit, et par ce biais leur investissement, puis leur production et surtout le nombre d'emplois proposés. Le rôle du droit est ici primordial. En augmentant le contingent d'heures supplémentaires autorisé par salarié, la flexibilité quantitative du travail serait renforcée. Face à des concurrents chinois ou indiens, il paraît urgent d'accroître notre compétitivité.

3. Améliorer considérablement le fonctionnement du marché du travail

Tout d'abord, il est nécessaire de favoriser la formation (initiale et continue), mais en veillant à l'adéquation entre l'offre et la demande de travail. La loi Fillon sur la formation tout au long de la vie et le dialogue social alloue 20 heures de formation par an et par salarié au titre du DIF (Droit individuel à la formation) et complète ainsi le Congé individuel de formation (CIF) déjà existant. Son objectif est de développer les compétences des salariés pour augmenter leur employabilité.

Ainsi, il faut répondre aux besoins des entreprises et non pas former des individus dans certaines filières alors même que peu de perspectives d'emplois existent ! Est-il alors pertinent de vouloir que 80 % d'une classe d'âge atteigne le niveau du baccalauréat (loi Jospin) alors que des emplois ne sont pas pourvus dans des domaines qui ne requièrent pas nécessairement des études longues (métiers de l'hôtellerie et de la restauration, ouvriers du bâtiment, etc.) ?

Enfin, la Cour des Comptes a récemment publié un rapport spécifiant que l'existence de l'ANPE et de l'Assedic était critiquable et peu pertinente, et qu'il serait plus judicieux, dans une recherche de performance, d'élaborer un organisme unique de recherche d'emplois et d'indemnisation du chômage.

B. L'action des politiques économiques globales

1. Les politiques de l'emploi semblent liées aux politiques économiques globales

Le chômage résulte de la crise économique. Face à ce fléau, les gouvernements de nombreux pays comme la France ont mis en place des politiques économiques globales visant à réduire le chômage, mais aussi à résorber la récession. Plusieurs économistes comme Kaldor, Greffe ou Tinbergen ont présenté les différents objectifs des politiques économiques. Bien entendu, le plein emploi est recherché, mais la difficulté augmente lorsque l'on combine l'objectif de diminution du chômage à ceux de croissance, d'excédent extérieur et de lutte contre l'inflation. Aussi, les décideurs doivent faire des choix dans un contexte aux multiples variables interdépendantes. Milton Friedman est, par exemple, à l'origine de développements très intéressants sur les liens entre inflation et chômage. Comment agir sur l'ensemble des variables économiques afin d'optimiser les moyens d'action contre le chômage ?

2. Une action toutefois limitée

Depuis les années 1970, nous avons pu constater l'échec des politiques de relance d'inspiration keynésienne. Il semble important aujourd'hui de traiter le problème du chômage en économie ouverte, c'est-à-dire en recherchant une coopération internationale. La théorie des jeux (von Neuman, Morgenstern) nous apporte des éléments permettant de mesurer l'efficacité des politiques économiques. Ainsi, une concertation des États sur le type de politique économique à mener permettrait d'accroître leur efficacité[1].

Par ailleurs, les mesures prises en faveur de l'emploi se heurtent à l'anticipation rationnelle des agents. En effet, les individus anticipent les effets à plus ou moins longue échéance des politiques pratiquées, ce qui en annihile les effets escomptés à court terme. Kydland et Prescott soulignent la nécessité de rechercher une cohérence temporelle et une réelle crédibilité afin d'améliorer la performance des politiques de l'emploi menées.

---

1. Voir sujet n°3, chapitre 3.

Synthèse des développements

Comme nous pouvons le constater, l'efficacité des politiques de l'emploi semble limitée tant au niveau des politiques passives de l'emploi (effets restreints) qu'au niveau des politiques actives de l'emploi (effets insuffisants).

Bilan de l'analyse

Face au problème du chômage, il convient de faire preuve de beaucoup d'humilité. De multiples mesures ont été prises depuis une trentaine d'années. Beaucoup d'entre elles n'ont pas véritablement fonctionné. Aujourd'hui, il existe bien quelques pistes de réflexions (baisse du coût du travail, augmentation du nombre d'heures travaillées, amélioration du fonctionnement du marché du travail, etc.), mais n'oublions pas que toute action peut posséder des effets bénéfiques, mais aussi des effets pervers sur une ou plusieurs variables économiques clés.

Quoi qu'il en soit, c'est véritablement dans un contexte global et international qu'il faut réagir. De telles interrelations sont présentes entre les économies des différents pays, qu'il semble préférable d'intégrer comme moyen d'action éventuel dans la lutte contre le chômage.

Ouverture

Aussi, comme l'a dit Joseph Stiglitz, « *face à un problème d'une telle ampleur, on ne peut pas rester les bras croisés* », et dès lors il convient de proposer, d'évaluer puis éventuellement de mettre en place tout moyen d'action susceptible de faire baisser le taux de chômage en France.

REGARD CRITIQUE

Ce sujet, à première vue abordable, présente quelques difficultés. Tout d'abord, il est très vaste et peut amener le candidat à se disperser et à élaborer un plan fourre-tout, voire déséquilibré. Les capacités de synthèse et de structure semblent essentielles pour réussir cette épreuve de TEJS. Limiter son analyse au cas français, ne veut pas dire faire abstraction des politiques économiques menées à l'échelle internationale.

Contrairement à ma première partie qui, de manière classique, distingue les différentes politiques de l'emploi, ma seconde partie est plus originale en proposant des actions concrètes et actuelles de lutte contre le chômage, ce qui a été fort apprécié par le jury.

Transparents

T1

Problématique :
Aujourd'hui, les politiques de l'emploi sont l'objet de débats :
- N'assistons-nous pas à une profonde mutation des politiques de l'emploi ?
- Pouvons-nous mesurer l'efficacité de ces politiques de l'emploi ?

Constat : le chômage peine à être stoppé
- Les politiques de l'emploi sont-elles véritablement efficaces pour baisser le chômage en France ?

I) NON, l'efficacité des politiques de l'emploi semble limitée

II) Comment rendre les politiques de l'emploi plus efficaces ?

Enjeux actuels : trouver des moyens d'actions pertinents.
- Peut-on réduire le chômage par la baisse du coût du travail ?
- Les politiques de l'emploi doivent-elles augmenter la durée du travail pour baisser le chômage en France ?

T2

I) L'EFFICACITÉ DES POLITIQUES DE L'EMPLOI SEMBLE LIMITÉE

A) DES POLITIQUES PASSIVES DE L'EMPLOI AUX EFFETS RESTREINTS
- une indemnisation du chômage nécessaire mais inefficace
- une réduction possible de l'offre de travail aux effets secondaires
- le partage du travail : une solution « mathématique » inopérante

B) DES POLITIQUES ACTIVES DE L'EMPLOI AUX EFFETS INSUFFISANTS
- une baisse insuffisante du coût du travail
- une amélioration insuffisante du fonctionnement du marché du travail
- une création d'emplois particuliers aux effets pervers

II) COMMENT RENDRE LES POLITIQUES DE L'EMPLOI PLUS EFFICACES ?

> **T3**
>
> **Nous venons de voir que :**
> **l'efficacité des politiques de l'emploi semble limitée :**
> - les politiques passives de l'emploi ont des effets restreints
> - les politiques actives de l'emploi ont des effets insuffisants
>
> **Comment alors rendre les politiques de l'emploi plus efficaces en baissant le taux de chômage ?**

> **T4**
>
> **I) L'EFFICACITÉ DES POLITIQUES DE L'EMPLOI SEMBLE LIMITÉE**
>
> **II) COMMENT RENDRE LES POLITIQUES DE L'EMPLOI PLUS EFFICACES ?**
>
> A) SOLUTIONS CONTEMPORAINES ENVISAGEABLES
> - baisser de manière significative le coût du travail
> - travailler plus
> - améliorer considérablement le fonctionnement du marché du travail
>
> B) L'ACTION DES POLITIQUES ÉCONOMIQUES GLOBALES
> - les politiques de l'emploi semblent liées aux politiques économiques globales
> - une action toutefois limitée

Partie 3

Supports de révisions

Les différents travaux en économie et gestion ont des points communs. Ils demandent très souvent de s'appuyer sur des éléments théoriques et des définitions précises afin de mieux cerner l'intitulé du sujet. De même, ils évoluent en fonction de l'actualité et des recherches menées sur certains thèmes. Aussi, tout candidat ou tout étudiant doit maîtriser les connaissances de base dans chaque discipline de la gestion.

Cette partie ne prétend pas être exhaustive, mais présenter des éléments clés, des auteurs pertinents et quelques thèmes particulièrement à la mode dans les différentes épreuves d'économie et gestion aux concours et examens. Elle est donc indispensable pour réussir les nombreuses compositions ou études de cas d'économie et gestion, tant à l'écrit qu'à l'oral.

Chapitre 7

Économie générale

Théories économiques et tableaux de bord

Les théories économiques

Il est particulièrement intéressant de connaître l'évolution des théories économiques pour cerner les débats contemporains. En effet, les écoles successives ont proposé des traitements différents des principaux problèmes économiques (chômage, inflation, commerce international, développement, croissance, épargne, consommation, etc.). Certains courants complètent les approches précédentes, d'autres proposent des visions opposées.

De Platon aux auteurs contemporains, le tableau 7.1 présente une synthèse des éléments primordiaux apportés par chaque théoricien. Il constitue un passage obligé pour tout étudiant ou candidat à un concours d'enseignement en économie et gestion.

Tableau 7.1 - Tableau de synthèse de l'évolution de la pensée économique

Auteur	Dates	École	Apports	Ouvrage ou article
PLATON	428 avant JC - 348 avant JC	Philosophe grec	Il souhaite la communauté des biens et interdit tout échange marchand et tout usage d'argent. Dans sa Cité idéale, tout appartient à tous.	*La République*
ARISTOTE	384 avant JC - 322 avant JC	Philosophe grec	Il défend la propriété privée, au nom de l'efficacité. Il accepte l'échange marchand et l'utilisation de la monnaie qu'il implique, mais dans le cadre de certaines limites. Il distingue valeur d'usage et valeur d'échange. Il attribue deux fonctions à la monnaie : elle exprime la valeur des marchandises et est un instrument de circulation des marchandises. Il accorde une grande importance à la justice sociale.	*Politiques* ; *Éthique à Nicomaque*
SAINT-THOMAS D'AQUIN	1225-1274	Théologien catholique	Il cherche à définir quelles sont les conditions économiques et sociales nécessaires pour que l'Homme ait une vie vertueuse. Il accepte le principe de l'économie marchande, mais en moralisant son fonctionnement. Il est favorable à la propriété privée et au profit commercial à condition que l'intention des individus soit moralement bonne. Il condamne le prêt d'argent rémunéré (« usure »).	*Somme théologique* (1266-1273)
Jean BODIN	1530-1596	Mercantiliste	Selon lui, « il n'est de force ni de richesses que d'hommes ». Il pense que la principale cause de cherté est l'abondance d'or et d'argent, ce qui en fait un précurseur de la théorie quantitative de la monnaie.	*Les six livres de la République* (1576)
Jean-Baptiste COLBERT	1619-1683	Mercantiliste	La richesse est la valeur suprême que l'homme se doit d'atteindre. Pour lui, il y a convergence des intérêts entre l'État et les marchands. Il souhaite maintenir un excédent commercial durable et, dans ce but, mettre en place une réglementation économique et des mesures protectionnistes.	Jean-Baptiste Colbert a peu publié d'écrits, sinon des actes administratifs ou politiques. *Lettres, instructions et mémoires de Colbert* (1859), rapport rédigé pour l'Empereur Napoléon III.

Économie générale

Auteur	Dates	École	Apports	Ouvrage ou article
François QUESNAY	1694-1774	Physiocratique	Hostile aux interventions de l'État, il pense que le véritable enrichissement n'est pas monétaire, mais agricole. Dans son tableau économique, il procède à la première tentative de comptabilité nationale, en représentant la circulation des flux réels et monétaires. L'État ne doit pas intervenir dans l'économie. Il faut respecter l'ordre naturel de l'économie et la propriété privée.	*Tableau économique* (1758)
Anne Robert Jacques TURGOT	1727-1781	Physiocratique	Formule la « loi d'airain » : le salaire du travailleur est celui qui permet tout juste de le nourrir, ainsi que sa famille. Il présente également la loi des rendements décroissants. Selon lui, l'augmentation des dépenses en semences, irrigation, etc., ne pourra pas induire une augmentation proportionnelle de la production.	*Réflexions sur la formation et la distribution des richesses* (1766)
Adam SMITH	1723-1790	Classique britannique	Économiste écossais. Le plus célèbre et le plus reconnu des économistes. Bien qu'il se percevait plutôt comme un philosophe, il est considéré comme le fondateur de l'économie. Il est perçu comme un défenseur d'un libéralisme radical. Concepts étudiés : parabole de la main invisible, division du travail, théorie de la valeur, les trois fonctions de l'État (défense, protection contre l'injustice et l'oppression et construction d'ouvrages publics), théorie des avantages absolus.	*Recherches sur la nature et les causes de la richesse des nations* (1776)
David RICARDO	1772-1823	Classique britannique	Il pense que l'économie tend vers un état stationnaire et met en avant les moyens pour en reculer l'échéance. Pour lui, la valeur d'échange des marchandises dépend de la quantité de travail nécessaire pour les produire. Il formule sa loi des rendements décroissants. Il est libre-échangiste. Il fonde la théorie des avantages comparatifs : les pays ont intérêt à se spécialiser dans les produits pour lesquels ils sont les plus avantagés ou les moins désavantagés. Enfin, il considère l'impôt comme étant fortement préjudiciable à l'économie.	*Principes de l'économie politique et de l'impôt* (1817)

Auteur	Dates	École	Apports	Ouvrage ou article
Thomas Robert MALTHUS	1766-1834	Classique britannique	Il pense que les lois pour les pauvres créent de la pauvreté en encourageant la natalité. Il formule une loi de la population qui rejette toute action sociale de l'État. Pour lui, la sélection naturelle et sociale est le plus sûr moyen d'enrayer l'augmentation rapide de la population. En 1820, il se rend compte de l'importance de la demande comme stimulant de la production, contrairement à son principe de population.	*Essai sur le principe de population* (1798) ; *Principes d'économie politique au point de vue de leur application pratique* (1820)
Jean-Baptiste SAY	1767-1832	Classique française	Il expose sa loi des débouchés: les produits s'échangent contre des produits et l'offre crée sa propre demande. Cette théorie annonce l'équilibre général des néoclassiques. Il formule également une loi de la valeur : la valeur des marchandises dépend de leur utilité, c'est-à-dire de la satisfaction qu'elles procurent au consommateur.	*Cours complet d'économie politique pratique* (1828-1830)
John Stuart MILL	1806-1873	Classique britannique réformiste	Il adhère à l'utilitarisme et au « laisser-faire », mais accepte une intervention de l'État dans le domaine social. Il formule l'équation de la théorie quantitative de la monnaie : **quantité de monnaie × vitesse de circulation = niveau général des prix × nombre de transactions.** Il prolonge la théorie des avantages comparatifs en spécifiant que le prix des produits dépend de l'importance de la demande adressée pour chaque produit.	*Principes d'économie politique* (1848)
Karl MARX	1818-1883	Marxiste	Chaque société doit passer par des stades bien déterminés appelés « modes de production » et aboutissant au communisme (société d'abondance sans classes sociales ni État). Il pense que le mode de production détermine l'ensemble des relations sociales. Le capitalisme se caractérise par la propriété privée des moyens de production et par l'opposition entre bourgeoisie et prolétariat. Il a permis une croissance économique importante avant de connaître de graves crises. Le capitalisme génère trois contradictions fondamentales : paupérisation des prolétaires et aggravation de la lutte des classes, baisse du taux de profit, surproduction.	*Le Capital* (1867)

Économie générale

Auteur	Dates	École	Apports	Ouvrage ou article
Léon WALRAS	1834-1910	Néoclassique (École de Lausanne)	Il explique que si les conditions de concurrence pure et parfaite sont respectées, c'est-à-dire si l'ordre naturel est respecté, alors l'économie se maintient automatiquement en équilibre. Sur chacun des trois marchés principaux (biens et services, travail et capital) se confrontent une offre et une demande qui sont le résultat de l'agrégation des demandes et offres individuelles. L'offre est une fonction croissante du prix, la demande est une fonction décroissante du prix. La libre variation des prix permet d'assurer l'équilibre. Il formule une loi : la demande totale (somme des demandes de chaque marché particulier) est forcément égale à l'offre globale (somme des offres de chaque marché particulier). Ainsi, un déséquilibre sur un marché suppose donc un déséquilibre symétrique sur un autre marché.	*Éléments d'économie politique pure* (1874)
Vilfredo PARETO	1848-1923	Néoclassique (École de Lausanne)	Il explique que l'équilibre général est mathématiquement possible. Un déséquilibre ne peut perdurer que si les conditions de concurrence pure et parfaite ne sont pas réunies. L'intervention de l'État est condamnable car elle perturbe le fonctionnement autorégulateur du marché. Il définit la notion d'optimum économique : une situation économique est optimale lorsqu'on ne peut pas améliorer la satisfaction d'un individu sans détériorer celle d'au moins un autre individu dans une proportion égale ou supérieure.	*Manuel d'économie politique* (1906)
Alfred MARSHALL	1842-1924	Néoclassique (École de Cambridge)	Il a montré comment un équilibre peut être atteint sur un marché (équilibre partiel). Il a mis en avant les concepts d'économies d'échelle, d'utilité marginale et d'effet Giffen. Il a découvert la notion de « district industriel ». Enfin, il a mis en évidence le surplus du consommateur : au prix d'équilibre, les demandeurs qui effectuent la transaction sont tous ceux qui avaient proposé un prix égal ou supérieur au prix d'équilibre.	*Industrie et commerce* (1919)

Auteur	Dates	École	Apports	Ouvrage ou article
Arthur Cecil PIGOU	1877-1959	Néoclassique (École de Cambridge)	Il élabore la théorie du bien-être. Il légitime une certaine intervention de l'État. Selon lui, l'État doit prendre en charge les externalités, inciter les individus à épargner pour favoriser la croissance et redistribuer afin d'améliorer l'optimum au sens de Pareto tant que la redistribution n'est pas préjudiciable à la production globale. Par contre, il est inutile que l'État intervienne pour accroître la demande. En effet, l'insuffisance de la demande par rapport à la production potentielle devrait provoquer une diminution des prix qui, en accroissant la valeur de l'argent et donc la valeur des encaisses, devrait augmenter la demande. Cette relation est appelée « effet Pigou » ou « effet d'encaisses réelles ».	*Wealth and welfare* (1912) ; *The vieil of money* (1949)
Joseph Alois SCHUMPETER	1883-1950	Hétérodoxe (influencé par l'École de Vienne)	Il considère que la recherche du profit de la part de l'entrepreneur est le moteur du progrès technique, qui lui-même est le moteur de la croissance du système capitaliste. Il établit la théorie des cycles. L'économie subit des fluctuations qui reviennent avec une certaine régularité et une certaine périodicité. Pour lui, les différents types de cycles se superposent.	*Théorie de l'évolution économique* (1912) ; *Les cycles des affaires* (1939)
John Maynard KEYNES	1883-1946	Keynésienne	Pour lui, le chômage involontaire est possible. Les salariés sont victimes de l'illusion monétaire : ils n'ajustent pas leur comportement au salaire réel mais au salaire nominal. Le niveau de l'emploi résulte de la demande effective (= consommation + investissement). La monnaie joue également un rôle central dans l'équilibre économique et toute épargne est un manque à gagner pour la consommation. Il préconise des interventions étatiques pour soutenir la demande effective. La relance de l'investissement a un effet multiplicateur (concept précédemment présenté par Kahn en 1931). Il pense que la libre circulation des marchandises doit être limitée.	*Théorie générale de l'emploi, de l'intérêt et de la monnaie* (1936)

Économie générale

Auteur	Dates	École	Apports	Ouvrage ou article
Albert AFTALION	1874-1956	Proche de l'école keynésienne	Il présente le principe d'accélération : l'investissement a un rôle important dans les fluctuations. Selon lui, l'investissement est fonction de la variation de la production et non du niveau de production.	*Crises périodiques de surproduction* (1913)
Joan ROBINSON	1903-1983	Postkeynésienne	La politique monétaire n'est pas une priorité. Il faut lui préférer une politique de revenu, plus appropriée pour jouer sur les prix et sur le niveau de la demande. Elle considère que l'investissement et le profit interagissent plus ou moins harmonieusement. L'investissement résulte du profit, qui est le moyen principal du financement de l'investissement et la motivation principale de ce dernier. Enfin, elle développe la théorie de la concurrence imparfaite.	*The economics of imperfect competition* (1933)
Nicolas KALDOR	1908-1986	Postkeynésienne	Célèbre pour son « carré magique » qui mesure l'efficacité des politiques économiques, il a également affirmé que le taux de l'investissement et le taux de l'épargne sont l'un et l'autre fonction de la part des profits dans le revenu national.	*A model of economic growth* (1957)
Paul SAMUELSON (Prix Nobel 1970)	né en 1915	Synthèse	Il définit le principe d'oscillation qui utilise conjointement les effets multiplicateurs et accélérateurs de l'investissement. Ainsi, l'instabilité de l'investissement peut créer des mouvements oscillatoires qui expliquent les cycles. Il est à l'origine avec Hicks de la macroéconomie keynésienne qui minimise les différences entre Keynes et les classiques. Il crée le modèle « revenu-dépense » et la droite à 45°. À travers ce modèle, on remarque que l'inflation n'est possible qu'en cas de plein emploi.	*Les fondements de l'analyse économique* (1947)

Auteur	Dates	École	Apports	Ouvrage ou article
John HICKS (Prix Nobel 1972)	1904-1989	Synthèse	Il présente le modèle IS-LM en 1937. La droite IS représente l'équilibre sur le marché des biens et des services en économie fermée. L'investissement est une fonction décroissante du taux d'intérêt. L'épargne est une fonction croissante du revenu. La droite LM représente l'ensemble des combinaisons de valeur du revenu national et du taux d'intérêt qui réalisent l'équilibre sur le marché de la monnaie, c'est-à-dire l'équilibre entre la demande de monnaie et l'offre de monnaie.. L'intersection des droites IS et LM représente la seule combinaison du revenu national et du taux d'intérêt compatible avec un équilibre simultané sur le marché des biens et des services et sur le marché monétaire.	*Valeur et capital* (1939)
Kenneth ARROW (Prix Nobel 1972)	né en 1921	Néo-walrasien	Il n'est pas possible de définir l'intérêt général à partir des préférences individuelles (théorème d'impossibilité). D'autre part, il est à l'origine de la théorie du « learning by doing » (effet d'expérience).	*Choix collectifs et préférences individuelles* (1951)
Friedrich August von HAYEK (Prix Nobel 1974)	1899-1992	Néolibérale	Il considère que l'intervention de l'État nuit à la liberté individuelle. L'État est le responsable du chômage par la fixation d'un salaire minimum. Le libre jeu du marché et la flexibilité du salaire doivent permettre le plein emploi car chaque individu peut être embauché à un salaire dépendant de ses capacités et de ses compétences.	*La route de la servitude* (1944)
Milton FRIEDMAN (Prix Nobel 1976)	1912-2006	Monétariste	Il reconnaît les imperfections du marché, mais ne croit pas que l'État soit efficace pour corriger ces imperfections. L'État doit se limiter à une gestion restrictive de l'économie inscrite sur le long terme. FRIEDMAN reprend et interprète la théorie quantitative de la monnaie. La stabilité des prix doit être la priorité. Selon lui, il existe un taux de chômage naturel et difficilement compressible. Il formule la théorie du revenu permanent : la consommation dépend du revenu perpétuel que chaque individu anticipe. Enfin, il milite en faveur du taux de change flexible.	*Capitalism and freedom* (1962)

Économie générale

Auteur	Dates	École	Apports	Ouvrage ou article
John Kenneth GALBRAITH	1908-2006	Proche de l'École postkeynésienne	Il met en avant le concept de « filière inversée » : les consommateurs se font manipuler par les entreprises. Selon lui, « un divorce est survenu entre la propriété du capital et la direction effective de l'entreprise. Il nomme « technostructure » cet ensemble d'individus qui détient une grande partie du pouvoir dans l'entreprise.	*The new industrial state* (1967)
Edmond MALINVAUD	né en 1923	Déséquilibre	Il considère que les déséquilibres proviennent de la rigidité à court terme des prix qui ne permet pas un ajustement entre l'offre et la demande. La raison principale de cette rigidité réside dans les coûts de transaction. En cas de déséquilibre, l'ajustement se réalise par les quantités.	*Leçons de théorie microéconomique* (1969)
Arthur LAFFER	né en 1941	Théoricien de l'offre	Le facteur moteur de l'économie est l'offre et non la demande. Il est donc nécessaire de favoriser l'investissement et le profit. Trop d'État est dissuasif et « trop d'impôt tue l'impôt ».	*The economics of the tax revolt* (1970)
Michel AGLIETTA et Robert BOYER	nés en 1939 et 1943	Régulation	Le mode de régulation fordiste (= régulation monopolistique) est remis en cause depuis la crise des années 1970 et permet le passage à un nouveau mode de régulation. De même, la régulation étatique est également en crise : les États se sont révélés incapables de corriger les effets de la crise.	*Régulation et crise du capitalisme* (1976)
Paul ROMER	né en 1956	Nouvelle école keynésienne	Principal représentant de la théorie de la croissance endogène, il considère que l'accumulation des connaissances est un facteur endogène de croissance. L'accumulation de connaissances a de nombreux effets externes par effet d'imitation ou grâce au turn-over. Elle a donc une productivité privée (celle dont profite l'entreprise) mais aussi sociale (celle dont profite l'ensemble de l'économie et de la société).	*Increasing returns and long-run growth* (1986)

Auteur	Dates	École	Apports	Ouvrage ou article
James BUCHANAN (Prix Nobel 1986)	né en 1919	Choix publics (= public choice)	Le marché est parfois inefficient dans le sens où il ne parvient pas à assurer l'optimum au sens de Pareto, mais l'intervention étatique éloigne encore davantage l'économie de cet optimum. Soit l'activité n'est pas rentable et il ne sert à rien de l'interdire à la sphère privée, soit elle est rentable auquel cas il faut laisser jouer la concurrence qui permettra au consommateur de bénéficier de conditions plus avantageuses.	Les limites de la liberté - Entre l'anarchie et le Léviathan (1992)
Gary BECKER (Prix Nobel 1992)	né en 1930	Nouvelle école classique (École de Chicago)	Présente sa théorie du capital humain : comme l'entreprise, l'individu procède à des investissements et attend que ceux-ci soient rentables. L'investissement en capital humain peut être monétaire ou pas (= perte de temps) et il doit fournir un rendement qui lui aussi peut être monétaire ou pas (= gain de temps ou d'utilité). Les deux applications les plus importantes de cette théorie concernent l'éducation et la consommation.	Human capital, a theorical and emprical analys (1964)
Robert LUCAS (Prix Nobel 1995)	né en 1937	Nouvelle école classique (École de Chicago)	Il développe le concept des anticipations rationnelles introduit par Muth en 1960. Cela le conduit à rejeter la validité de la courbe de Phillips, y compris à court terme, ce qui le différencie des monétaristes : « Aucune règle étatique de politique monétaire ou fiscale ne permettra d'obtenir autre chose que le taux naturel du chômage ».	Studies in business-cycle theory (1981)
George AKERLOF (Prix Nobel 2001)	né en 1940	Nouvelle école keynésienne	Il présente le modèle « échange/don » qui se fonde sur le souci d'équité et de justice de nombreuses entreprises qui les dissuade d'offrir des salaires trop bas. Il met en évidence « l'effet de marque » : le consommateur croit que les produits chers sont de meilleure qualité. Il évoque le problème de la sélection adverse à travers son célèbre exemple des automobiles d'occasion : l'agent, victime du manque d'information, risque de sélectionner uniquement les mauvais produits.	The market for lemmons : quality uncertainty and the market mechanism (1970)

Économie générale

Auteur	Dates	École	Apports	Ouvrage ou article
Joseph STIGLITZ (Prix Nobel 2001)	né en 1943	Nouvelle école keynésienne	Il met l'accent sur les coûts de rotation de la main d'œuvre et démontre ainsi qu'une entreprise peut être incitée à rémunérer ses salariés au-dessus du salaire d'efficience. Il développe le modèle du « tire-au-flanc » en affirmant qu'il est très difficile pour une entreprise de contrôler le comportement au travail de chacun de ses employés. Le chômage involontaire est possible selon lui. Enfin, le prix est un signal important : toute diminution peut être considérée comme une dévalorisation.	*Economics of the public sector* (1986)
Robert BARRO	né en 1945	Nouvelle école classique	Il reprend le « principe d'équivalence ricardien » (appelé également effet Barro-Ricardo) : un déficit budgétaire n'a pas l'effet attendu sur la demande car les individus anticipent une augmentation future des impôts nécessaires pour que l'État rembourse sa dette. Ils réduisent leur consommation et augmentent leur épargne.	*La macroéconomie* (1987)
Edward PRESCOTT (Prix Nobel 2004)	né en 1940	Nouvelle école classique	Il finalise la théorie du cycle réel. Il considère que les fluctuations résultent essentiellement des chocs réels. Selon lui, les cycles sont des cycles d'équilibre, la monnaie est parfaitement neutre et les anticipations rationnelles sont parfaites.	*Rules rather than discretion : the Inconsistency of optimal plans* (1977)
Edmund PHELPS (Prix Nobel 2006)	né en 1933	Nouvelle école keynésienne	Il fonde la théorie de l'hystérèse du chômage : le taux de chômage d'une période dépend directement du taux de chômage des périodes précédentes. Il développe également le concept de marché de clientèle (= marché sur lequel les achats sont répétitifs). Les consommateurs sont habitués à leur fournisseur et toute diminution des prix n'attire que lentement les clients fidèles à d'autres fournisseurs.	*Microeconomic foundations of employment and inflation theory* (1970)

Tableaux de bord économiques

Afin de réussir les différentes épreuves, les seules connaissances en théories économiques ne suffisent pas. Il faut également être capable de connaître un certain nombre d'indicateurs économiques traduisant l'état de l'économie d'un pays. En effet, chaque problème demande des traitements spécifiques en fonction de la conjoncture, de la situation propre à une nation ou du contexte économique international.

> **MON CONSEIL**
>
> C'est en s'appuyant sur des apports théoriques solides et sur une capacité de diagnostic satisfaisante que vous rédigerez de bonnes copies.

Tableau 7.2 - Tableau de bord de l'économie française

Critères	Valeur	Période ou base
Nombre d'habitants	63,4 millions €	janvier 2007
Population active	27 938 000	janvier 2007
Taux de croissance	2,1 %	2006
PIB	1680 milliards €	2006
Taux d'inflation	1,2 %	(mars 2007, sur 1 an)
Taux de chômage	8,3 %	mars 2007
Nombre de chômeurs	2 036 000	mars 2007
Balance commerciale	− 29 milliards €	2006
Cours €/$	1 € = 1,35 $	12/05/07
SMIC horaire brut	8,27 €	05/07
SMIC mensuel brut	1 254 €	(pour 35 heures)
RMI pour une personne seule	440,86 €	(février 2007)
Taux de prélèvement obligatoire	44% du PIB	2006
Déficit public	2,7 % du PIB soit 45 milliards €	2006
Dette publique cumulée	1 150 milliards €	05/07
Budget de l'État	276 milliards d'euros	2007

Économie générale

Tableau 7.3 - Tableau de bord de l'économie mondiale (2006)

Critères	Valeur
Taux de croissance	
États-Unis	3,3 %
Japon	2,8 %
Chine	10,6 %
Russie	6,8 %
Brésil	3,1 %
Zone euro	2,6 %
France	2,1 %
Allemagne	2,6 %
Royaume-Uni	2,6 %
Taux de chômage	
États-Unis	4,8 %
Japon	3,9 %
Zone euro	7,7 %
France	8,8 %
Allemagne	7,3 %
Royaume-Uni	5,3 %
Inflation	
États-Unis	2,8 %
Japon	-0,1 %
Zone euro	1,9 %
France	1,2 %
Allemagne	1,9 %
Royaume-Uni	3,1 %
Balance commerciale	
États-Unis	– 580 Milliards €
Japon	51 Milliards €
France	– 29 Milliards €
Allemagne	160 Milliards €
Royaume-Uni	– 84 Milliards €

Définitions importantes

Elles sont issues des fiches que j'ai réalisées lors des phases de préparation des épreuves écrites et orales des concours auxquels je me suis présenté.

Agents économiques : individus ou groupes d'individus constituant des centres autonomes de décisions économiques. Selon la comptabilité nationale, il existe six catégories d'agents économiques :
- les sociétés financières (les banques) ;
- les sociétés non financières (les entreprises) ;
- les administrations publiques (services de l'État) ;
- les institutions sans but lucratif au service des ménages (associations) ;
- les ménages ;
- le reste du monde.

Anticipations rationnelles : prévisions sur des événements aléatoires qui tendent à être exactes. Concept mis en avant en 1960 par Muth, puis repris par les nouveaux classiques, puis par la plupart des macroéconomistes des années 1970-1980.

Besoins : objectifs illimités des agents économiques.

Biens économiques : biens rares satisfaisant les besoins économiques.

Biens collectifs : biens qui ne sont pas indivisibles et qui possèdent deux caractéristiques :
- *la non-rivalité* : l'utilisation par une personne n'empêche pas l'utilisation par une autre ;
- *l'impossibilité d'exclusion* : nul ne peut être tenu à l'écart de l'utilisation du bien (exemple : l'éclairage public).

Bulle financière : situation où le prix d'un titre augmente sans que cela soit justifié par des changements au niveau du rendement de l'actif (exemple : dividendes versés).

Conditions du modèle de concurrence pure et parfaite :
- *atomicité du marché* (existence d'une multitude d'offreurs et de demandeurs) ;

- *homogénéité des produits* (la concurrence s'opère par les prix et non sur la qualité des produits) ;
- *fluidité du marché* (les offreurs et les demandeurs sont libres d'entrer et de sortir du marché) ;
- *transparence du marché* (l'ensemble des agents économiques concernés disposent des informations nécessaires) ;
- *mobilité des facteurs de production* (les facteurs capital et travail peuvent se déplacer du marché d'un produit à celui d'un autre produit).

Courbe de Laffer : schéma présenté à la fin des années 1970, illustrant l'idée selon laquelle il existe un niveau optimal de taxation (t^*). S'il est dépassé, le produit de l'impôt diminue. « *Trop d'impôts tue l'impôt* ».

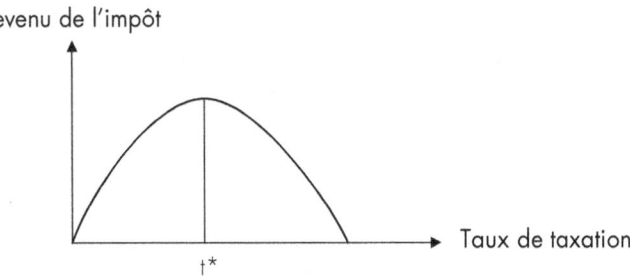

Croissance : augmentation sur une longue période du PNB réel par tête. Notion quantitative qui se distingue du développement de nature qualitative.

Développement : combinaison des changements mentaux et sociaux d'une population qui la rendent apte à faire croître cumulativement et durablement son produit réel global (Perroux).

Droits de propriété : théorie qui stipule que les dysfonctionnements de la société sont dus à ce que les droits de propriété de ses membres sur les ressources disponibles ne sont pas toujours clairement définis. Si une ressource n'appartient à personne, chacun va en tirer parti sans se soucier des conséquences négatives de ses actes ou du renouvellement de cette ressource (comportement de passager clandestin). La solution est de rendre ces ressources privées.

Effet d'éviction : baisse de l'investissement et de la consommation privés provoquée par une hausse des dépenses publiques. Toute activité de l'État qui fait appel à une partie de ces ressources en détourne forcément l'usage, du secteur privé au secteur public. Ce détournement se ferait notamment à travers la hausse du taux d'intérêt résultant de l'endettement de l'État (pour financer ses dépenses), ce qui freine d'autant l'investissement privé et la consommation (le crédit est plus cher).

Externalités : expression mise en avant par Marshall et Pigou, utilisée pour désigner toute situation où les activités d'un (ou de plusieurs) agents économiques ont des conséquences sur le bien-être d'autres agents, sans qu'il y ait des échanges ou des transactions entre eux. Lorsque ces conséquences sont bénéfiques, on dit que l'externalité est *positive*, dans le cas contraire elle est dite *négative*. Exemples d'externalités positives : l'éducation et la formation, la préservation de l'environnement, la proximité, l'embellissement du cadre de vie, les mesures de santé publique, etc. Exemples d'externalités négatives : la pollution, le bruit, etc.

Facteur résiduel : troisième facteur de production introduit par Solow (après le travail L et le capital K) sous la forme d'un facteur temps t. Il représente le progrès technique, facteur essentiellement exogène, c'est-à-dire résultant de données extérieures à la croissance économique (exemple : les connaissances scientifiques).

Globalisation : terme signifiant d'une part, l'intégration des productions et interconnexion des marchés des biens et services (globalisation réelle) et des marchés financiers (globalisation financière) au niveau mondial, et d'autre part la définition de la stratégie des acteurs et des entreprises à un niveau mondial.

Inflation : hausse du niveau général des prix. Pour les économistes, l'idée d'inflation est associée à celle de hausse des prix « relativement importante » et « cumulative ».

Internationalisation : mouvement d'interpénétration des économies nationales qui perdent chacune une grande part de leur autonomie ; mouvement d'élargissement des marchés et d'homogénéisation des règles institutionnelles qui s'appliquent à eux.

Libéralisme : doctrine économique qui prône la libre concurrence et qui s'oppose donc tant à l'intervention de l'État qu'à la constitution de monopoles ou d'oligopoles privés. Cette doctrine est fondée sur la conviction qu'il existe un ordre économique naturel réalisé par des mécanismes d'ajustement qui ne peuvent jouer que dans le libre jeu des initiatives individuelles. En politique, le libéralisme est une doctrine morale et philosophique favorable à la liberté de conscience et l'expression de toutes les idées et opinions.

Livre blanc : document de travail communautaire émanant de la Commission européenne contenant des propositions d'action communautaire dans un domaine spécifique. Le livre blanc s'inscrit parfois dans le prolongement d'un livre vert.

Livre vert : document élaboré par la Commission européenne dont le but est de stimuler une réflexion et de lancer une consultation au niveau européen sur un sujet particulier (exemple : politique sociale, monnaie unique, télécommunications, etc.).

Loi des rendements non proportionnels : loi présentée la première fois par Turgot et comprenant deux aspects :
- les rendements croissants dans un premier temps : la production augmente plus vite que la quantité des facteurs de production ;
- les rendements décroissants dans un second temps : la production augmente moins vite que la quantité de facteurs de production.

Macroéconomie : étude du fonctionnement des systèmes économiques caractérisés par le regroupement des acteurs en sous-ensembles suivant leur fonction principale et la mise en relation des flux économiques circulant entre ces sous-ensembles (ou agrégats). En général, la macroéconomie traite de l'économie d'un pays ; les agrégats correspondent aux actes économiques essentiels : production nationale, consommation, investissement, épargne, importation, exportation, etc.

Microéconomie : branche de l'économie politique qui analyse le comportement des unités individuelles, considérées comme libres et isolées, à propos des opérations de choix et de décision dans la production, la consommation, l'investissement et l'épargne.

Modèle HOS (Heckscher-Ohlin-Samuelson) : modèle qui part de l'hypothèse selon laquelle les échanges entre les pays sont dus à des différences dans leurs dotations en facteurs de production (terre, capital, travail).

Mondialisation : processus d'élargissement de l'espace économique d'intervention des agents économiques, associé à la libéralisation des échanges. Elle débouche sur la perte d'autonomie des politiques économiques locales ou nationales.

Monopole naturel : situation de concurrence impossible lorsqu'une structure de marché présente à la fois des rendements croissants à long terme dans la production et une taille du marché ne permettant que le maintien d'une firme. L'État doit intervenir pour contraindre le monopole à pratiquer une tarification au coût marginal.

Multilatéralisme : rapports, accords, négociations qui concernent plus de deux États et entre nations qui n'appartiennent pas à un même espace géographique de type continental ou sous-continental. Il se distingue du bilatéralisme (accords entre deux États) et du régionalisme (multilatéralisme limité aux pays d'un même espace géographique).

Multiplicateur : processus économique montrant que l'augmentation d'une grandeur économique entraîne un accroissement plus important d'une autre grandeur. Il représente un élément central de la théorie de Keynes (multiplicateur d'investissement). Keynes, en reprenant une présentation de Kahn, montre qu'une dépense supplémentaire d'investissement entraîne une hausse plus importante du revenu et de la production nationale.

NAIRU : Non Accelerating Inflation Rate of Unemployment, c'est-à-dire taux de chômage par lequel il n'y a pas accélération de l'inflation. Concept avancé dans le cadre du débat autour de la courbe de Phillips, et généralement considéré comme équivalent au taux de chômage naturel.

Optimum : affectation des ressources d'une société parmi ses membres telle qu'il n'existe pas d'autre affectation qui lui sont strictement préférée selon Pareto. À un optimum de Pareto, il n'est pas possible d'améliorer la situation d'un individu sans détériorer la situation d'au moins un autre individu.

Paradoxe de la pauvreté au sein de l'abondance : plus la nation est riche, plus la propension à consommer est faible, et plus il est nécessaire que l'investissement soit élevé pour que la demande soit suffisante au maintien, voire à l'augmentation du niveau de la production et donc de l'emploi.

Paradoxe de Condorcet : des choix individuels cohérents peuvent conduire à un choix collectif incohérent.

Profit : excédent des recettes d'une entreprise par rapport à l'ensemble de ses coûts.

Protection sociale : ensemble des institutions et des mécanismes qui garantissent des ressources aux personnes ayant à faire face aux risques sociaux (maladie, accident, chômage, maternité, famille nombreuse, vieillesse).

Règle de Ramsey-Boiteux : règle permettant une application effective d'une intervention de l'État dans le cas d'un monopole naturel soumis à une contrainte d'équilibre budgétaire.

Rendement : se calcule par le ratio suivant :

quantité de produits obtenus/quantité de facteurs de production utilisé.

Salaire nominal : salaire à prix courant.

Salaire réel : salaire à prix constant tenant donc compte de l'inflation.

Service public : notion comportant *deux sens différents* :
– activité socialement indispensable exécutée par la puissance publique ou non ;
– administration publique.

Surprofit : profit résultant de l'imperfection du marché. Il tend à devenir nul en concurrence pure et parfaite.

Termes de l'échange : se calcule par le ratio suivant :

(indice des prix à l'exportation/indice des prix à l'importation) x 100

Une hausse de ce ratio correspond à une amélioration, c'est-à-dire qu'un pays pourra obtenir, pour une même quantité d'exportation, une quantité plus élevée d'importation qu'auparavant, puisque le prix de ses exportations a augmenté plus vite que le prix de ses importations. Une baisse de l'indice traduit une dégradation des termes de l'échange.

Théorie de la croissance endogène : théorie apparue au milieu des années 1980 (Romer, Lucas) et cherchant à expliquer la croissance économique à partir du processus même d'accumulation, sans avoir à recourir à des facteurs extérieurs, exogènes.

Théorie des marchés contestables (Baumol, Panzar et Willig ; 1982) : avance l'idée que seule la présence de candidats potentiels à la production d'un bien empêche les entreprises en place de tirer parti de leur situation. Ainsi, les situations où il y a un petit nombre d'entreprises en place peuvent être efficientes si ces dernières sont contestées par d'autres, qui sont disposées à les supplanter. Le rôle de l'État consisterait alors à créer les conditions pour que ces entreprises en place puissent être « contestées ».

Théorie quantitative de la monnaie : théorie selon laquelle la variation de la masse monétaire entraîne celle du niveau général des prix de manière proportionnelle.

Trappe à liquidités : concept utilisé pour désigner une situation où la demande de monnaie liquide est parfaitement élastique par rapport au taux d'intérêt qui est alors à son niveau plancher (trappe monétaire).

Triangle des incompatibilités : adaptation du modèle de Mundell-Fleming par le banquier italien Padoa-Schioppa pour justifier la perte de souveraineté monétaire et accélérer la mise en place de l'Union européenne. Ce triangle signifie que la libéralisation des mouvements de capitaux n'est possible que s'il y a abandon de l'autonomie de la politique monétaire, à moins de renoncer à la fixité des changes. En d'autres termes, il est impossible de combiner les trois éléments suivants :
– fixité des taux de change ;
– mobilité des capitaux ;
– autonomie de la politique monétaire.

Utilitarisme : doctrine philosophique et morale dont le principal représentant et fondateur est Bentham, avançant que les individus ne cherchent que la satisfaction de leur intérêt personnel, contribuant ainsi sans le vouloir à la réalisation de l'intérêt du plus grand nombre.

Thème d'actualité : politique industrielle et libre-échange

Ce thème d'actualité correspond au sujet d'économie générale de l'Agrégation interne d'économie et gestion 2006. Nous traiterons le sujet en deux temps. Tout d'abord, nous aborderons une phase d'analyse qui nous permettra de définir les termes du sujet (phase primordiale) et de cerner ses difficultés. Puis, nous élaborerons un plan détaillé qui tentera de répondre à notre problématique.

Première partie : analyse du sujet

Définition des termes

Qu'est-ce que la politique industrielle ?

Selon le *Lexique d'économie* (éditions Dalloz), la politique industrielle correspond à l'ensemble des objectifs fixés et des moyens mis en œuvre par l'État pour rendre l'industrie compétitive en vue d'assurer une croissance économique globale soutenue, lutter contre le chômage, améliorer la situation de la balance des paiements, réaliser l'équilibre régional.

Il existe une forte corrélation positive entre croissance économique et croissance en volume de la production industrielle dans un grand nombre de pays. L'explication de ce phénomène provient de la loi de Verdoorn-Kaldor : le secteur industriel est celui qui réalise les plus grands gains de productivité. Un ralentissement dans l'industrie est synonyme de baisse des gains de productivité et peut engendrer une récession générale cumulative.

La politique industrielle dispose de plusieurs moyens :

- des moyens qui **agissent sur l'environnement des firmes** : aménagement du territoire, politique de l'emploi et de la formation professionnelle, politique de mobilisation de l'épargne, politique d'encouragement aux concentrations et accords entre firmes pour bénéficier d'économie de dimension, politique de recherche et développement (RD) et politique d'aide à l'exportation ;

- des moyens qui relèvent de la **politique contractuelle** et de la concertation : contrat de programme, contrat de plan et plan ou programme sectoriels ;

- des moyens qui relèvent d'une **politique de substitution** : soit dans la décision de production des entreprises publiques aux entreprises privées, soit dans la décision de réorganisation.

Enfin, la politique industrielle peut rechercher une compétitivité globale ou sélective. Cependant, la compétitivité sélective tend de plus en plus à devenir la seule accessible dans le cadre de la nouvelle Division internationale du travail (DIT).

Qu'est-ce que le libre-échange ?

Le libre-échange entre nations correspond à un commerce international et à des mouvements de capitaux sans entrave. Smith, Ricardo et l'ensemble des auteurs classiques, néoclassiques et libéraux ont vanté ses mérites :

- il permet une **spécialisation internationale** : chaque pays se consacre aux productions pour lesquelles il dispose d'un avantage comparatif. Ainsi, les ressources sont utilisées au mieux, le produit global et les niveaux de vie sont maximisés ;
- il développe la **concurrence entre nations et entre les firmes,** ce qui stimule les innovations, le progrès technique et permet des prix plus bas pour les consommateurs. Les privilèges de certaines industries, issus de pratiques protectionnistes, sont détruits par l'action de la concurrence internationale.
- il **augmente la taille des marchés**, accroît la production des entreprises et leur permet de réaliser des économies d'échelle qui contribuent également à la réduction des prix ;
- il **limite l'inflation** puisqu'un surplus de demande interne dans un secteur spécifique peut être aisément satisfait par une offre étrangère ;
- il **encourage la coopération internationale** entre les peuples, représente un facteur de paix essentiel au contraire du protectionnisme qui peut alimenter des comportements nationalistes ;
- son développement prouve que l'échange international et la DIT sont bénéfiques aux différentes parties. Sans commerce international, le sous-développement serait aggravé. En effet, le sous-développement semble provenir d'autres causes.

Nonobstant, de nombreuses critiques du libre-échange existent. Certains économistes d'inspiration marxiste parlent d'échange inégal (Emmanuel). D'autres économistes vantent les bienfaits d'un protectionnisme éducatif (List).

Force est de constater que les échanges internationaux n'ont jamais été ni totalement libres, ni complètement verrouillés. Un système intermédiaire s'est développé par le biais d'organismes comme le GATT (General agreement on tariffs and trade) qui s'est transformé en OMC (Organisation mondiale du commerce) en 1995, laissant la part belle aux pratiques libre-échangistes.

Les difficultés du sujet

Le sujet présente deux concepts à première vue exclusifs l'un de l'autre :

- la notion de **politique industrielle** que l'on peut résumer comme étant un ensemble de mesures prises en faveur du secteur secondaire afin de corriger les insuffisances ou les défaillances du marché. Le traitement du sujet va dépendre de la définition retenue par le candidat. En effet, il semble plus pertinent d'adopter une définition large de la politique industrielle comme étant un ensemble de politiques directes (politiques de prix, de concurrence, d'aide aux exportations, etc.) et de politiques indirectes (politiques d'infrastructures, mise en place de normes, protection juridique, etc.), plutôt qu'une définition plus restreinte se contentant de présenter la politique industrielle comme un ensemble d'actions sectorielles directes en direction d'un domaine d'activité que l'on désire protéger ou développer ;

- la notion de **libre-échange** qui se définit par une absence d'entraves au commerce international (pas de barrières douanières, pas de contrôle des mouvements de capitaux entre nations).

Ces deux concepts ne doivent pas être séparés mais, au contraire, leurs interactions sont à mettre en avant. La conjonction de coordination « et » a une grande importance ; elle lie véritablement les deux termes clés du sujet. On n'attend donc pas du candidat un travail sur la politique industrielle, ni même sur le libre-échange, mais bien sur les nombreuses interdépendances entre politique industrielle et libre-échange.

Le traitement du sujet doit s'appuyer sur des connaissances théoriques solides et surtout pertinentes (théories du commerce international, notions de marchés en situation de concurrence imparfaite, théories de la croissance endogène, théorie des jeux et théories du développement et de la croissance), ainsi que sur des éléments empiriques (évolution récente des politiques industrielles, fonctionnement du libre-échange dans le cadre de l'OMC, situations spécifiques des pays émergents, influence des zones de libre-échange sur les politiques industrielles nationales et choix des axes de développement de la politique industrielle de certaines nations).

De même, il faut impérativement montrer le lien entre le sujet et les éléments théoriques ou factuels avancés. Il convient d'illustrer ses propos dans une démarche visant à démontrer quelque chose.

Problématique

Aussi, les problématiques suivantes sont envisageables :

- En quoi le libre-échange modifie-t-il les orientations de la politique industrielle d'une nation ?
- Quelles modifications du système libre-échangiste actuel doit-on opérer afin que la politique industrielle d'un État, voire d'un ensemble supranational, soit plus performante ?

Deuxième partie : plan détaillé

I) Le libre-échange : un atout pour la politique industrielle

A) Un rôle moteur depuis la Seconde Guerre mondiale

1) Libéralisation progressive de 1945 à 2001

Les échanges de produits à peu près similaires entre pays du Nord ont, dans un premier temps, fortement progressé (exemples : automobiles, appareils électroménagers). Puis, le développement du commerce international s'est traduit par une augmentation de la variété des produits sur le marché qui ne se concurrencent pas les uns les autres. Aussi, les politiques industrielles nationales et/ou européennes n'ont pas été véritablement confrontées à des problèmes d'imperfections ou de défaillances de marché.

2) L'impact des négociations internationales

De nombreuses négociations internationales permettent d'établir des compromis et des concessions réciproques dans divers secteurs afin de réduire la protection aux frontières. Dans un certain sens, l'action des politiques industrielles paraît renforcée par des organisations internationales comme le GATT puis l'OMC.

B) L'incitation théorique

1) La loi des avantages comparatifs de Ricardo

Elle représente le fondement de l'argumentaire libre-échangiste. Du point de vue de l'efficacité, chaque nation a intérêt à se spécialiser dans les domaines où elle dispose de plus d'avantages, quitte à abandonner à d'autres des domaines où son avantage relatif est moindre.

Le gain d'efficacité lié à la spécialisation et à la division du travail entre les nations finira, par le biais des prix, par être partagé entre les deux partenaires, si bien que chacun y gagnera. Le libre-échange est donc forcément préférable au protectionnisme. Il permet d'accroître la productivité des travailleurs de tous les pays concernés, l'efficacité de ces mêmes pays et le bien-être de leurs habitants.

Cette loi oriente la politique industrielle de chaque nation puisqu'elle incite à se spécialiser et propose un modèle d'échange international performant.

2) La conception de la majorité des économistes

La majorité des économistes voient dans le libre-échange une source d'efficacité accrue. Aujourd'hui, bien que certains s'interrogent, eu égard à l'évolution du contexte économique mondial, le libre-échange est le plus souvent bénéfique.

3) La thèse de la période de transition

Empiriquement, nous constatons de nombreuses suppressions d'emplois dues aux délocalisations provenant de l'internationalisation des échanges. Cependant, nous nous situons dans une phase intermédiaire, qui devrait à terme rééquilibrer les conditions de la concurrence par une augmentation des salaires et de la protection sociale dans les pays émergents. Ainsi, le développement de la Chine et des pays émergents semble une bonne nouvelle, car beaucoup de ménages sortent de la pauvreté, s'enrichissent et pourront dans quelque temps acheter davantage de biens provenant des pays développés. Tout le monde sera alors gagnant.

En attendant, chaque pays doit organiser un système de redistribution des richesses en taxant ceux qui tirent davantage profit de la mondialisation pour redistribuer aux perdants et rendre la transition moins pénible. La politique industrielle constitue ici un moyen d'action efficace permettant de mettre en place un tel mécanisme.

D'un autre côté, le gouvernement chinois cherche à pousser le plus longtemps possible les feux de la croissance en s'appuyant sur les exportations ou plutôt sur des gains de parts de marché au détriment des pays du Nord, dans le plus grand nombre de secteurs possibles et avec des prix extrêmement bas. Ces pratiques très dangereuses pour l'emploi et les marges bénéficiaires de beaucoup de firmes n'appellent-elles pas une alternative au libre-échange et par voie de conséquence de nouvelles démarches en matière de politique industrielle ?

II) Le libre-échange : un facteur contraignant la politique industrielle

A) les effets pervers du libre-échange sur la politique industrielle

1) Le monde a changé

L'avance technologique des pays du Nord s'est très vite réduite, en raison principalement de l'accélération de la circulation des capitaux. Des pays émergents comme le Brésil, la Chine ou l'Inde veulent prendre leur « part du gâteau ». La Chine s'intéresse à de multiples secteurs : textile, jouets, ordinateurs et bientôt les automobiles. Les accords commerciaux internationaux paraissent plus difficiles à trouver (exemple : conférence de Hong Kong en décembre 2005).

Face à l'arrivée de nouveaux acteurs sur le marché, les firmes européennes souhaitent accroître leurs investissements à l'étranger et recourir à des fournisseurs étrangers en raison des salaires plus faibles dans les pays émergents. Aussi, les délocalisations se multiplient et avec elles d'importantes conséquences sociales : suppression d'emplois (principalement dans le secteur secondaire), paupérisation des milieux populaires, voire de certaines classes moyennes. Les salariés les plus vulnérables, c'est-à-dire les plus âgés et les moins qualifiés, sont les plus touchés. La politique industrielle doit impérativement s'adapter à ces changements.

2) La tentation protectionniste

Nous ne pouvons que douter des vertus du libre-échange lorsque de telles vagues de licenciements déferlent sur notre économie.

À titre d'exemple, la libéralisation des échanges mondiaux de textiles au 1er janvier 2005 a été un choc pour les salariés et pour les pays les moins compétitifs. Les consommateurs n'ont malheureusement pas obtenu de baisse des prix en retour. Rapidement, les quotas ont été rétablis au niveau des importations de textiles chinois. Mais, où est donc passé le surplus de marge dégagé par les multinationales ? A-t-il été investi au profit de la reconversion professionnelle des ouvriers de l'industrie textile ?

3) Les dérives actuelles du capitalisme financier

La libre circulation des capitaux engendre un capitalisme mondialisé et dominé par la finance. Derrière la concurrence des pays émergents, il y a celle de nos firmes globales qui investissent là où il est le plus rentable de le faire pour assurer les meilleurs rendements à leurs actionnaires. En effet, les chefs d'entreprise sont les premiers agents d'une mondialisation poussée. Ils recherchent des économies de rente via des coûts de production très faibles.

Plutôt qu'une concurrence inéquitable Nord/Sud, nous sommes en présence d'un conflit qui oppose le capital au travail. Aussi, la finance et le gouvernement d'entreprise doivent être régulés en diminuant le poids de ce capitalisme de rente. Pouvons-nous alors aller vers un nouvel État-providence (Franklin D. Roosevelt), encadrant la finance et organisant la coopération entre États pour contrôler la circulation internationale des capitaux ? Rien n'est moins certain… quoi qu'il en soit, la théorie économique traditionnelle paraît inefficace face à nos problèmes contemporains et de nouvelles solutions sont recherchées.

B) La remise en question de la théorie traditionnelle du libre-échange

1) De nombreuses critiques

La théorie traditionnelle de Ricardo est aujourd'hui remise en question.

Prenons le cas de la Chine, qui dispose de ressources très importantes en main-d'œuvre et en capital. Elle n'a pas de contrainte de rareté relative des facteurs de production. Ainsi, la Chine peut développer des capacités de production dans de très nombreux secteurs, y compris ceux à haute valeur ajoutée. De même, elle peut élaborer un procédé technique qui va lui permettre de dépasser la productivité américaine pour un bien que seuls les États-Unis, par exemple, fabriquaient auparavant, du fait de la spécialisation internationale. Dès lors, les États-Unis se voient contraints d'abandonner la production de ce bien, sans pour autant pouvoir récupérer la production du bien dans lequel la Chine s'était alors spécialisée parce que les salaires chinois sont faibles. Aussi, tous les salariés peuvent être touchés par des licenciements, aussi bien des salariés peu qualifiés que des cadres. La politique industrielle doit répondre aux contraintes des salariés en protégeant les industries nationales sans quoi de nombreux pays risquent de tout perdre.

Selon Samuelson, l'histoire regorge de cas où les leaders ont vu leur taux de croissance « faiblir du fait de la concurrence à bas salaires et des imitations de techniques de production ». Dans ce contexte, « les gains liés au commerce international ne sont pas nécessairement supérieurs aux pertes ». Il existe donc bien des cas où, lorsque deux pays jouent la carte du libre-échange, un seul des pays est gagnant, l'autre perdant à l'échange.

Krugman critique lui aussi les pratiques libre-échangistes. Il a mis en avant les nombreuses imperfections de la concurrence (exemple : dans le domaine de l'aéronautique) et a indiqué que les aides publiques à un secteur, bien qu'elles contribuent à instaurer davantage de concurrence internationale, peuvent générer une efficacité accrue et des effets bénéfiques sur l'économie nationale.

Enfin, Bhagwati avance en 1958 son concept de « croissance appauvrissante » qui se résume par le schéma ci-dessous :

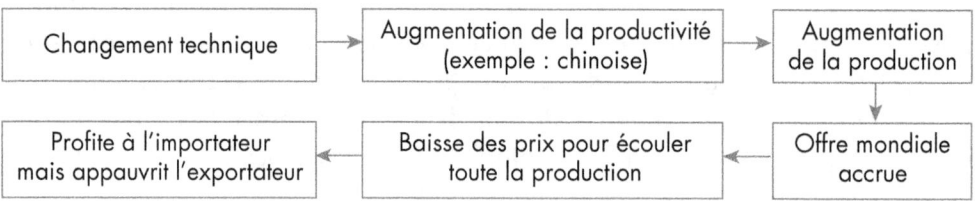

Là encore, un théoricien démontre que le libre-échange ne possède pas que des vertus et qu'ainsi, la politique industrielle doit mettre en place un ensemble de mesures protégeant les industries nationales ou supranationales, dans le cas européen par exemple, et permettant leur développement.

2) Quelles solutions ?

Les ressources doivent être allouées de manière optimale. Continuer à produire en France des chaussures de base quand d'autres le font de manière moins coûteuse n'est pas tenable. Il semble irréaliste à long terme de vouloir maintenir des productions qui ne peuvent pas résister à la concurrence.

Aussi les pays du Nord sont-ils fortement encouragés à se spécialiser dans la production de biens très haut de gamme et sophistiqués (biotechnologies, nouvelles sources d'énergie, nanotechnologies, espace, protection de l'environnement, etc.).

Les politiques industrielles doivent impulser un important effort d'innovation en incitant les entreprises à augmenter leurs dépenses de recherche et développement (RD). À l'heure actuelle, celles de l'Union européenne (UE) représentent moins de 2 % de son PIB contre environ 3 % au Japon et aux États-Unis. L'État doit ici intervenir pour créer de nouveaux avantages compétitifs en matière de recherche et de politique industrielle.

Nous nous apercevons que des pratiques protectionnistes peuvent être légitimes, d'une part lorsqu'il s'agit de défendre un intérêt stratégique pour la nation, et d'autre part lorsqu'il s'agit de protéger les intérêts de certaines firmes. Aussi, des mesures telles que des clauses de sauvegarde (exemple : Arcelor), c'est-à-dire des dispositions permettant de réintroduire des barrières douanières si la libéralisation entraîne des importations rapides au point de créer un préjudice sérieux, ou des quotas, c'est-à-dire des limites quantitatives imposées aux importateurs, voient le jour.

Nonobstant, l'autarcie totale paraît impensable, la France étant le cinquième exportateur mondial et le quatrième plus gros détenteur d'investissements à l'étranger. C'est alors plutôt vers un protectionnisme à bon escient, dosé, que nous nous dirigeons afin de réduire les effets sociaux négatifs liés aux échanges.

3) Critique des pratiques protectionnistes

Certains économistes avancent que les mesures protectionnistes existent déjà : maintien des barrières tarifaires sur certains produits, obstacles non tarifaires sur d'autres (exemples : règlements pour raison de santé publique, protection de secteurs sensibles, etc.). Compte tenu du contexte actuel, leur efficacité pourrait être remise en cause.

D'un autre côté, l'augmentation des tarifs douaniers ne ralentit pas forcément les importations. Arthur Lewis a démontré, dans les années 1930, que les politiques protectionnistes expliquaient peu le ralentissement des échanges. De même, selon Susan Strange, la baisse des tarifs douaniers n'est pas la seule raison du boom commercial de l'après-guerre. Jusqu'à quel niveau faudrait-il donc augmenter les droits de douane pour avoir un effet sur le commerce international, sans incidence négative sur l'activité de nos industries ?

Quoi qu'il en soit, les politiques protectionnistes ne régulent pas les problèmes de fond : le rythme insuffisant de croissance, la redistribution entre les gagnants et les perdants du système mis en place, et la volonté des entreprises d'utiliser les investissements à l'étranger comme une tactique de maximisation des profits par la délocalisation. À quoi sert-il pour un État de protéger son territoire et ses industries quand ses entreprises s'installent ou sous-traitent à l'étranger ? La solution de baisser la progression des salaires pour augmenter la compétitivité et dégager des excédents commerciaux ne semble pas satisfaisante. Effectivement, l'Allemagne, premier exportateur mondial de biens manufacturés, dégage de forts excédents commerciaux mais son niveau de chômage (7,3 % de la population active en 2006) est encore assez élevé et elle détruit plus d'emplois manufacturés que les États-Unis.

Le protectionnisme possède donc lui aussi ses effets pervers :
- rentes pour les firmes (exemples : certaines aciéries, les importateurs de textiles) ;
- la protection de tel ou tel secteur est-elle vraiment bénéfique pour tous ? L'intérêt collectif est-il préservé ?
- il empêche la recherche de solutions plus performantes en matière de politique industrielle, c'est-à-dire au niveau des politiques structurelles qui agissent sur le long terme ;
- comment redistribuer aux perdants ?

Certaines solutions apparaissent, comme la mise en place d'une politique active de réallocation des ressources disponibles pour financer des investissements dans les bassins d'emplois exposés, des formations, des aides à la mobilité.

En définitive, le protectionnisme peut être utile pour préserver le patrimoine social ou culturel d'une région. Mais il faut sans cesse adapter, innover et redéployer les ressources productives. Le protectionnisme ne doit pas servir de leurre qui indirectement justifie l'immobilisme et les rentes.

Chapitre 8

Management

Les théories managériales

Depuis la fin du XIXe siècle et les travaux de Frédérick Winslow Taylor, les théoriciens du management introduisent des éléments nouveaux, des dépassements ou alors synthétisent de précédentes recherches. Il paraît donc important de présenter les différentes théories existantes d'une manière chronologique, eu égard aux influences qu'elles ont pu avoir sur les travaux postérieurs.

Cette étude est évolutive et n'est pas exhaustive. Il existe de multiples auteurs et il semble extrêmement difficile de tous les présenter. Nonobstant, je me suis attaché à mettre en avant les principales écoles de pensée du management. Leur diversité constitue une formidable richesse pour tout enseignant, praticien ou étudiant.

Je me suis efforcé de synthétiser les multiples apports de ces écoles. En effet, je pense que c'est à partir de termes pertinents, de concepts centraux que ces travaux permettront d'élargir le champ de nos connaissances et surtout de susciter de profondes réflexions.

Les théories managériales se sont développées en deux temps :
- tout d'abord par le biais de **la théorie classique**, où l'entreprise apparaît comme une véritable boîte noire, et où le manager optimise sans tenir compte des caractéristiques de l'organisation ;
- puis, par un ensemble théorique constitué de deux branches qui ont amélioré la compréhension du fonctionnement interne de l'entreprise : **les théories des organisations** et **les théories de la firme**, fondées par des travaux d'économistes et des recherches microéconomiques.

Des interdépendances existent donc entre sciences économiques et sciences de gestion. Ces théories se développent en parallèle, et de nombreux liens permettent de les intégrer et de former un ensemble de modèles et d'écoles, constituant ainsi les théories du management.

La vision des économistes correspond à une vision plutôt « simpliste » : elle analyse des variables telles que :
— quantité,
— prix,
— taux d'intérêt,
— coût des facteurs.

Cette vision semble aussi incomplète. Un nombre important de praticiens et de théoriciens de l'entreprise ont alors proposé leurs travaux, et l'entreprise a été étudiée dans toute sa complexité :
— humaine,
— technique,
— commerciale,
— managériale.

De la « main invisible » des économistes (concept mis en avant par Adam Smith), qui prétendent que le marché est le seul élément régulateur, nous passons à une « main visible » des entrepreneurs, comme le disait Chandler dans son ouvrage *The visible hand : the managerial revolution in american business*[1].

Le panorama des théories du management présenté dans le tableau 8.2 donne un aperçu de l'évolution de la pensée des chercheurs et des praticiens. S'il ne prétend pas être exhaustif, il pose néanmoins quelques jalons utiles en présentant les différentes écoles du management. Il intègre quelques pistes novatrices de recherche en management.

L'entreprise peut désormais être perçue comme une organisation finalisée et structurée, socio-technique, réunissant des acteurs aux compétences et aux objectifs différents, système ouvert sur l'environnement, évolutif, lieu de décision dans un contexte contingent et de rationalité limitée, lieu de pouvoir, de coalitions, de contrats et de conventions, institution.

---

1. Harvard university press, 1977.

Dans ce contexte fort complexe, l'entreprise recherche la flexibilité sous de nombreuses formes, induisant ainsi une gestion de variables multiples dans un environnement mouvant : gestion du temps, du risque, de la taille, des frontières, de l'innovation, de la qualité, de la structure, des connaissances et des coûts. Tous ces problèmes actuels conduisent le gestionnaire à piloter un changement permanent tant dans les produits, les activités que dans les structures, le management, les outils de gestion.

Tableau 8.1 - **Problématique actuelle de la gestion des entreprises**

Contexte	Objectifs de l'entreprise	Variables de gestion
Mondialisation	Valeur	Variables stratégiques
Forte concurrence	Performance	Variables organisationnelles
Segmentation des marchés	Flexibilité	Exemples :
Demande hétérogène, instable	Productivité	Temps
Technologies flexibles	Coût	Espace
Complexité de l'environnement	Délai	Taille
Incertitude de l'environnement	Qualité	Qualité
		Innovation
		Risque
		Connaissance
		Changement

Quels outils, quelles méthodes mettre en œuvre pour atteindre les objectifs de l'entreprise ?

Chaque auteur apporte sa pierre à l'édifice organisationnel. Il importe de la situer dans son contexte et de tenir compte des changements de l'environnement. L'organisation, tout comme l'homme, est perfectible…

Tableau 8.2 – Tableau de synthèse de l'évolution de la pensée managériale

Auteur	Dates	École	Influence managériale à partir de	Apports	Ouvrage majeur
Frédérick Winslow TAYLOR	1856-1915	Classique	1889	Organisation Scientifique du Travail (OST) ; « the one best way » ; « the right man in the right place » ; déshumanisation et parcellisation du travail ; 1er consultant en organisation.	*Scientific management* (1911)
Henry FORD	1863-1947	Classique	1913	Mise en place de la chaîne de montage ; « five dollars a day ».	*Ma vie et mon œuvre* (1925)
Henri FAYOL	1841-1925	Classique	1916	6 fonctions de l'entreprise : technique, commerciale, financière, comptable, sécurité et administrative ; 14 principes d'administration et de gestion : division du travail, autorité-responsabilité, discipline, unicité de commandement, unicité de direction, primauté de l'intérêt général, juste rémunération, degré de décentralisation, nécessité de communications latérales, ordre matériel et moral, équité, stabilité du personnel, initiative, esprit d'entreprise. « Administrer, c'est prévoir, organiser, commander, coordonner, contrôler ».	*Administration industrielle et générale* (1916)
Max WEBER	1864-1920	Classique	1922	Organisation bureaucratique. Il existe 3 types d'organisation selon le style d'autorité en place : 1) charismatique 2) traditionnelle 3) rationnelle-légale.	*Wirtschaft und Gesellschaft* (1922)
Mary Parker FOLLET	1868-1933	Relations humaines	1920	Premier auteur à s'intéresser à la dimension humaine, à la dimension des groupes ; fonde une théorie des équipes : elle suggère que l'activité des personnes ne peut être pertinente qu'en envisageant une responsabilité de groupe. Cette théorie s'articule autour de 5 grands principes d'action : coordination des équipes, synchronisation du travail, conception globale de l'activité de travail, management de proximité, dimension conflictuelle.	*Dynamic administration* (1941)

Management

Auteur	Dates	École	Influence managériale à partir de	Apports	Ouvrage majeur
George Elton MAYO	1880-1949	Relations humaines	1927	Prise en compte de facteurs psychosociologiques. Critique de l'OST, travaux à la Western Electric de 1927 à 1932. Effet Hawthorne = réaction positive du groupe liée à la prise en compte de facteurs psychosociologiques.	*The humans problems of an industrial civilization* (1933)
Kurt LEWIN	1890-1947	Relations humaines	1935	Fondateur du concept de dynamique de groupe. Il distingue 3 styles de leadership : autoritaire, démocratique, « laisser-faire ». Il prône le style démocratique en matière de rendement et d'épanouissement du groupe.	*A dynamic theory of personality* (1935)
Abraham MASLOW	1908-1970	Relations humaines	1954	Pyramide des besoins : 1) besoins physiologiques 2) de sécurité 3) sociaux (appartenance, affection) 4) d'estime et de reconnaissance 5) d'accomplissement de soi et de développement. La satisfaction d'un besoin ne peut être réalisée que si les besoins de niveau inférieur sont eux-mêmes satisfaits.	*Motivation and personality* (1954)
Chris ARGYRIS	né en 1923	Relations humaines	1957	Travaux sur la réalisation psychologique des individus. Chaque individu a un potentiel qui peut être développé ou infirmé par l'organisation et l'environnement particulier du groupe pour lequel il travaille.	*Personality and organization* (1957)
Douglas Mc GREGOR	1906-1964	Relations humaines	1960	Théories X et Y. Théorie X = l'homme est naturellement paresseux, il faut donc le contraindre au travail. Incite à l'application de l'OST. Théorie Y = l'homme n'a pas une aversion naturelle pour le travail, il ne s'implique que s'il a des responsabilités et s'il prend des initiatives qui seront valorisées par ses supérieurs. Suggère la mise en place d'une direction participative.	*La dimension humaine de l'entreprise* (1960)

Auteur	Dates	École	Influence managériale à partir de	Apports	Ouvrage majeur
Rensis LICKERT	1903-1981	Relations humaines	1961	Recherches sur les relations intégrées : les relations entre les membres de l'organisation intègrent les valeurs personnelles de chacun. Toute personne doit donc se sentir considérée et nécessaire dans l'entreprise pour travailler efficacement. Il distingue 4 styles de direction : 1) le management autoritaire exploiteur 2) le management autoritaire paternaliste 3) le management consultatif 4) le management participatif.	*Le gouvernement participatif de l'entreprise* (1961)
Ronald COASE (Prix Nobel 1991)	né en 1910	Contractuelle	1937	L'entreprise est un mode de coordination économique alternatif au marché. Le recours à la firme est utile parce que la coordination par le marché et les prix génère des coûts supplémentaires. Dès lors, lorsque ces coûts semblent supérieurs aux coûts d'organisation interne à l'entreprise, la coordination par la hiérarchie organisationnelle s'impose.	*The nature of the firm* (1937)
Oliver WILLIAMSON	né en 1932	Contractuelle	1975	Invente la dénomination « coûts de transaction » et propose une théorie générale du choix des arrangements institutionnels (du marché à l'organisation). Les coûts de transaction représentent les coûts de fonctionnement du système d'échange, c'est-à-dire des coûts d'information, de négociation, d'échange, de contrôle, etc. D'autre part, Williamson part de la théorie de la rationalité limitée de Simon et souligne que les contrats sont incomplets. Cette incomplétude des contrats favorise les comportements de type opportunistes. Selon lui, la coordination dans l'entreprise est préférable à celle par le marché, dans la mesure où la hiérarchie limite ces comportements opportunistes.	*Les institutions de l'économie* (1975)

Management

Auteur	Dates	École	Influence managériale à partir de	Apports	Ouvrage majeur
Michaël JENSEN et William MECKLING	auteurs contemporains	Contractuelle	1976	Théorie de l'agence. Une relation d'agence est un contrat par lequel une ou plusieurs personnes (appelée le principal) engagent une autre personne (appelée l'agent) pour exécuter en son nom une tâche qui implique une délégation d'un certain pouvoir de décision à l'agent. La théorie envisage la possibilité d'une divergence entre le principal et l'agent et part du principe que l'agent dispose d'informations que ne possède pas le principal. Il y a par conséquent une asymétrie d'informations. Le contrat semble alors incomplet. Si le principal souhaite contrôler l'agent, il doit supporter des coûts d'agence (= dépenses de surveillance comme celles de commissariat aux comptes ou dépenses d'incitation comme l'allocation de stock-options). L'entreprise a donc une dimension contractuelle fondamentale à gérer puisque les acteurs peuvent avoir des intérêts divergents.	*Theory of the firm : managerial behavior* (1976)
Warren BENNIS	né en 1925	Développement des organisations	1989	Est un des plus grands spécialistes du management. Ses apports sont orientés vers l'action. Il est l'inventeur du concept d'adhocratie. Il est le chef de file du courant de l'Organization Development. Il cite Winston Churchill « L'empereur du futur sera l'empereur des idées ».	*On becoming a leader* (1989)
John von NEUMAN et Oskar MORGENSTERN	1903-1956 et 1902-1977	Décisionnelle	1944	Théorie des jeux = théorie mathématique concernant le comportement de 2 ou n joueurs (= compétiteurs, concurrents) dont le but est d'optimiser le comportement social (donc le gain) dans des situations conflictuelles. Le « jeu » peut être à somme nulle, somme négative ou positive.	*Theory of games and economic behavior* (1944)
Herbert SIMON (Prix Nobel 1978)	1916-2001	Décisionnelle	1947	Modèle Intelligence Modellisation Choice (IMC) ; concept de rationalité limitée : il est impossible pour un décideur de regrouper toutes les informations nécessaires, chaque décideur a des préférences (= subjectivité), les capacités du décideur sont limitées, les informations peuvent être biaisées.	*Administration et processus de décision* (1947)

Auteur	Dates	École	Influence managériale à partir de	Apports	Ouvrage majeur
James MARCH et Richard CYERT	nés en 1928 et 1921	Décisionnelle	1963	Théorie comportementale de la firme. Selon eux, la firme est une organisation complexe, constituée de groupes d'acteurs aux intérêts divers, qui se trouvent dans des rapports simultanés de coopération et de conflits. Ils montrent aussi comment la présence de routines organisationnelles contribue à soulager les acteurs qui peuvent, dès lors, consacrer leur attention au traitement de problèmes inattendus. Ils soulèvent 2 dimensions clés : 1) l'étude des modes de gestion des conflits individuels. Les personnes ont des objectifs individuels et il existe des coalitions d'individus poursuivant des buts communs ; 2) les conditions de constitution d'une capacité collective à produire. Il y a souvent un excès de ressources disponibles par rapport aux besoins des acteurs (= le slack). Leur théorie s'appuie sur 4 grands concepts : 1) la quasi-résolution des conflits 2) l'élimination de l'incertitude 3) la recherche de solutions en termes de problèmes par proximité 4) le concept d'apprentissage organisationnel.	*Processus de décision dans l'entreprise* (1963)
LEARNED, CHRISTENSEN, ANDREWS et GUTH	auteurs contemporains	Décisionnelle	1969	La firme agit comme un acteur parfaitement rationnel. Double analyse : de l'environnement et des ressources internes de l'organisation, d'où une analyse des opportunités et des menaces et des forces et faiblesses.	*Le modèle de Harvard* (1969).
J.G. MARCH, M.D. COHEN et J.P. OLSON	auteurs contemporains	Décisionnelle	1972	Le modèle de la poubelle interroge l'irrationalité des choix décisionnels et organisationnels. Les auteurs montrent dans quelle mesure la combinaison toujours fluctuante des problèmes, compte tenu des flots de participants, de choix, de problèmes, conduit à des solutions parfois inattendues, voire inédites.	*A garbage can model of organization choice* (1972)

Management

Auteur	Dates	École	Influence managériale à partir de	Apports	Ouvrage majeur
Ludwig von BERTALANFFY	1901-1972	Systémique	1951	Mise en avant des 5 éléments caractérisant un système : les fonctions de l'entreprise apparaissent en tant qu'éléments différenciés, une frontière entre le système et son environnement, délimitée à partir de la structure organisationnelle, un environnement composé de différents partenaires et adversaires de l'organisation, l'existence d'un objectif général de l'organisation (finalité économique, sociale ou sociétale), la mise en place de procédures de régulation conduisant à des prises de décisions pour chercher à atteindre des objectifs finalisés.	*La théorie générale des systèmes* (1968)
Peter Ferdinand DRUCKER	1909-2005	Néo-classique	1954	Décrit les 10 commandements de l'organisateur; fondateur de la Direction par objectifs (DPO). Il tente d'ériger de véritables principes d'action à l'attention des managers : 1) détermination des objectifs à atteindre 2) rôle motivationnel et communicationnel 3) activité de pilotage 4) activité de formation 5) responsabilité d'organisation.	*The pratice of management* (1954)
Alfred D. CHANDLER	né en 1918	Néo-classique	1962	Il a étudié l'histoire des plus grandes et des plus puissantes compagnies américaines entre 1850 et 1920. Selon lui, les changements de stratégie sont les causes des changements de structure d'entreprise. Il a également inspiré l'école de la contingence.	*Strategy and structure* (1962)
Alfred Pritchard SLOAN	1875-1966	Néo-classique	1965	Inventeur des concepts d'entreprises multidivisionnelles et décentralisées. Ses apports sont très opérationnels.	*My years with General Motors* (1965)

Auteur	Dates	École	Influence managériale à partir de	Apports	Ouvrage majeur
Michel CROZIER	né en 1922	Sociologique	1977	L'organisation est un lieu d'action collective des acteurs ; remise en cause de l'organisation bureaucratique. L'analyse des relations de pouvoir ne peut pas se limiter aux rapports hiérarchiques et réside dans la capacité des acteurs à repérer et à se saisir des sources d'incertitude pour chercher à exercer une influence sur les autres catégories professionnelles. 4 concepts clés pour analyser les organisations : 1) les stratégies d'acteurs 2) le système d'action concret 3) les zones d'incertitude 4) le pouvoir dans les organisations.	L'acteur et le système (1977)
Renaud SAINSAULIEU	1935-2002	Sociologique	1977	Il définit 4 identités au travail : modèle de la fusion, négociation, affinités, retrait.	L'identité au travail. Les effets culturels de l'organisation (1977)
Jean-Daniel REYNAUD	né en 1926	Sociologique	1989	Explique comment un groupe se structure et devient capable d'actions collectives.	Les règles du jeu. Action collective et régulation sociale (1989)
Michel CALLON	auteur contemporain	Sociologique	1989	Le développement de l'organisation réside dans sa capacité à innover.	La science et ses réseaux. Genèse et circulation des faits scientifiques (1989)
Philippe BERNOUX	auteur contemporain	Sociologique	1995	Théorie des logiques d'action. L'acteur n'agit pas seulement en fonction de la situation mais aussi compte tenu de ses expériences et de sa mémoire.	La sociologie des entreprises (1995)
Léon FESTINGER	1919-1989	Psychosociologique	1962	Théorie de la dissonance cognitive. Elle stipule que lorsqu'une personne se trouve en présence d'idées contradictoires, elle ressent des tensions psychologiques désagréables qu'elle va s'efforcer de faire baisser par son comportement.	A theory of cognitive dissonance (1962)

Management

Auteur	Dates	École	Influence managériale à partir de	Apports	Ouvrage majeur
Eugène ENRIQUEZ	auteur contemporain	Psychosociologique	1992	Théorie analytique. Il montre dans quelle mesure une organisation peut avoir une action structurante sur le mode de pensée et l'appareil psychique de ses membres. Il invite le chercheur consultant à mobiliser 7 instances de l'organisation : instance mythique, sociale-historique, institutionnelle, structurelle, groupale, individuelle, pulsionnelle, pour appréhender dans une certaine globalité la vie organisationnelle d'une structure.	L'organisation en analyse (1992)
Claude FABRE	auteur contemporain	Psychosociologique	1997	Il distingue 5 types d'implication : implication dans les valeurs au travail, dans l'emploi occupé, dans la carrière, dans l'organisation, dans le syndicat. Il présente 3 conséquences de l'implication : les salariés impliqués sont les plus performants, les moins absents et les plus fidèles ; a des effets sur les attitudes des salariés (volonté de formation, baisse de l'intention de départs volontaires).	Les conséquences humaines des restructurations. Audit de l'implication des rescapés après un plan social (1997)
Maurice THEVENET	auteur contemporain	Psychosociologique	2000	L'implication peut donner aux personnes le sentiment de réaliser quelque chose tout en se réalisant individuellement. Si l'individu adhère aux valeurs et au projet de l'organisation, il va s'investir dans son travail. Il existe 5 grandes causes de l'implication d'une personne au travail : l'environnement du travail, l'activité de l'entreprise, l'organisation au sens large (politique générale, valeurs, culture projet), le métier, la valeur travail. Pour lui, il est impossible d'impliquer des personnes même si l'entreprise fait des efforts. L'implication est une décision personnelle. Il existe 3 conditions pour favoriser l'implication des salariés : cohérence de la politique générale avec les actions mises en œuvre, réciprocité entre l'entreprise et les salariés (équité contributions-rétributions), appropriation des valeurs et des objectifs de leur organisation.	Le plaisir de travailler. Favoriser l'implication des personnes dans l'entreprise (2000) L'implication au travail (2002)

© Groupe Eyrolles

Auteur	Dates	École	Influence managériale à partir de	Apports	Ouvrage majeur
Joan WOODWARD	1916-1971	Contingence	1965	Ce sont les différences de technologie développées par les entreprises qui expliquent les différences organisationnelles. Elle distingue 3 modes d'organisation de la production à travers la technologie : 1) production unitaire ou de petites séries 2) production en grande série 3) processus continu de production.	*Industrial organization. Theory and pratice* (1965)
Thomas BURNS et G.M. STALKER	auteurs contemporains	Contingence	1966	Les structures des organisations dépendent de facteurs externes, en particulier de l'incertitude et de la complexité de l'environnement. Ils suggèrent de distinguer 2 types d'organisation : les organisations mécanistes adaptées à un environnement stable et les organisations organiques liées à des environnements plus instables.	*The management of innovation* (1966)
Paul LAWRENCE et Jay LORSCH	auteurs contemporains	Contingence	1967	Ils démontrent que le degré d'instabilité de l'environnement joue un rôle important dans la structuration des organisations. Ils avancent 2 concepts clés : 1) la différenciation = degré de différence de comportement et de fonctionnement que l'organisation va adopter en son sein pour répondre aux demandes de l'environnement 2) l'intégration = processus destiné à instaurer une unité d'efforts entre les différentes attitudes au sein de l'organisation et entre les unités de travail distinctes.	*Organization and environment* (1967)

Auteur	Dates	École	Influence managériale à partir de	Apports	Ouvrage majeur
Henry MINTZBERG	né en 1939	Contingence	1982	Il est considéré comme l'un des plus riches théoriciens des organisations. Ses travaux tournent autour de 3 axes complémentaires : l'analyse du rôle des managers, l'élaboration de la stratégie des entreprises et la structuration des organisations. Il propose une modélisation du fonctionnement organisationnel à partir de 6 parties de base appelées « coalition interne » : sommet stratégique, ligne hiérarchique, centre opérationnel, technostructure, support logistique, idéologie; 4 coalitions externes : propriétaires, partenaires, associations de salariés, publics ; et 6 mécanismes de coordination des personnes : ajustement mutuel, supervision directe, standardisation des procédés de travail, standardisation des résultats, standardisation des qualifications, standardisation des normes ; 7 configurations structurelles aux différents modes de coordination : organisation entrepreneuriale, bureaucratie mécaniste, structure divisionnelle, bureaucratie professionnelle, organisation innovatrice, organisation missionnaire, organisation politique.	*Le management. Voyage au centre des organisations* (1990)
Eric TRIST et Frédérick EMERY	1909-1993 et 1925-1997	Socio-Technique	1965	La théorie sociotechnique montre que, pour une technologie donnée, il peut exister plusieurs organisations possibles de la production et non pas une seule comme le préconisait Taylor. Cette école s'appuie aussi sur une plus grande expression des salariés dans l'entreprise que celle de l'école des relations humaines.	*Systems thinking* (1969)
K. WEICK	né en 1936	Intervention en management	1979	Théorie de l'énaction, du constructivisme. L'intervention du chercheur modifie le comportement des acteurs et transforme la réalité observée.	*The social psychology of organizing* (1979)

Auteur	Dates	École	Influence managériale à partir de	Apports	Ouvrage majeur
Henri SAVALL	auteur contemporain	Organisationnelle contemporaine	1974	Théorie socio-économique des organisations : l'augmentation de la performance économique des organisations passe par le développement de son potentiel humain. Il classe les structures en 5 catégories : structures physiques, technologiques, organisationnelles, démographiques, mentales. Selon lui, une personne obéit à 5 logiques de comportement : comportements individuels, de groupe, catégoriels, de groupe d'affinité ou de pression, collectifs. L'interaction des structures et des comportements ou entre eux provoque des dysfonctionnements (=écarts entre résultats attendus et réalisés). La régulation de ces variables génèrent des coûts cachés qui affectent la performance socio-économique de l'entreprise. Il est possible de diminuer les dysfonctionnements et donc les coûts cachés par des actions de management socio-économique synchronisées. Les indicateurs de coûts cachés sont : l'absentéisme, les accidents du travail, la rotation du personnel, la qualité des produits, les écarts de productivité. H. Savall dirige une équipe de recherche de l'ISEOR.	*Enrichir le travail humain* (1974)
Philippe ZARIFIAN	né en 1947	Organisationnelle contemporaine	1996	Théorie de l'organisation qualifiante. Pour lui, le travail s'est transformé en raison des événements et de la communication. En effet, des événements aléatoires viennent troubler le fonctionnement de l'organisation. Face à cela, une gestion des compétences des salariés va être mise en place afin de développer leur capacité de régulation et d'innovation. L'organisation qualifiante repose sur 3 principes essentiels : 1) structurer son organisation 2) développer le caractère formateur des situations de travail 3) Rechercher de la coopération dans le travail. Les enjeux de cette théorie sont : la requalification des acteurs, la nécessité de rendre évolutive les structures, la nécessité de développer la performance de l'organisation.	*Travail et communication. Essai sociologique dans la grande entreprise industrielle* (1996)

Management

Auteur	Dates	École	Influence managériale à partir de	Apports	Ouvrage majeur
R.T. PASCALE et A.G. ATHOS	auteurs contemporains	Modèle japonais	1980	La réussite dépend de 7 variables clés (en anglais : « les 7 S ») : Stratégie, Structure, Système, Salariés, Style, Savoir-faire, Valeurs partagées.	*The art of japanese management* (1981)
Gordon REDDING	auteurs contemporains	Modèle japonais	1980	Montre l'efficacité des réseaux (= « les keiretsu »).	*Cross-cultural management* (2003)
Joseph JURAN et Edward DEMING	né en 1904 et (1900-1993)	Modèle japonais	1970	Inventeurs du concept de qualité totale. Pour eux, la « philosophie qualité » affecte les différents niveaux d'activité de l'entreprise et repose sur la trilogie planification / contrôle / améliorations techniques permanentes.	*Architect of quality* (2003)
Kenichi OHMAE	né en 1943	Modèle japonais	1980	Il distingue la pensée stratégique japonaise de celle de l'Occident. Les entreprises japonaises planifient pour réaliser des profits à long terme et sont très créatives, au contraire des entreprises occidentales qui souhaitent obtenir des profits immédiats et dont l'imagination semble limitée et le raisonnement trop rationnel.	*The mind of strategist : the art of japanese business* (1982)
Shigéo SHINGO	1909-1990	Modèle japonais	1980	Système pokayoké ; concept de flexibilité ; système S.M.E.D.	*A revolution in manufacturing: The SMED system* (1985)
Taïchi OHNO	1912-1990	Modèle japonais	1970	Concept du just in time (mis en place chez Toyota).	*L'esprit Toyota* (1990)
Thomas PETERS et Robert WATERMAN	né en 1942 et 1936	Modèle d'excellence	1981	Présente le modèle américain ; définit 7 clés de l'organisation pour améliorer l'efficacité du management et 8 attributs de réussite : 1. Action avec un travail en équipes 2. Ecoute du client 3. Autonomie et innovation 4. Motivation du personnel 5. Valeurs partagées (élément clé) 6. Recentrage sur le métier 7. Structure simple et souple 8. De la souplesse mais aussi de la rigueur.	*Le prix de l'excellence* (1981)

Auteur	Dates	École	Influence managériale à partir de	Apports	Ouvrage majeur
Hervé SERIEYX et Georges ARCHIER	auteurs contemporains	Modèle d'excellence	1984	Propose des caractéristiques permettant d'atteindre « l'excellence » managériale : ouverture sur l'extérieur (pratique de veille stratégique), flexibilité, projet partagé, réactivité et qualité, mise en place des « O olympiques ». La mission du manager consiste à valoriser le potentiel du personnel pour augmenter son efficacité. Les mots clés du manager se concentrent autour des termes : écoute, dialogue, humilité, formation, animation et professionnalisme.	L'entreprise du troisième type (1984)
Sidney WINTER et Richard NELSON	auteurs contemporains	Évolutioniste	1982	Le moteur de l'entreprise est constitué par sa volonté biologique de survie.	An evolutionary theory of economic change (1982)
G. DOSI, D.J. TEECE et L. MARENGO	auteurs contemporains	Évolutioniste	1984	Formalisent les concepts d'apprentissage et de routines.	Some elements of an evolutionary theory of organizationnal competences (1984)
Masahiko AOKI	auteur contemporain	Évolutioniste	1984	Les entreprises américaines et japonaises se distinguent par leur structure d'échanges d'information. On peut distinguer la firme hiérarchique et la firme horizontale.	The cooperative game theory of the firm (1984)
Alain LIPIETZ, Robert BOYER, Benjamin CORIAT, Olivier FAVEREAU	auteurs contemporains	Régulation	1988	Régulation de l'efficience de l'organisation par le biais de contrats, routines, normes des acteurs.	Théorie de la régulation (1990)
Dirigeants d'entreprises californiennes (ex. : Lewis PLATT, HP)	1941-2005	New management	1990	Préconise 4 axes à développer : dirigeant visionnaire, réinventer l'offre, changer, entraîner.	« Accepting risk - daring greatness: an entrepreneurial credo » in Executive Speeches (june/july 2004 p.9-13)

Les théoriciens de la firme figurent sur fond gris.

Définitions importantes

Ces définitions sont tirées des fiches que j'ai réalisées lors des phases de préparation des épreuves écrites et orales des concours auxquels je me suis présenté.

Avantage concurrentiel : correspond à un des facteurs résultant de la mise en œuvre d'une stratégie concurrentielle, qui permet à une entreprise de gagner des parts de marché sur ses concurrents.

Changement : évolution inéluctable permanente de toutes les organisations ; le changement concerne toutes les variables et tous les acteurs, la stratégie comme l'organisation, le domaine productif, commercial, financier et humain ; il doit être piloté.

Compétences de base : ensemble des savoir-faire, des technologies et des capacités d'une entreprise lui permettant d'attirer des clients et d'acquérir un avantage compétitif par rapport à ses concurrents sur un marché. Cette expression a été présentée par Hamel et Prahalad en 1994.

Contingence : terme issu du latin « *contingentia* » (hasard) et indiquant que tout ce qui est conçu peut indifféremment être ou ne pas être. La contingence implique donc l'absence de déterminisme strict. La théorie de la contingence appréhende l'entreprise comme un système ouvert qui doit s'adapter aux différentes caractéristiques de l'environnement.

Création de valeur : dans un sens large, regroupe le surplus dégagé entre le résultat économique et le coût des capitaux investis mais également la satisfaction procurée par les activités de l'entreprise aux différentes parties prenantes de l'entité.

Culture d'entreprise : ensemble de valeurs, de rites, de symboles et de mythes partagés par les membres d'une entreprise et influençant leurs actions quotidiennes ainsi que les choix stratégiques de l'entité.

Développement durable : développement qui répond aux besoins du présent sans compromettre la capacité des générations futures à répondre aux leurs.

Décision : choix effectué à un moment donné, dans un contexte donné, parmi plusieurs possibilités, pour impulser des actions d'ampleurs et de durée variable. Selon Melese, la décision est le comportement de l'homme qui opère des choix dans une situation d'information partielle. Mintzberg analyse la décision comme un processus qui consiste à être en permanence placé devant des choix.

Diagnostic : constat simultané du fonctionnement de l'entreprise (mesure de ses forces et faiblesses) et de ses relations avec l'environnement (prise en compte de ses opportunités et menaces).

Entreprise : de multiples définitions existent. Voici trois définitions possibles, privilégiant chacune un axe différent :
- mise en avant de sa *fonction de production* : agent économique réunissant des moyens de production en vue de produire des biens et/ou des services destinés à la vente ;
- mise en avant de son *ouverture* : système ouvert qui cherche à anticiper les évolutions externes ;
- mise en avant de l'importance de sa *prise de décision* : centre de décision capable de se doter d'une stratégie permettant d'assurer sa pérennité et sa croissance.

Entreprise globale : entreprise qui a adopté une stratégie de globalisation, c'est-à-dire une stratégie qui consiste à être présente dans la plupart des grandes régions du monde et à vendre des produits de plus en plus standardisés (Levitt, 1983).

Environnement : l'environnement de l'entreprise est à la fois sa source d'approvisionnement, un débouché pour sa production et un système socioculturel qui lui impose certains modes de conduite. Il apparaît désormais comme le point de départ de toute réflexion stratégique. La frontière qui sépare l'organisation de son environnement semble de plus en plus difficile à cerner eu égard aux structures en réseau qui se développent. Une analyse de l'environnement, et par ce biais de ses modifications, passe d'une part par un inventaire des acteurs qui le composent (clients, fournisseurs, banques, apporteurs de capitaux, État, etc.) et de leurs spécificités, et d'autre part par une conceptualisation des différents états qu'il peut afficher (stabilité, complexité, incertitude, etc.).

Éthique : thème très vaste qui regroupe *l'éthique organisationnelle* (manière dont l'entreprise intègre ses valeurs clés dans ses pratiques et ses processus de décisions), *la responsabilité sociale* (manière dont l'entreprise doit répondre aux attentes sociales des parties prenantes de l'organisation : salariés, clients, fournisseurs, etc.), et *le développement durable* (développement qui répond aux besoins du présent sans compromettre la capacité des générations futures de répondre aux leurs). Pour Mercier, l'éthique est « une réflexion qui intervient en amont de l'action et qui a pour ambition de distinguer la bonne et la mauvaise façon d'agir. »

Flexibilité : capacité d'adaptation et de réaction dans le temps d'une organisation, dans toutes ses dimensions : structure, organisation, personnel, production et produits, finances, quantitative et qualitative.

Gestion : ensemble des connaissances empruntées aux sciences exactes et humaines permettant de conduire efficacement une entreprise.

Gouvernement d'entreprise : ensemble des mécanismes qui ont pour effet de délimiter les pouvoirs et d'influencer les décisions des dirigeants (Charreaux).

Implication au travail : manière dont une personne place son travail compte tenu de ses autres intérêts, s'identifie au travail, s'engage psychologiquement et physiquement, appréhende son niveau de performance comme essentiel pour s'auto-évaluer et participe intensément aux relations et réalisation dans les situations de travail.

Innovation : elle a, dans l'entreprise, un sens très large avec une composante technologique (procédés de fabrication), une composante organisationnelle (organisation du travail), et une gestion du précieux et volatil capital de compétences de l'organisation.

Leadership : fonction de commandement exercée de manière plus ou moins formelle par un membre d'un groupe en fonction de sa capacité de manager, de son savoir ou encore de son charisme.

Management : activité visant à obtenir des hommes un résultat collectif en leur donnant un but commun, des valeurs communes, une organisation convenable et la formation nécessaire, pour qu'ils soient performants et puissent s'adapter au changement (Drucker). En fait, le management est à la fois art et science (art : il fait appel à des qualités intuitives, imaginatives et personnelles ; science : il fait appel à un ensemble de connaissances théoriques qui permet de quantifier, normaliser, formaliser).

Optimisation : méthode qui s'insère dans le cadre de raisonnements mathématiques, de sciences exactes utilisées en sciences de gestion et développées au début des formalisations en management dans les années 1950-1960. L'optimisation s'oppose au cadre de la rationalité limitée et de la contingence car elle suppose une solution unique dans un univers certain avec un décideur à rationalité parfaite.

Organisation : ce terme peut avoir plusieurs sens dans les disciplines de la gestion :

- dans un premier sens, les organisations désignent *des groupements humains qui coordonnent leurs activités pour atteindre les buts qu'ils se donnent.* Elles peuvent être de nature économique (les entreprises), sociale (les associations, les syndicats), politique (les partis) ou religieuse (les communautés religieuses).
- dans un second sens, les organisations caractérisent *les diverses façons par lesquelles ces groupements agencent ou structurent les moyens dont ils disposent pour parvenir à leurs fins.*
- enfin, dans un troisième sens, le terme d'organisation sert à décrire *l'action d'organiser,* c'est-à-dire le processus qui engendre les groupements ou les structurations décrits précédemment.

Performance : l'entreprise est performante si elle est simultanément efficace, efficiente et effectue des choix pertinents. Elle est efficace si elle réalise les objectifs qu'elle s'est fixée. Elle est efficiente si elle utilise à bon escient les moyens dont elle dispose, et elle prend des décisions pertinentes si ses objectifs sont conformes à ses moyens.

Pilotage : selon le dictionnaire *Le Robert*, il peut se définir comme l'action ou l'art de piloter. Le pilote est la personne qui conduit un avion, une voiture, qui guide dans les passages difficiles (vocabulaire maritime) ou encore qui sert de modèle et ouvre la voie (classe-pilote par exemple). En management, « *le pilotage peut être défini comme une démarche qui s'attache à relier en permanence stratégie, action opérationnelle et mesure des performances* » (selon Demeestere, Lorino et Mottis). Il relie stratégie et action opérationnelle, se place dans le cadre d'une structure d'organisation et s'appuie sur un ensemble de systèmes (objectifs, plans, budgets, tableaux de bord et indicateurs, comptabilité de gestion…) et de pratiques. Le pilotage peut être aussi défini comme un *ensemble de décisions et d'actions permettant de diriger un ensemble de moyens vers des* *objectifs définis*. Cela implique l'existence d'indicateurs qui permettent de comparer la trajectoire suivie et la trajectoire choisie pour effectuer les ajustements nécessaires. Ces ajustements vont de simples corrections jusqu'à des modifications des objectifs intermédiaires.

Proximité : nom commun signifiant « proche de ». Mais de quelle proximité s'agit-il ?

- La *proximité des clients* : par rapport à leur satisfaction ou géographiquement.
- La *proximité des fournisseurs* : proximité géographique, proximité en termes de complémentarité.
- La *proximité des salariés* : en termes de valeurs ou de lieu d'exercice de leur travail.
- La *proximité des publics* (société civile, associations) : l'entreprise se doit d'être citoyenne.
- La *proximité des propriétaires de l'entreprise* : répondre à leur demande en termes de dividendes.

Rationalité : concept qui est fondé sur la raison sans être marqué par une certaine subjectivité. Le décideur rationnel prend la meilleure solution pour lui-même.

Rationalité limitée : concept avancé par Simon, qui rejette l'hypothèse de la rationalité parfaite du décideur. Selon lui, la rationalité des responsables est contrainte et limitée, à la fois par l'environnement et par les dimensions psychologiques de tout individu. Le décideur ne peut pas connaître toute l'information pour réduire l'incertitude de l'environnement et il recherche un résultat satisfaisant plutôt qu'optimal. La décision est prise dans un contexte de rationalité limitée par le temps disponible, l'information utilisable et les capacités du décideur, avec une démarche de satisfaction au lieu d'un processus d'optimisation.

Responsabilité sociale d'entreprise (RSE) : correspond au concept de développement durable appliqué au monde de l'entreprise. Le terme RSE est traduit de l'anglais Corporate Social Responsibility qui inclut tout à la fois des notions sociales, sociétales et environnementales. La RSE présente donc un *triple objectif de performance.*

Risque : il y a deux grandes façons de concevoir le risque. Tout d'abord, il représente la menace d'un événement qui, s'il survient, portera préjudice. Le risque est alors un *danger potentiel* qu'on a une probabilité de subir dans une activité donnée. Cette menace incite à des comportements de protection, de transfert et d'assurance. D'autre part, certains peuvent affronter le risque par jeu ou philosophie personnelle, ou encore par acceptation d'encourir un mal avec l'espoir d'obtenir un bien (*risque entrepreneurial et financier*). Ils s'exposent à un danger calculé ou à une perte monétaire, dans le but d'obtenir un meilleur résultat que s'ils n'avaient rien tenté. Le risque est ici spéculatif.

Stratégie : « *la stratégie consiste en la détermination des buts et des objectifs à long terme d'une entreprise, l'adoption des moyens d'action et d'allocation des ressources nécessaires pour atteindre ses objectifs.* » (Chandler).

Structure : la structure d'une organisation est la « *somme totale des moyens employés pour diviser le travail en tâches distinctes et pour ensuite assurer la coordination nécessaire entre ces tâches.* » (Mintzberg).

Thème d'actualité : innovation et création d'un avantage concurrentiel de la PME

Ce thème d'actualité correspond à un des sujets donnés à l'oral de l'épreuve de management de l'Agrégation externe 2005. Nous traiterons le sujet en deux temps. Tout d'abord, nous aborderons la phase d'analyse qui nous permettra de définir les termes du sujet et de mener des recherches approfondies sur les concepts clés. Puis, nous élaborerons un plan détaillé qui tentera de répondre à notre problématique.

Première partie : analyse du sujet

Définition des termes

Qu'est-ce que l'innovation ?

Sur le plan étymologique, le mot « innovation » vient du mot latin « *innovatio* » (changement, renouvellement). Il fut d'abord employé au Moyen Âge comme terme juridique (vers 1297) en étant synonyme du mot « novation » (substitution à une obligation que l'on éteint, d'une obligation que l'on crée qui peut être nouvelle, par changement de créancier, de débiteur, d'objet ou de cause). Puis, à partir du XVIe siècle (1559), il prend le sens d'« *action d'innover* » ou de « *chose nouvelle* » et s'applique spécialement au domaine de l'industrie et des affaires. Cet emploi est aujourd'hui le plus courant[1].

Au niveau des différentes disciplines de la gestion, il convient de distinguer plusieurs approches.

En économie, l'innovation correspond à un changement susceptible d'être observé dans différents domaines. On parle ainsi *d'innovation sociale, d'innovation technologique*. Cette dernière correspond à une nouveauté dans la production sous forme de produit nouveau (innovation de produit), de procédé de

---

[1]. Sources : Alain Rey, *Dictionnaire historique de la langue française* et Gérard Cornu, *Vocabulaire juridique*.

fabrication nouveau (innovation de procédé), d'un usage nouveau pour des produits et des équipements existants, de nouveaux débouchés ou de nouvelles organisations de l'entreprise (innovation organisationnelle).

Selon l'ampleur des effets, on distingue l'innovation majeure de l'innovation mineure. Les innovations majeures sont associées aux révolutions industrielles ou technologiques. Selon Schumpeter, ces formes d'innovations, dues à des entrepreneurs dynamiques, constituent le principal facteur d'évolution des économies. Dans sa théorie du cycle des affaires, les innovations sont traitées comme des variables exogènes qui arrivent en grappe : une innovation en entraîne plusieurs autres. L'apparition de l'innovation assure l'expansion économique et un monopole temporaire à l'entreprise dynamique. L'effet d'imitation fait perdre le superprofit. La croissance se ralentit jusqu'à l'apparition providentielle d'une nouvelle innovation.

De nos jours, l'innovation est le résultat des programmes lourds de recherche et développement dans lesquels les financements publics sont souvent dominants. En d'autres termes, l'innovation n'est plus exogène mais endogène ; elle n'est plus le fait d'entrepreneurs individuels ou de chercheurs isolés, mus par le surprofit de monopole temporaire, mais d'une recherche organisée à large échelle en concertation avec les pouvoirs publics[1].

En gestion, l'innovation peut être définie comme la réalisation de la nouveauté. Elle englobe aussi bien le processus du changement que le résultat qui en découle.

L'innovation est souvent associée à la technologie (introduction de produits nouveaux, modification de produits existants, nouveaux procédés de production ou nouveaux matériaux). Elle peut aussi porter sur l'organisation. En fait, le plus souvent, elle est mixte : elle combine à la fois un aspect technologique et organisationnel.

L'impact dynamique de l'innovation affecte à la fois les entreprises qui l'introduisent et leur environnement. Cependant, les innovations sont d'intensité variable : certaines sont révolutionnaires, c'est-à-dire radicales ou de rupture : elles bouleversent réellement la sphère sociale dans son ensemble ou des organisa-

---

1. Source : *Lexique d'économie*, éditions Dalloz.

tions qui les appliquent ; d'autres sont incrémentales, c'est-à-dire modestes : elles passent presque inaperçues, les changements sont limités et ne concernent que les processus de production, de consommation ou d'échange.

L'innovation peut, selon Tushman et Anderson (1986), s'apparenter à une destruction créatrice (Schumpeter), c'est-à-dire que le nouveau détruit l'ancien pour émerger, ou alors à un renforcement de l'existant (l'amélioration consolide)[1].

Qu'est-ce que la « création » ?

Il s'agit de l'action de créer, c'est-à-dire d'élaborer, de produire, d'organiser une chose qui n'existait pas encore.

Qu'est-ce qu'un « avantage concurrentiel » ?

L'avantage concurrentiel est l'un des facteurs résultant de la mise en œuvre d'une stratégie concurrentielle, qui permet à une entreprise de gagner des parts de marché sur ses concurrents. Michael Porter a mis au point une formule très perfectionnée pour déterminer comment les entreprises et les pays peuvent obtenir des avantages concurrentiels[2].

Qu'est-ce qu'une PME ?

Cette question peut sembler assez simple, mais en réalité, elle est plutôt complexe !

Définition des entreprises adoptée par la Commission européenne : « *Est considérée comme entreprise, toute entité, indépendamment de sa forme juridique, exerçant une activité économique. Sont notamment considérées comme telles les entités exerçant une activité artisanale ou d'autres activités à titre individuel ou familial, les sociétés de personnes ou les associations qui exercent régulièrement une activité économique.* »

Il n'existe pas de définition unique de la PME. Les critères retenus diffèrent selon les pays et l'objet de la définition : textes législatifs ou réglementaires instituant des dispositifs d'aides en direction des PME ou calcul de statistiques.

---

1. Sources : *Encyclopédie de la Gestion et du Management*, éditions Dalloz ; *Dictionnaire de Gestion*, éditions La Découverte, 2001.
2. Carol Kennedy, *Toutes les théories du management*, Maxima, 2003.

En France, on avait, depuis l'après-guerre, l'habitude de considérer comme PME les entreprises comptant moins de 500 personnes. Aujourd'hui, Eurostat (l'office statistique des communautés européennes) et la plupart des pays considèrent que ce seuil est de 250 personnes.

Aussi, nous pouvons préciser que les petites et moyennes entreprises (PME) sont des entreprises dont la taille, définie par un ensemble de critères (essentiellement le nombre de salariés), ne dépasse pas certains seuils. Les autres critères de taille utilisés sont le chiffre d'affaires annuel ou le total du bilan, et un critère d'indépendance s'exprimant sous la forme de non-appartenance à un groupe trop important.

Le critère du nombre de personnes occupées (critère de l'effectif) reste certainement l'un des plus significatifs et doit s'imposer comme critère principal, mais l'introduction d'un critère financier est un complément nécessaire pour appréhender la véritable importance d'une entreprise, ses performances et sa situation par rapport à la concurrence. Il ne serait pas souhaitable pour autant de retenir comme seul critère financier celui du chiffre d'affaires, notamment parce que le chiffre d'affaires des entreprises du commerce et de la distribution est par nature plus élevé que celui du secteur manufacturier. Le critère du chiffre d'affaires doit donc être combiné avec celui du total du bilan qui reflète l'ensemble de la richesse d'une entreprise, l'un des deux critères pouvant être dépassé.

Le 6 mai 2003, la Commission a adopté une nouvelle recommandation 2003/361/CE concernant la définition des PME qui, depuis le 1er janvier 2005, a remplacé la recommandation 96/280/CE (en droit, une recommandation correspond à une invitation à agir dans un sens déterminé, c'est-à-dire à une suggestion dépourvue de caractère contraignant). Cette nouvelle définition est le fruit de deux séries de consultations publiques de grande ampleur. Elle maintient les différents seuils d'effectifs qui déterminent les catégories des micro-entreprises, des petites ou des moyennes entreprises, mais relève considérablement les plafonds financiers (chiffre d'affaires ou total du bilan), notamment en raison de la hausse de l'inflation et de la productivité depuis 1996.

La définition concerne l'ensemble des politiques communautaires appliquées dans l'espace économique européen en faveur des PME. Elle est adressée aux États membres, à la Banque européenne d'investissement et au Fonds européen d'investissement. Ces dispositions ont pour effet de limiter le bénéfice de l'accès aux mécanismes nationaux et aux programmes européens de soutien aux PME aux seules entreprises qui possèdent les caractéristiques des véritables PME (sans la force économique de groupements plus vastes). Cette modernisation de la définition des PME aura un impact sur la promotion de la croissance, de l'entrepreneuriat, des investissements et de l'innovation. Elle favorisera la coopération et la création de grappes d'entreprises indépendantes.

Le commissaire chargé des entreprises, Erkki Liikanen, a déclaré : « *Les petites et moyennes entreprises constituent l'élément central de l'économie européenne. Elles sont la clé de l'esprit d'entreprise et de l'innovation dans l'UE et sont donc essentielles pour assurer la compétitivité de l'Union. Une définition appropriée de quelles entreprises rentrent dans cette catégorie facilite la détermination de leurs besoins et la mise au point de politiques efficaces pour compenser les problèmes spécifiques liés à leur taille. C'est vital pour la compétitivité, la croissance et l'emploi dans une Union européenne élargie.* »

Les PME sont donc, dans le cadre de cette nouvelle recommandation 2003/361/CE, définies comme des entreprises respectant les seuils suivants et le critère de l'indépendance ci-dessous :

Catégorie	Effectifs (inchangés)	Chiffre d'affaires	Total du bilan
Moyenne Entreprise	< 250	≤ 50 millions d'euros (en 1996 : 40 millions)	≤ 43 millions d'euros (en 1996 : 27 millions)
Petite Entreprise	< 50	≤ 10 millions d'euros (en 1996 : 7 millions)	≤ 10 millions d'euros (en 1996 : 5 millions)
Micro-entreprise	< 10	≤ 2 millions d'euros (précédemment non défini)	≤ 2 millions d'euros (précédemment non défini)

« *Sont considérées comme indépendantes les entreprises qui ne sont pas détenues à hauteur de 25 % ou plus du capital ou des droits de vote par une entreprise ou conjointement par plusieurs entreprises ne correspondant pas à la définition de la PME.* » Toutefois, en vue d'encourager la création d'entreprises, le financement en fonds propres des PME et le développement rural et local, les entreprises peuvent être considérées comme autonomes malgré une participation égale ou supérieure à 25 % par certaines catégories d'investisseurs, qui ont un rôle positif pour ces financements et ces créations (cas des personnes physiques ou groupes de personnes physiques ayant une activité régulière d'investissement en capital à risque).

Il est indispensable de toujours préciser les bornes de la catégorie étudiée. Aussi, nous pouvons distinguer, en fonction de leur effectif, les différentes catégories d'entreprises suivantes :

– micro-entreprises : « 0 à 9 » ;
– très petites entreprises (TPE) : « 10 à 19 », ou encore « 0 à 19 » ;
– petites entreprises : « 20 à 49 », ou encore « 0 à 49 » ;
– moyennes entreprises : « 50 à 249 » ;
– petites et moyennes entreprises (PME) : « 0 à 249 » ;
– grande entreprise : « 250 et + ».

Ainsi, nous pouvons définir les PME comme étant des entreprises employant moins de 250 personnes et dont, soit le chiffre d'affaires annuel n'excède pas 50 millions d'euros, soit le total du bilan annuel n'excède pas 43 millions d'euros, et qui respectent le critère de l'indépendance.

Les PME sont socialement et économiquement importantes : elles représentent 99 % des entreprises de l'UE, fournissent environ 65 millions d'emplois, et constituent une source essentielle pour l'esprit d'entreprise et l'innovation. Cependant, elles font face à des difficultés particulières que les législations communautaire et nationales tentent de compenser en leur octroyant divers avantages. Une définition juridiquement claire et facile d'utilisation est nécessaire, afin d'empêcher des distorsions dans le marché intérieur. La nouvelle définition permet d'éviter que les entreprises faisant partie d'un grand groupe profitent des régimes de soutien aux PME.

Il convient donc de distinguer les différents types d'entreprises, selon qu'elles sont autonomes (indépendantes), qu'elles ont des participations qui n'impliquent pas de position de contrôle (entreprises partenaires), ou qu'elles sont liées à d'autres entreprises.

Quelques définitions

Groupe : ensemble de sociétés ayant chacune une existence juridique distincte souvent constitué par une société mère et une ou plusieurs filiales.

Société mère : société qui possède plus de la moitié du capital social d'une autre société dite filiale.

Filiale : société dont une partie du capital social (en général plus de la moitié) appartient à une société dite société mère.

> **Succursale** : établissement secondaire sans personnalité juridique propre mais doté d'une certaine autonomie de gestion.

L'effectif d'une entreprise correspond au nombre d'unités de travail-année (UTA). Cela prend en en compte :
- les salariés de l'entreprise considérée ;
- les personnes travaillant pour cette entreprise, ayant un lien de subordination avec elle et assimilées à des salariés au regard du droit national ;
- les propriétaires exploitants ;
- les associés exerçant une activité régulière dans l'entreprise et bénéficiant d'avantages financiers de la part de l'entreprise.

> Les apprentis ou étudiants en formation professionnelle bénéficiant d'un contrat d'apprentissage ou de formation professionnelle ne sont pas comptabilisés dans le nombre de personnes occupées.

Une UTA correspond à une personne ayant travaillé dans l'entreprise, ou pour le compte de cette entreprise, à temps plein pendant toute l'année considérée. L'effectif est chiffré en UTA. Le travail des personnes n'ayant pas travaillé toute l'année, ou ayant travaillé à temps partiel, quelle que soit la durée, ou le travail saisonnier, est compté comme fractions d'UTA. La durée des congés de maternité ou congés parentaux n'est pas comptabilisée.

En ce qui concerne le calcul des chiffres d'affaires, on distingue :
- l'entreprise autonome avec des données financières et un effectif basés uniquement sur les comptes de cette entreprise ;
- l'entreprise qui a des entreprises partenaires, dont le chiffre d'affaires est le résultat du cumul des données de l'entreprise et des entreprises partenaires ;
- l'entreprise qui est liée à d'autres entreprises, dont le chiffre d'affaires est ajouté aux données des entreprises auxquelles elle est liée.

- **L'entreprise autonome** représente de loin le cas le plus fréquent. Il s'agit simplement de toutes les entreprises qui n'appartiennent pas à l'un des deux autres types d'entreprises (partenaires ou liées). Une entreprise est autonome si elle :
  - n'a pas de participation de 25 % ou plus dans une autre entreprise ;
  - n'est pas détenue directement à 25 % ou plus par une entreprise ou un organisme public, ou conjointement par plusieurs entreprises liées ou organismes publics, à part quelques exceptions ;

n'établit pas de comptes consolidés, n'est pas reprise dans les comptes d'une entreprise qui établit des comptes consolidés et n'est donc pas une entreprise liée.

POUR ALLER PLUS LOIN

Une entreprise peut continuer à être considérée comme autonome si ce seuil de 25 % est atteint ou dépassé, lorsqu'on est en présence des catégories d'investisseurs suivants (à la condition que ceux-ci ne soient pas liés avec l'entreprise requérante) :

- sociétés publiques de participation, sociétés de capital à risque, personnes physiques ou groupes de personnes physiques ayant une activité régulière d'investissement en capital à risque (business angels) qui investissent des fonds propres dans des entreprises non cotées en Bourse, pourvu que le total de l'investissement desdits business angels dans une même entreprise n'excède pas 1 250 000 euros ;
- universités ou centres de recherche à but non lucratif ;
- investisseurs institutionnels, y compris fonds de développement régional ;
- autorités locales autonomes ayant un budget annuel inférieur à 10 millions d'euros et comptant moins de 5000 habitants.

- **L'entreprise partenaire** noue des partenariats financiers significatifs avec d'autres entreprises, sans que l'une n'exerce un contrôle effectif direct ou indirect sur l'autre. Sont partenaires des entreprises qui ne sont pas autonomes, mais qui ne sont pas non plus liées entre elles. Une entreprise est « partenaire » d'une autre entreprise si :
  - elle possède une participation comprise entre 25 % et moins de 50 % dans celle-ci ;
  - cette autre entreprise détient une participation comprise entre 25 % et moins de 50 % dans l'entreprise requérante ;
  - l'entreprise requérante n'établit pas de comptes consolidés reprenant cette autre entreprise et n'est pas reprise par consolidation dans les comptes de celle-ci ou d'une entreprise liée à cette dernière.

- **L'entreprise liée** fait partie d'un groupe, par le contrôle direct ou indirect de la majorité du capital ou des droits de vote (y compris à travers des accords ou, dans certains cas, à travers des personnes physiques actionnaires), ou par la capacité d'exercer une influence dominante sur une entreprise. Il s'agit donc de cas plus rares qui se distinguent en général de façon très nette des deux types précédents. Dans le souci d'éviter aux entreprises des difficultés d'interprétation, la Commission européenne a défini ce type d'entreprises en reprenant, lorsque celles-ci sont adaptées à l'objet de la définition, les conditions données par l'article 1er de la directive 83/349/CEE du Conseil concernant les comptes consolidés, qui est d'application depuis de nombreuses années. Une entreprise sait donc en règle générale de façon immédiate qu'elle est liée, dès lors qu'elle est déjà tenue, au titre de cette directive, d'établir des comptes consolidés ou qu'elle est reprise par consolidation dans les comptes d'une entreprise qui est tenue d'établir de tels comptes consolidés.

Délimitation du champ spatio-temporel du sujet

Le sujet peut être analysé à notre époque contemporaine sur le plan international, exclusivement au sein des PME.

Eléments théoriques

De nombreux auteurs peuvent apporter des contributions intéressantes à l'analyse du sujet : Porter, Woodward et Schumpeter.

Dans son ouvrage de 1985, *L'Avantage concurrentiel*, Porter présente le concept d'avantage concurrentiel en le décrivant comme « *la valeur qu'une firme peut créer pour ses clients en sus des coûts supportés par la firme pour la créer.* » Il est par conséquent capital pour une entreprise d'identifier ses sources d'avantage concurrentiel, avant, bien sûr, de les exploiter. La chaîne de valeur, en schématisant l'imbrication des activités créatrices de valeur en distinguant activités principales (logistique interne, production, logistique externe, commercialisation et vente, services) et de soutien (approvisionnements, développement technologique, gestion des ressources humaines et infrastructures de la firme), constitue un bon instrument d'analyse stratégique.

Les différentes sources d'avantage concurrentiel apparaissent alors clairement. Elles correspondent à la mise en place de l'une des trois stratégies de base pour atteindre des résultats supérieurs à la moyenne du secteur. Il s'agit de la domination par les coûts, de la différenciation et de la concentration de l'activité. Cette dernière est toutefois particulière dans la mesure ou elle repose sur l'exploitation d'un avantage concurrentiel (que ce soit par les coûts ou la différenciation) à l'intérieur d'une cible étroite. L'auteur insiste fortement sur le danger qu'il y aurait à refuser de choisir entre ces trois stratégies de base. Selon lui, « *l'enlisement dans la voie médiane* » conduit inévitablement à des résultats inférieurs à la moyenne du secteur.

La technologie a une influence directe sur les coûts ou la différenciation : elle intervient dans l'avantage concurrentiel en modifiant les autres facteurs d'évolution des coûts ou d'unicité. Elle peut également peser sur chacune des cinq forces de la concurrence, en particulier au niveau des barrières à l'entrée. Il convient donc de privilégier les technologies qui ont les effets durables les plus importants sur les coûts ou la différenciation, ce qui n'a rien à voir avec leur degré de sophistication.

Il faut également considérer l'évolution de la technologie. En se donnant les moyens de l'anticiper, une firme peut prendre les initiatives adéquates et donc s'approprier ou renforcer un avantage concurrentiel.

Ce travail de prévision repose le plus souvent sur le modèle du cycle de vie. En phase de croissance, les innovations portent principalement sur le produit. Une fois la maturité atteinte, l'objectif est de rationaliser une production en masse, d'où des efforts centrés sur l'amélioration des procédés de fabrication. Quand approche le déclin, les innovations se raréfient.

Toutefois, il ne faut pas oublier que les prévisions portant sur la technologie doivent être considérées avec prudence, tant l'incertitude est forte en ce domaine. Ce rappel vaut tout autant pour le choix des technologies à développer que pour la décision d'être ou non précurseur, ou encore pour l'octroi de licences d'exploitation.

Joan Woodward (*Industrial organization. Theory and pratice*, 1965) attire notre attention sur les conséquences organisationnelles d'un choix technologique : ce sont les différences de technologie développées par les entreprises qui expliquent les différences organisationnelles. La recherche d'un avantage concurrentiel peut donc affecter la structure de l'entreprise.

Schumpeter, dans sa *Théorie du développement économique* (1911), présente ses cinq possibilités d'innovation pouvant donc procurer à l'entreprise un avantage concurrentiel :

– l'introduction de nouveaux produits ou de nouvelles qualités pour les produits ;
– l'introduction de nouvelles méthodes de production ou de nouveaux procédés commerciaux ;
– l'ouverture de nouveaux marchés pour les produits ;

- la découverte de nouvelles sources d'approvisionnement (matières premières et produits semi-finis) ;
- la création de nouvelles organisations.

> Les innovations groupées dans le temps et dans l'espace (*phénomène du clustering*) donnent naissance aux cycles.

Actualité du sujet

- La loi en faveur des PME du 2 août 2005, défendue par Renaud Dutreil, qui vise à soutenir leur création, leur pérennité et leur croissance. L'innovation peut être un facteur favorisant.
- Création d'Oseo en 2005, à l'initiative du gouvernement français, de la réunion des compétences de trois organismes ayant historiquement une mission d'intérêt général au service des TPE/PME : la BDPME (banque du développement des PME), et sa filiale Sofaris, L'anvar (Agence française de l'innovation) et le GIE Agence des PME. Lesquels sont devenus respectivement : Oseo-BDPME, et sa filiale Oseo-Sofaris, Oseo-Anvar et Oseo services. Oseo a pour rôle de :
  - fournir des réponses aux besoins des PME, essentielles à leur émergence et à leur développement, et qui ne sont pas couverts par les acteurs privés ;
  - renforcer la lisibilité, l'efficacité et les effets de levier attachés aux dispositifs nationaux et locaux actuels ;
  - l'action du groupe s'articule autour de trois principaux axes :
  - donner envie d'entreprendre : en accompagnant les chefs d'entreprises dans leurs projets et en leur permettant d'avoir un meilleur accès aux financements ;
  - mettre les PME au coeur d'un réseau : il existe en effet une grande diversité de sources d'aides aux PME, qui leur rend plus difficile l'accès à l'information ;
  - être présent tout au long de la vie de l'entreprise, en particulier dans les moments les plus risqués : création, innovation, développement et transmission.

  > *Exemple de la société Exaprotect Technology (voir le document 2 annexé au sujet).*

- « Le paradoxe de l'innovation » : les entreprises placent l'innovation comme principal levier de croissance mais ne considèrent pas le soutien à l'innovation comme une priorité (voir les études empiriques du document 1 annexé au sujet).

Problématique

Dans quelle mesure la PME peut-elle se procurer un avantage concurrentiel en innovant ? Comment procède-t-elle eu égard à sa faible capacité de financement ? Quel type d'innovation produit-elle ? Quelles sont les difficultés qu'elle peut rencontrer ?

Deuxième partie : plan détaillé

I) La réactivité de la PME : un facteur favorisant l'innovation et créateur d'un avantage concurrentiel

A) Une analyse pertinente de l'environnement de l'entreprise

Les enquêtes empiriques montrent que les clients constituent la première source d'innovation pour l'entreprise en termes d'innovations de produit. Elles montrent aussi le rôle des fournisseurs sur les innovations de process. Les clients et les fournisseurs sont à eux seuls à l'origine de près de 50 % des innovations de l'entreprise. Les PME entretiennent des relations privilégiées avec leurs partenaires, ce qui favorise le développement de l'innovation.

Le manager peut également élaborer des stratégies face au changement (stratégie technologique, veille technologique, partenariat, etc.).

D'autre part, les gains de compétitivité les plus conséquents semblent plutôt relever d'innovations organisationnelles : flux tendus et juste a temps (JAT), ingénierie simultanée, qualité totale, etc.

B) Une diffusion rapide de l'innovation

Dosi, Clark et Durant (dans les années 1980 et au début des années 1990) ont étudié la diffusion de l'innovation et ainsi avancé le concept de trajectoire technologique. Pour eux, les innovations de rupture sont suivies de longues phases de continuité qui explorent un paradigme technologique, jusqu'à ce qu'une nouvelle révolution vienne à son tour bouleverser la donne. Les PME disposent de grandes capacités de réactivité et anticipent le déclin d'une innovation précédente.

C) Une réactivité limitée

La nouveauté est relative à son contexte. À chacun d'évaluer en quoi l'innovation constitue une opportunité (avantage concurrentiel possible à l'occasion du changement) ou une menace pour sa propre organisation.

II) La spécialisation de la PME : un atout au service de l'innovation conférant un avantage concurrentiel

A) Le rôle des mécanismes d'apprentissage

Le déroulement d'un cycle d'innovation met en jeu des mécanismes d'apprentissage pour l'organisation de l'entreprise : apprentissage par l'usage et par l'interaction avec le client, par l'expérience, en produisant, etc. Ces apprentissages construisent ainsi des compétences pour l'entreprise jusqu'à la prochaine révolution, qui rendra obsolète une partie au moins des compétences accumulées par l'organisation et exigera d'elle de désapprendre pour réapprendre. La PME, en se spécialisant, présente un avantage concurrentiel car elle maîtrise mieux le processus d'innovation (sa succession d'étapes) [exemple : Exaprotect Technology, voir document 2 annexé au sujet].

La promotion de l'innovation est ainsi devenue un enjeu pour l'entreprise, qui tente de mobiliser la capacité de création de ses ressources humaines et de s'organiser pour innover (boîtes à idées ou gestion de projet pour les plus grandes PME, échanges quotidiens, etc.) Les initiatives managériales abondent pour tenter de relever le défi de l'innovation.

On estime également devoir environ 25 % des innovations aux opérationnels qui œuvrent au cœur de l'organisation. Le dernier quart des innovations provient des autres acteurs de l'entreprise, principalement ceux de la fonction Recherche et Développement (RD) dont l'importance est ainsi relativisée. Néanmoins, selon Kline et Rosenberg (1986), le rôle des équipes de RD est déterminant pour la résolution des problèmes rencontrés tout au long du processus d'innovation (ne concerne que les grandes PME).

B) Un processus d'innovation transversal

L'innovation concerne en tout premier lieu la fonction de production de l'entreprise, mais elle revêt le plus souvent un caractère transversal et agit plus largement sur la fonction mercatique, Ressources Humaines (RH), les systèmes d'information et l'ensemble des domaines de la gestion.

Les innovations révolutionnaires sont spectaculaires et peuvent permettre de déloger des concurrents bien positionnés sur le marché. Cependant, elles constituent des cas assez exceptionnels. En effet, l'innovation doit plutôt être recherchée dans les petites améliorations en continu, générées au quotidien dans l'atelier, dans l'interaction avec le client ou dans le dialogue technique avec le fournisseur. Les Japonais désignent, sous le terme de kaizen, ces petites innovations en continu comme le moteur principal de la compétitivité. Et c'est là que les PME sont très fortes.

L'innovation apparaît aujourd'hui comme un atout favorable pour l'amélioration de la compétitivité des entreprises, voire comme une condition absolue de leur survie à terme. L'innovation peut être un facteur majeur d'amélioration de la position concurrentielle de l'entreprise. Les PME, spécialistes d'une activité, peuvent mettre en œuvre une stratégie de différenciation, ce qui confère à l'entreprise une rente temporaire de monopole et une barrière à l'entrée sur son marché (avance provisoire sur les autres offreurs). Aussi, l'innovation peut permettre de tirer parti d'une situation de concurrence monopolistique.

C) Une innovation réductrice de coûts ?

Dans une autre perspective, l'innovation peut être un facteur de réduction des coûts : elle permet à des PME de bénéficier de conditions de production ou de distribution plus économiques.

Nonobstant, l'innovation comporte un coût : acquisition des connaissances scientifiques et technologiques, adaptations de la structure, du matériel, des systèmes d'information, des qualifications du personnel. L'innovation impose des délais d'adaptation : elle place l'entreprise dans une période de vulnérabilité consécutive aux renouvellements introduits.

Aussi, l'innovation accroît les risques auxquels l'entreprise est exposée. De nombreuses entités innovatrices sont incapables d'assurer leur survie à terme malgré leur créativité. Elles rencontrent des difficultés qui les obligent à interrompre leurs activités ou à subir une prise de contrôle par des entités plus routinières, mais dotées d'une structure opérationnelle et de ressources financières plus stables.

En définitive, la question de la relation entre capacités d'innovation et dimensions de l'entreprise doit être posée. De nombreuses études empiriques débouchent sur des résultats ambigus. Les PME apportent une contribution importante à l'innovation dans certaines activités, moins exigeantes en matière d'efforts de recherche scientifique et technologie lourde et pour lesquelles leur réactivité et leur aptitude à assurer un service particulièrement adapté sont mises en valeur.

De même, elles excellent pour certains types d'innovations exigeant la perception fine des besoins liés à des applications très ciblées ainsi qu'une proximité forte avec des utilisateurs aux attentes spécifiques. Dans d'autres secteurs d'activités, les avancées réalisées sont surtout imputables aux grandes entreprises (ex. : industrie aérospatiale, construction automobile, énergie, chimie et pharmacie). Dans ces domaines, l'innovation exige la conduite préalable d'un effort massif de recherche dont le coût, la complexité et la durée ne sont supportables que pour des entités atteignant une masse critique et donc une taille suffisante.

Document 1 : le paradoxe de l'innovation[1]

L'innovation peine à trouver sa place dans les entreprises. La preuve ? De 50 à 70 % des lancements de nouveaux produits échouent ! C'est ce qu'il ressort d'une étude que nous avons réalisée auprès de 650 entreprises européennes et américaines. Alors qu'elles citent l'innovation comme principal levier de croissance pour l'avenir, elles classent le soutien à l'innovation en fin de liste de leurs priorités. C'est le « paradoxe de l'innovation ».

Pourtant, les industriels sondés estiment que les nouveaux produits devraient représenter 34 % de leur chiffre d'affaires en 2007, contre 21 % en 1998. Ils reconnaissent aussi que les produits assurant plus de 70 % de leurs ventes seront obsolètes en 2010. Malgré tout, ils n'apportent généralement pas de réponses sur les moyens à mettre en œuvre pour disposer d'une politique d'innovation efficace. En revanche, ceux, trop rares, qui l'ont placée au cœur de leur stratégie et de leurs processus sont gagnants. Ces « machines à innover », capables de maîtriser la complexité de marchés globaux, de systèmes de production éclatés, dégagent des bénéfices jusqu'à 73 % supérieurs à la moyenne de leur secteur.

Alors pourquoi les entreprises rencontrent-elles autant de difficultés ? La plupart ont comme priorité de dégager des profits à très court terme et ont du mal à se projeter dans l'avenir. D'où leur difficulté à lancer de nouveaux produits et services, par manque d'anticipation des attentes des consommateurs et une réticence à allouer des ressources à la RD. Il en résulte une approche peu structurée, source principale d'échecs.

Pour pallier ces lacunes, les industriels doivent gérer l'innovation et être capables d'identifier celle qui modifiera les habitudes de consommation. Il leur faut également accroître la visibilité sur leur structure de coûts et sur les sources de profit,

---

1. Source : *Usine Nouvelle*, n° 2935, 14 octobre 2004, p.12.

ne pas penser en cycle de vie du produit, conduisant à ne se concentrer que sur la fin de vie, mais en cycle de profitabilité débouchant sur une optimisation permanente de la rentabilité.

Les entreprises repoussent la difficulté en se focalisant sur les produits existants. L'innovation incrémentale ou de rupture passe par l'acceptation des idées extérieures à l'entreprise et le développement de cas pratiques pour définir un business model dans des conditions proches du réel, par une meilleure compréhension des écarts entre besoins des consommateurs et nouvelles offres et par la définition d'une organisation optimale pour passer de l'innovation au produit.

Enfin, il s'agit d'entretenir la capacité d'une organisation à innover grâce à une étroite collaboration entre les consommateurs et les industriels, au développement de processus permettant d'améliorer la flexibilité et de réduire les coûts ainsi qu'à une vision globale de la chaîne de valeur et l'utilisation de technologies avancées pour gérer le cycle de vie du produit (PLM, Product Lifecycle Management), la relation client (CRM, Customer Relationship Management) et la planification (APS, pour Advanced Planning and Scheduling). Elle permettra de maximiser les profits tout au long du cycle de vie du produit et de les conduire au succès.

Document 2 :
Exaprotect Technology tente de lever 10 millions d'euros[1]

Exaprotect Technology, société basée à Villeurbanne (Rhône) et spécialisée dans l'édition de logiciels de sécurité informatique, cherche à prendre une envergure européenne. Jean-François Déchant, quarante ans, président et cofondateur de cette SAS majoritairement contrôlée par les fondateurs associés à des investisseurs privés, envisage pour ce faire de procéder à une levée d'argent, de l'ordre de 10 millions d'euros d'ici à fin 2005 - début 2006 et a pris contact avec des fonds de capital-investissement spécialisés dans la sécurité.

Cette jeune pousse, constituée en 2001, vise les 10 millions d'euros de ventes en 2006. Elle vient d'ouvrir un bureau à Londres avec un premier collaborateur. « *La Grande-Bretagne est le pays de référence dans le domaine des technologies du système d'information. C'est le premier marché européen en matière de sécurité et nous*

---

1. Source : *Les Échos*, 13-14 mai 2005.

voulons y prendre l'avantage par rapport à nos concurrents américains », justifie le responsable de l'entreprise qui emploie aujourd'hui 33 personnes dont 20 en recherche et développement.

Cette force de frappe est complétée par les équipes des laboratoires de recherche de l'Insa de Lyon ou encore de l'École supérieure des télécommunications de Bretagne, avec laquelle ont été nouées des collaborations.

Les logiciels proposés par Exaprotect Technology sont destinés à contrôler les systèmes de sécurité. « *Chaque année, il se crée de nouveaux systèmes – antispams, antivirus – qui s'empilent. Notre offre permet de s'assurer que la sécurité informatique des entreprises est garantie sur tous les fronts* », poursuit le dirigeant. La société s'adresse à la fois aux grands groupes, aux PME et aux TPE. Ses logiciels sont disponibles soit par abonnement, soit en les achetant, le choix dépend de la taille des firmes concernées. L'éditeur lyonnais a réalisé l'an dernier un peu plus de 2 millions d'euros de chiffre d'affaires (avec des comptes à l'équilibre) contre 1,7 million au cours de l'exercice précédent, prolongé sur dix-huit mois.

Annexe : informations complémentaires sur l'entreprise Exaprotect[1]

Éditeur de logiciels, Exaprotect Technology est leader européen sur le marché en très forte croissance du SIM (Security Information Management). La société a développé le logiciel Exaprotect Advanced Software (EAS). Ce logiciel, est un outil de pilotage de la sécurité globale du Système d'Information de l'entreprise qui offre une vision synthétique et rapide des alertes en cours ainsi que des systèmes mal paramétrés. Il vient en complément des outils et des technologies en place. Il fournit une vision synthétique et rapide des alertes en cours, des systèmes mal paramétrés et du risque encouru. Le logiciel EAS apporte une couche d'intelligence entre les dispositifs de sécurité et ceux qui sont en charge de leur administration. Le moteur de corrélation Incident Care (R) (technologie labellisée par l'ANVAR) optimise le traitement des événements et fournit des tableaux de bord techniques et organisationnels.

---

1. Source : www.exaprotect.fr

Cette offre s'adresse :

- aux organisations (sociétés et administrations) de toute taille qui sont soucieuses d'assurer la qualité, la disponibilité, la pérennité et surtout la sécurité de leur système d'information ;
- aux fournisseurs de service de sécurité désirant piloter efficacement le système d'information de leurs clients finaux en leur offrant des services de sécurité managés clés en mains.
- concept réellement innovant et unique en France, il s'adresse à toutes les sociétés et administrations, grandes entreprises, PME-PMI et collectivités locales. La société Exaprotect Technology est soutenue par l'Anvar Rhône-Alpes.

Pilotage de l'entreprise et modifications de l'environnement : travail de recherche sur les concepts clés du sujet[1]

Toute phase d'apprentissage nécessite un travail de recherche permettant d'approfondir certains concepts ou éléments théoriques à maîtriser pour réussir les différentes épreuves du concours ou de l'examen.

Ce type de tâche est à mener lors de l'analyse du sujet, mais il peut également se faire ultérieurement afin de renforcer ses connaissances sur les thèmes en question.

Repérage visuel des termes centraux ou d'articulation du sujet : *pilotage* de l'entreprise *et* modifications de l'environnement

Analyse des termes clés du sujet

Le pilotage semble lié à la notion de régulation. En effet, l'action de réguler confère à un pilote le rôle d'assurer le fonctionnement correct d'un système complexe. L'entreprise peut être perçue comme un système de décision capable de se

---

[1]. Complément théorique au sujet proposé dans la première partie, chapitre 2.

doter d'une stratégie pour assurer sa pérennité et sa croissance. Notre contexte économique se compose d'organisations qui interagissent en subissant les perturbations de leur environnement.

L'environnement de l'entreprise est à la fois sa source d'approvisionnement, un débouché pour sa production et un système socioculturel qui lui impose certains modes de conduite. Il apparaît désormais comme le point de départ de toute réflexion stratégique. La frontière qui sépare l'organisation de son environnement semble de plus en plus difficile à cerner eu égard aux structures en réseau qui se développent. Une analyse de l'environnement, et par ce biais de ses modifications, passe d'une part par un inventaire des acteurs qui le composent (clients, fournisseurs, banques, apporteurs de capitaux, État, etc.) et de leurs spécificités, et d'autre part par une conceptualisation des différents états qu'il peut afficher (stabilité, complexité, incertitude, etc.). Selon Trist et Emery, de l'école sociotechnique, quatre types d'environnement peuvent être présentés :

- **environnement stable, aléatoire** : les composants changent peu et sont faiblement connectés ; le marché est en situation de concurrence pure et parfaite ;
- **environnement stable, structuré** : les composants changent peu mais sont reliés ; l'entreprise met en place une stratégie dans un marché de concurrence imparfaite ou monopolistique ;
- **environnement instable, réactif** : l'environnement est organisé et réactif, l'entreprise doit réagir et anticiper les modifications des composants ; le marché est oligopolistique ;
- **environnement turbulent** : les composants sont en totale interaction et les prévisions de leurs actions deviennent très difficiles à faire ; il caractérise le marché actuel.

En définitive, ce n'est pas l'état réel de l'environnement qui prévaut mais bien sa perception puisqu'elle est génératrice d'actions de pilotage spécifiques.

Face à un environnement mouvant, le « pilote » (le dirigeant, le manager) essaye des solutions afin d'atteindre ses objectifs. Il utilise son expérience ou s'appuie sur les facteurs clés de succès empruntés par une autre organisation. Il se doit de disposer d'un ensemble de moyens d'action variés pour limiter les perturbations (loi de la variété requise, exposée par Ashby en 1958), comme la polyvalence du personnel et la maintenance préventive et prédictive par exemple. De même, les théoriciens de la contingence, comme Lawrence et Lorsch, démontrent l'intérêt de la différenciation des services de l'organisation afin de répondre aux spécificités de l'environnement, tout en intégrant les objectifs globaux de l'entité et en préservant la coordination des moyens engagés.

Selon Hirschman et son concept « Exit, Voice and Loyalty », le décideur peut ne pas percevoir les perturbations et donc les dangers pour son organisation, voire abandonner irrémédiablement celle-ci ou au contraire redynamiser les acteurs en suscitant leur créativité afin de sauvegarder la pérennité de l'entreprise en provoquant un changement organisationnel.

Pour répondre aux variations de l'environnement, Simon préconise l'utilisation de décisions programmables dans le cadre d'un pilotage « mécanique » répondant à des problèmes davantage opérationnels, et de décisions non programmables dans un cadre de pilotage tactique ou stratégique.

Le pilotage de l'organisation doit prendre en considération le changement, l'incertitude et la complexité de l'environnement ainsi que la diversité et l'insuffisance des modèles de gestion qui tentent de pallier ces phénomènes. Ainsi, le pilotage de l'entreprise nécessite l'intégration de variables internes concernant l'organisation et de variables environnementales.

L'entreprise doit tenter de s'adapter au mieux aux turbulences de l'environnement afin de rester pérenne : hausse des prix mal perçue par la demande, position de forces des concurrents, clients, fournisseurs, apparition d'un produit de substitution (Porter, *Les cinq forces de la concurrence*). Dans un tel contexte, le pilotage doit être permanent, le temps de réaction constituant une variable de gestion primordiale.

D'après Demeestere, le pilotage est une démarche de management qui relie stratégie et action opérationnelle et qui s'appuie, au sein d'une structure, sur un ensemble de systèmes d'informations que représente, de manière permanente, le contrôle de gestion (plans, budgets, tableaux de bord, la comptabilité de gestion).

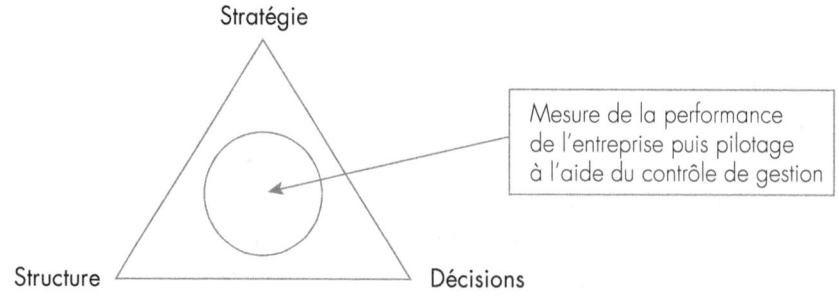

Le contrôle de gestion répond à deux dimensions du pilotage : le pilotage de la performance (pilotage de l'efficacité, de l'efficience et de la pertinence) et le pilotage du changement (pilotage de la réactivité stratégique par la mesure du couple valeur/coût, pilotage de l'amélioration opérationnelle selon des démarches Kaizen, c'est-à-dire un processus d'amélioration continue, pilotage des changements organisationnels).

Les enjeux actuels de l'entreprise résident dans la diminution des coûts, l'augmentation de la qualité, la gestion du temps et du changement. L'environnement par ses modifications complique le pilotage de l'entreprise.

Par exemple, en gestion de la production, les managers s'évertuent à mettre en place des méthodes se référant au niveau de la demande, à la qualité désirée et au délai souhaité. Pour ce faire, l'organisation dispose de trois possibilités :
- pilotage par l'amont (planification), en utilisant la méthode MRP (Material Ressources Planning) ;
- pilotage par l'aval (le JAT), en utilisant des méthodes en flux tendus et tirés (système kanban), respectant les « zéros olympiques » ;
- pilotage par la suppression des goulots d'étranglement, en employant la méthode OPT (Optimized Production Technology) qui vise à rechercher la pleine utilisation des capacités.

D'un autre côté, de nombreuses organisations développent un pilotage social, c'est-à-dire un système d'information pour mieux gérer les ressources humaines (tableau de bord composé d'indicateurs de suivi des performances et des coûts permettant d'éventuelles modifications de gestion).

Chapitre 9

Gestion

Définitions importantes

Elles sont issues de fiches que j'ai réalisées lors des phases de préparation des épreuves écrites et orales des concours auxquels je me suis présenté et présentent quelques termes essentiels en comptabilité, finance et contrôle de gestion.

Actif : élément identifiable du patrimoine ayant une valeur économique positive pour l'entité, c'est-à-dire un élément générant une ressource que l'entité contrôle du fait d'événements passés et dont elle attend des avantages économiques futurs.

Actif amortissable : actif dont l'utilisation par l'entité est déterminable.

Amortissement : répartition systématique du montant amortissable d'un actif en fonction de son utilisation.

Autofinancement : financement par des ressources générées par l'activité de l'entreprise. Se calcule par la différence entre la capacité d'autofinancement (CAF) et les dividendes distribués.

Besoin en fonds de roulement (BFR) : les opérations du cycle d'exploitation (achats, production, ventes) ainsi que les opérations hors exploitation donnent naissance à des flux réels (de marchandises, matières, produits finis) ayant pour contrepartie des flux monétaires. Les décalages dans le temps qui existent entre ces deux catégories de flux expliquent l'existence de créances et de dettes, à l'origine des stocks. Ainsi, les opérations d'exploitation et hors exploitation de l'entreprise génèrent simultanément des besoins de financement et des ressources de financement. Les besoins et les ressources induits par les opérations de l'entreprise ne s'équilibrent pas. Généralement, les besoins excèdent les ressources, ce qui appelle une ressource correspondante. Celle-ci est naturellement le fonds de roulement, d'où la dénomination de BFR.

BFR = BFR d'exploitation (BFRE) + BFR Hors Exploitation (BFRHE)
BFRE = Actifs circulants d'exploitation - Passifs circulants d'exploitation
BFRHE = Actifs circulants hors exploitation - Passifs circulants hors exploitation

Capacité d'autofinancement (CAF) : représente la ressource dégagée au cours de l'exercice par l'ensemble des opérations de gestion.

Comptabilité : système d'organisation de l'information financière permettant de saisir, de classer, d'enregistrer des données de base chiffrées et de présenter des états reflétant une image fidèle du patrimoine, de la situation financière et du résultat de l'entité à la date de clôture (plan comptable général 1999).

Contrôle de gestion : processus par lequel les dirigeants s'assurent que les ressources sont obtenues et utilisées avec efficacité et efficience pour réaliser les objectifs de l'organisation (Anthony et Dearden, 1965).

Coût du capital : moyenne arithmétique pondérée des coûts des différentes sources de fonds auxquelles l'entreprise fait appel.

Coût du stock : représente la somme du coût de gestion du stock (coût de passation des commandes + coût de possession du stock + coût de rupture des stocks) et du coût d'achat des articles stockés.

Coût marginal : coût d'une unité supplémentaire (lot, série, article, etc.).

Dépréciation : constatation que la valeur actuelle d'un actif est devenue inférieure à sa valeur nette comptable (VNC).

Effet de levier : amélioration du taux de rentabilité financière due au recours à l'endettement.

Effet de massue : dégradation du taux de rentabilité financière due au recours à l'endettement.

Emprunt obligataire : emprunt de montant élevé, divisé en fractions égales appelées obligations et proposées au public par l'intermédiaire du système bancaire.

Évaluation de l'entreprise : appréciation de la valeur de l'entreprise à un moment donné en vue de différents types d'opérations : acquisition d'entreprise, cession totale ou partielle des titres, liquidation, valorisation des titres en portefeuille, information des investisseurs potentiels, introduction en bourse, calcul de certains impôts (droits de succession, etc.).

Fonds de roulement net global (FRNG) : représente la différence entre les ressources stables de l'entreprise et ses emplois stables.

Goodwill : terme synonyme de survaleur, c'est-à-dire d'excédent de la valeur globale de l'entreprise sur la somme des valeurs des divers éléments corporels et incorporels qui la composent.

Imputation rationnelle (IR) : méthode de calcul des coûts dans laquelle le coût fixe unitaire ne varie pas, ne décroît pas avec l'augmentation de l'activité et qui présente un coût d'unité d'œuvre identique quelle que soit l'activité. Cette méthode permet donc d'éliminer l'influence de la répartition des frais fixes (FF) sur les quantités. Son application nécessite le calcul d'un coefficient d'IR (CIR) :

$$CIR = \text{Activité Réelle (AR)/Activité Normale (AN)}$$

Puis, les FF seront imputés dans les coûts en fonction de ce CIR. Cette pratique ne modifie pas le montant réel des charges fixes mais uniquement le montant imputé dans les coûts. Ces différences expriment :

- un coût de chômage de sous-activité si AR < AN
- un boni de suractivité si AR > AN

Levier opérationnel (LO) : appelé encore coefficient de volatilité, il mesure l'élasticité e du résultat R par rapport au chiffre d'affaires (CA) :

$$eR/CA = \frac{\frac{\Delta R}{R}}{\frac{\Delta CA}{CA}}$$

$$LO = \frac{MCV}{R}$$

où MCV = marge sur coût variable

Cette dernière définition du LO tient compte d'hypothèses implicites (prix de vente constant et conditions d'exploitations identiques, tant au niveau des charges variables unitaires que pour les frais fixes globaux. Ainsi, la variation du CA ne peut provenir que d'une variation des quantités.

Logistique : dans sa version moderne, elle représente une innovation managériale qui aide à baisser les coûts et à satisfaire les besoins de l'aval, en premier lieu le marché, par une régulation de l'amont, grâce à une maîtrise des flux informationnels.

Loi normale : loi définie par l'espérance mathématique E(X) et l'écart-type σ(X) d'une variable aléatoire X. Pour utiliser la table de la loi normale centrée réduite, il faut effectuer un changement de variable (de X vers T).

$$X \rightarrow T = \frac{X - E(X)}{\sigma(X)}$$

(La table donne la probabilité que la variable T prenne une valeur inférieure (<) à un seuil positif)

Marge de sécurité : représente la différence entre le chiffre d'affaires (CA) et le seuil de rentabilité (SR).

Passif : élément identifiable du patrimoine ayant une valeur économique négative pour l'entité, c'est-à-dire une obligation de l'entité à l'égard d'un tiers dont il est probable qu'elle provoquera une sortie de ressources au bénéfice de ce tiers, sans contrepartie au moins équivalente attendue de celui-ci. L'ensemble de ces éléments est dénommé passif externe.

Rentabilité : d'une manière générale, la rentabilité est le quotient d'un résultat obtenu par le capital engagé pour obtenir ce résultat. Elle possède de multiples facettes :

- *rentabilité financière* (ou rentabilité des capitaux propres) = *résultat net/capitaux propres* ;
- *rentabilité économique* = *résultat économique/capital économique*. De manière classique, le résultat habituellement retenu est l'excédent brut d'exploitation (EBE) ; quant au capital économique, il est constitué par des immobilisations brutes d'exploitation augmentées du BFRE (défini ci-dessus), d'où :
rentabilité économique = EBE/(immobilisations brutes d'exploitation + BFRE)

Risque : d'une manière générale, on appelle risque la possibilité que survienne un fait préjudiciable. L'entreprise affronte des risques multiples : risque de taux et de change, risque d'exploitation, financier et de défaillance.

Seuil de rentabilité (SR) : chiffre d'affaires (CA) qui dégage un résultat nul, c'est-à-dire qui couvre les charges variables et les frais fixes (FF), ou alors marge sur coût variable (MCV) qui couvre les frais fixes. Il se calcule par la formule suivante :

$$\boxed{SR = \frac{FF \times CA}{MCV}}$$

où SR = FF/taux de MCV

où SR (en quantités) = FF/(prix de vente unitaire − coût variable unitaire)

Stock options : possibilité offerte à des salariés ou à des dirigeants d'une société par actions d'acquérir des actions de leur entreprise à un prix fixé à l'avance.

Tableau de financement : tableau des emplois et des ressources qui explique les variations du patrimoine de l'entreprise au cours de la période de référence, c'est-à-dire l'exercice.

Tableaux de flux : outil d'analyse privilégié reposant sur une approche dynamique et cherchant à mettre en évidence les choix stratégiques de l'entreprise et leurs conséquences pour l'avenir de celle-ci.

Taux d'actualisation : taux de rentabilité minimum exigé par l'entreprise. Sa détermination se fait par référence au coût moyen des ressources de l'entreprise. Ce taux est également fortement influencé par les taux de rendement qui prévalent sur le marché financier.

Valeur : surplus dégagé entre le résultat économique et le coût des capitaux investis, mais également satisfaction procurée par les activités de l'entreprise aux différentes parties prenantes de l'entité.

Valeur nette comptable (VNC) : différence entre la valeur brute d'un actif et la somme des amortissements et dépréciations.

Valeur résiduelle : montant, net des coûts de sortie attendus, qu'une entité obtiendrait de la cession d'un actif sur le marché à la fin de son utilisation.

Thème d'actualité : la normalisation comptable internationale

Les enjeux de la normalisation

Pourquoi une normalisation comptable internationale ?

Les raisons de la normalisation comptable internationale sont multiples :

- la mondialisation des échanges et le développement des marchés financiers ;
- le souhait des investisseurs d'accéder à des données fiables, compréhensibles, transparentes, mais aussi et surtout homogènes et comparables. D'une part, les résultats comptables sont différents selon les normes employées (voir tableau 9.1) et, d'autre part, les composantes des états financiers diffèrent également (voir tableau 9.2) ;
- la comptabilité financière est un véritable langage, un important système d'information qui, dans le contexte socio-économique actuel doit donc, semble-t-il, être normalisée ;
- la transformation des comptes établis en référentiel européen en comptes conformes au référentiel américain représente chaque année un coût important pour les grandes entreprises concernées ;
- par conséquent, l'efficacité du marché devrait être renforcée, la compétitivité des sociétés améliorée et par ce biais la croissance économique encouragée.

Tableau 9.1 – Comparatif résultats comptables, normes nationales/normes américaines

Groupe	Normes nationales	Normes américaines (US GAAP)	Écart
ALCATEL	1,3	– 0,5	– 1,8
DEUTSCHE TELEKOM	5,9	9,2	3,3
VODAFONE	– 16	– 11,6	– 4,4

Chiffres exprimés en milliards d'euros, année 2000.

Tableau 9.2 – Comparatif par postes, normes françaises/normes américaines

Groupe AVENTIS	Normes françaises	Normes américaines US GAAP
Résultat net (en millions d'euros)	– 970	– 3 030
Capitaux propres (en millions d'euros)	10 371	17 603
Total bilan (en millions d'euros)	41 578	52 229
Résultat par action (en euros)	– 2,49	– 6,78

Bilan du groupe Aventis, année 1999, chiffres arrondis.

La normalisation comptable internationale implique des choix

Les utilisateurs des états financiers sont multiples (dirigeants, investisseurs, banques, instituts statistiques, société civile, administrations publiques, etc.). Un seul et même modèle comptable peut-il convenir à tous ? Est-il pertinent de vouloir privilégier les investisseurs ?

En fonction du type de normalisation comptable souhaité, les relations avec la fiscalité sont différentes. Quelle normalisation mettre en place, compte tenu des incidences fiscales sous-jacentes ? Faut-il prôner une déconnexion totale comme aux États-Unis, une déconnexion souple comme en France ou alors se référer davantage au système russe de connexion absolue ?

Il semble également important de relever les incidences de la normalisation comptable internationale sur la prise de décision des managers. En effet, selon le processus de la gestion décrit figure 9.1, la comptabilité financière constitue la matière première de toute décision de gestion. Ainsi, toute modification de l'information, et donc tout changement de norme, peut entraîner un processus décisionnel différent et par ce biais d'autres résultats (financiers mais aussi en termes de parts de marché, d'image, etc.) pour l'entreprise.

Information → Décision → Action → Contrôle

Figure 9.1 – Processus de la gestion

Comment effectuer la normalisation comptable internationale ?

L'existence de plusieurs référentiels comptables

Le cadre règlementaire comptable actuellement en vigueur en France

Autrement dit, qui décide de l'application de nouvelles règles et comment sont-elles élaborées ?

Les organes français de normalisation sont au nombre de deux :
- le Conseil national de la comptabilité (CNC) est un organe consultatif, placé auprès du ministre de l'Économie, qui donne un avis préalable sur toutes les dispositions comptables en France. Il comprend 58 membres (11 dans le cadre d'une procédure d'urgence) ;
- le Comité de réglementation comptable (CRC) adopte, en tant qu'organe réglementaire, des règlements après avis du CNC qui sont ensuite homologués par des arrêtés interministériels. Il comprend 15 membres permanents.

La hiérarchie des sources du droit comptable affirme la primauté des directives européennes sur le droit français comme le montre la figure 9.2.

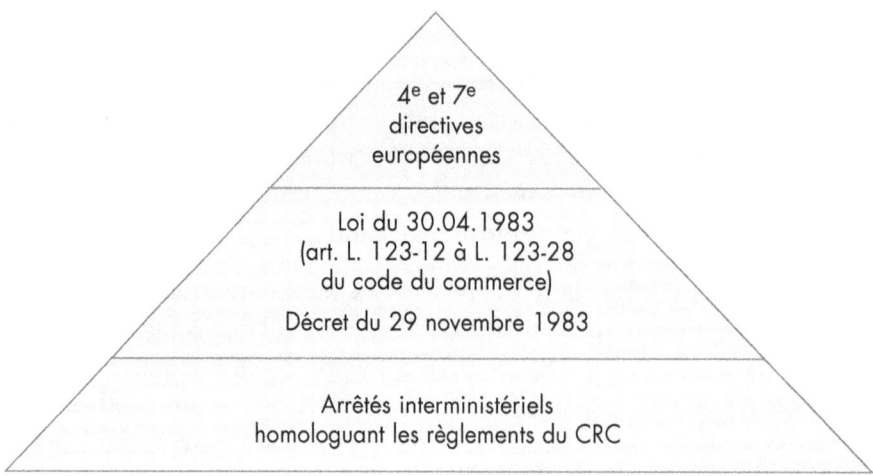

Figure 9.2 – Hiérarchie des sources du droit comptable

Et ailleurs ? Les règles et les principes comptables ne sont pas les mêmes ! En fait, trois référentiels sont principalement utilisés : les référentiels européen, américain et l'IAS/IFRS (International Accounting Standard ; International Financial Reporting Standard).

Le référentiel comptable européen

La 4ᵉ directive (1978), relative aux comptes individualisés, et la 7ᵉ directive européenne (1983), relative aux comptes consolidés, ont pour but d'harmoniser les comptabilités financières des entreprises des États de l'Union européenne.

Bien que ces directives aient nettement amélioré la qualité des états financiers, elles n'ont pas permis la comparaison des performances car elles comportent de nombreuses options, voire même des règles d'évaluation différentes, citons notamment l'article 29 de la 7ᵉ directive qui laisse le choix à chaque État d'interdire, d'autoriser ou de rendre obligatoire leur utilisation.

Après quelques tentatives de diminution et de suppression du nombre d'options, les directives comptables sont en cours de modernisation afin de les rendre compatible avec les normes IFRS.

Au niveau européen, la volonté de l'UE d'adopter les normes internationales se traduit par la création de l'ARC (Accounting Regulatory Committee, Comité de règlementation comptable européen, soit le CRCE) et de l'EFRAG (European Financial Reporting Advisory Group, Groupe consultatif européen pour l'information financière).

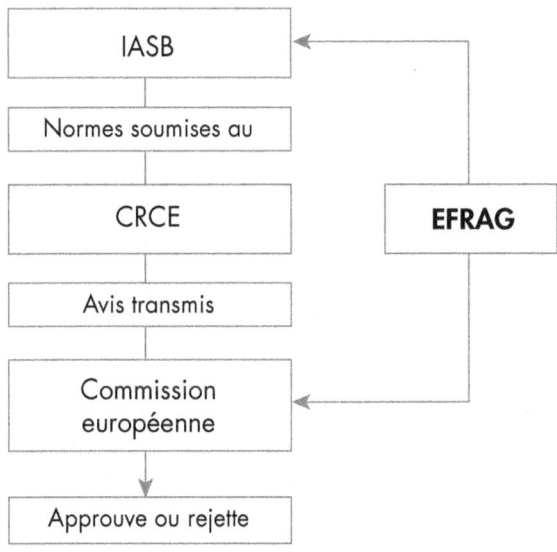

Figure 9.3 – Le système de régulation comptable européen
(règlement européen n°1606/2002 du 19 juillet 2002)

Le référentiel comptable américain

Aux États-Unis, les règles comptables ne sont pas définies dans des textes législatifs ou réglementaires. La SEC (Securities and Exchange Commission), c'est-à-dire la commission des valeurs mobilières, a délégué la responsabilité d'édicter des règles comptables à l'AICPA (American Institute of Certified Public Accountants), soit l'Institut des experts-comptables, qui a lui-même désigné le FASB (Financial Accounting Standards Board, conseil des normes de comptabilité financière).

Le FASB est l'organisme le plus important du monde anglo-saxon en matière de recommandations concernant la publication des états financiers. Il publie un ensemble de textes appelés US-GAAP (Generally Accepted Accounting Principles, c'est-à-dire les principes comptables généralement admis aux États-Unis), parmi lesquels les FAS (Financial Accounting Standard, normes américaines de comptabilité financière). Les US-GAAP sont la traduction d'une approche très normative de l'information financière. En effet, les normes US-GAAP contiennent des dizaines de milliers de pages de règles qui détaillent bien ce qui est autorisé et ce qui ne l'est pas.

Les accords de Norwalk en 2002 constatent l'engagement du FASB et de l'IASB (International Accounting Standards Board) à faire converger leurs normes et à coordonner leurs programmes techniques.

Le référentiel IAS/IFRS

Dès 1973, l'International Accounting Standards Comitee (IASC, comité des normes comptables internationales) a été créé. Il s'agit d'un organisme non gouvernemental mis en place suite à un accord entre les organisations comptables de dix pays (Australie, Canada, France, Allemagne, Japon, Mexique, Pays-Bas, Royaume-Uni, Irlande et États-Unis).

L'IASC a changé de statuts en 2001 et est devenu l'IASCF (International Accounting Standards Committee Foundation). L'IASCF a pour vocation de contribuer au développement de normes comptables internationales et de favoriser leur application dans la présentation des états financiers. Cette fondation s'intéresse plus particulièrement aux comptes consolidés des grands groupes multinationaux. Elle n'a pas les pouvoirs juridiques pour rendre obligatoire l'application des normes qu'elle publie.

L'IASCF comprend deux entités majeures : l'IASB (International Accounting Standards Board) et les trustees (administrateurs) ; ainsi que deux autres entités ; le SAC (Standards Advisory Council, conseil consultatif des normes) et l'IFRIC (International Financial Reporting Interpretations Committee, comité d'interprétation des normes d'information financière internationales). La figure 9.4 représente l'organigramme de l'IASB.

L'IASB (conseil des normes comptables internationales) comprend 14 membres nommés par les trustees. Ce conseil regroupe un Allemand, quatre Britanniques, un Français, un Suisse, trois Américains, un Canadien, un Australien, un Japonais et un Sud-Africain. Il prépare et vote de nouvelles normes IFRS. Les administrateurs sont au nombre de 22 et représentent les marchés de capitaux du monde entier. Ils concentrent tous les pouvoirs sauf principalement ceux concernant la stratégie de l'IASCF, sa responsabilité financière et la nomination des membres des autres organes.

> Les normes adoptées par l'IASB sont appelées IFRS (à partir de la réforme de 2001) ; celles conclues antérieurement continuent d'être appelées IAS.

Les normes IAS/IFRS sont au-dessus des frontières et n'empiètent pas sur le droit souverain des États. L'IASB est un organisme privé indépendant à but non lucratif et d'intérêt international.

Il édicte des normes qui présentent trois avantages majeurs :
— eu égard à l'indépendance de l'IASB, les décisions prises devraient être au service d'un objectif de comparabilité des comptes et non pas au service des intérêts propres d'un État ;
— le référentiel comptable IAS/IFRS semble reconnu comme étant de qualité par la communauté internationale comptable ;
— le mode de fonctionnement de l'IASB paraît très souple : il permet assez rapidement de modifier ou de compléter le référentiel comptable. Cette réactivité est primordiale de nos jours. Les normes financières doivent véritablement traduire une réalité économique et être réactualisées en permanence.

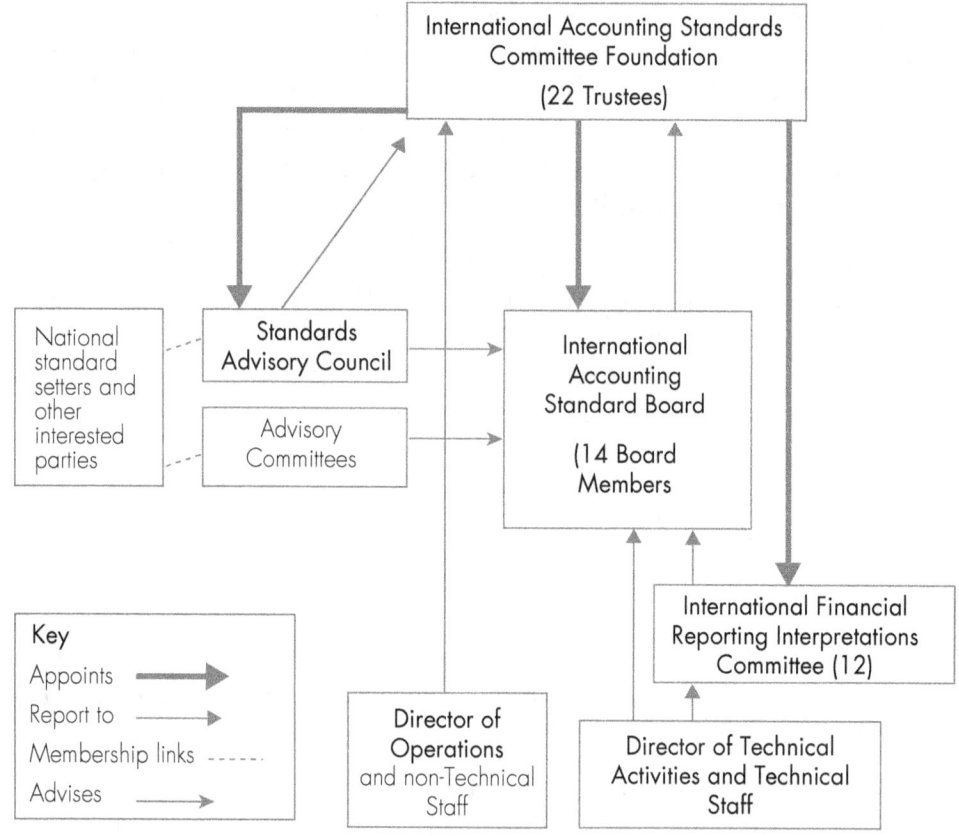

Figure 9.4 – Organigramme de l'IASB

Source : http://www.iasb.org.

L'évolution de la normalisation comptable internationale

La convergence vers les normes internationales

Face à la mondialisation, aux économies de plus en plus interdépendantes, à la nécessité de pouvoir comparer les résultats des entreprises avec des critères identiques et au développement des marchés financiers, il semble désormais nécessaire de normaliser les pratiques comptables au niveau international.

L'évolution est en cours, les normes convergent au niveau mondial. Comme nous l'avons vu précédemment, depuis fin 2002, l'IASB et le FASB s'engagent à faire converger leurs normes. De même, l'Union européenne a décidé d'adopter et d'appliquer les normes IAS/IFRS.

Suite à l'adoption du règlement européen n°1606/2002 du Parlement et du Conseil européen le 19/07/02, plus de 8 000 sociétés cotées européennes – dont environ 900 groupes français – ont l'obligation de publier, à compter du 1er janvier 2005, leurs comptes consolidés selon le référentiel IAS/IFRS.

Il s'agit d'une véritable révolution qui concerne tout le monde puisque, au-delà des sociétés cotées, environ 35 000 filiales et sous-filiales sont directement concernées. De même, les groupes non cotés mais de taille mondiale, ainsi que leurs sous-traitants sont incités à présenter leurs états financiers selon les normes internationales. Les sociétés non cotées et établissant des comptes consolidés peuvent, sur option, appliquer les normes IASB et adopter un système convergent pour leurs comptes individuels. Les PME/PMI n'établissant pas de comptes consolidés ont la possibilité d'adopter un système convergent simplifié avec le référentiel IAS/IFRS. Comment pourraient-elles faire autrement alors qu'elles paraissent fortement liées au contexte économique international ?

Les impacts sur les comptabilités nationales

Les comptabilités nationales se rapprochent donc, petit à petit, du modèle international prôné par l'IASB.

En France, l'AMF (Autorité des marchés financiers) encourage les sociétés cotées à appliquer les normes IAS/IFRS. La normalisation comptable française est en profonde mutation en recherchant une convergence entre les normes françaises et les normes de l'IASB.

La profession comptable franchit un grand pas vers l'appréciation des actifs à leur juste valeur. Ce concept anglo-saxon de « juste valeur » s'opposait jusqu'alors aux principes fondamentaux de la comptabilité française, ceux des coûts historiques (ou de nominalisme) et de prudence. Les coûts historiques correspondent aux prix réels d'achat. La juste valeur se réfère à une évaluation de la valeur actuelle sur le marché d'aujourd'hui. Les entreprises seront désormais obligées de se pencher sur la valeur de leurs biens immobilisés

Des réalisations concrètes ont vu le jour, dont voici quelques exemples :
- le règlement 02-10 relatif à l'amortissement et à la dépréciation des actifs ;
- le règlement 04-01 relatif au traitement comptable des fusions et opérations assimilées ;
- le règlement 04-06 relatif à la définition, la comptabilisation et l'évaluation des actifs.

De plus, la convergence entraîne peu à peu une déconnexion de la fiscalité au profit de l'information financière.

Des groupes de travail ont vu le jour, dès 2003, au sein du CNC (groupe de travail « PME et IFRS », « IFRS et fiscalité », etc.).

Enfin, au niveau international, l'IASCF, de par la composition de son board, paraît très influencée par les normes américaines. Il existe donc une concurrence effective entre les normes FAS et IAS/IFRS.

La figure 9.5 ci-contre synthétise les fonctions des différents organismes nationaux et internationaux de normalisation.

Critiques de la convergence vers le référentiel IAS/IFRS

Plusieurs auteurs critiquent les impacts de la mise en place de ces normes internationales. Jacques Richard, dans *Système comptable français et normes IFRS* (2005) ou encore Bernard Colasse dans *De la résistible ascension de l'IASC/IASB* (2004) montrent les *effets pervers* des normes internationales et les changements que cela implique au niveau de la comptabilité patrimoniale française.

Pour eux, le fait de présenter les comptes de manière plus fidèle à la réalité économique serait un leurre. Les gouvernements d'entreprise concentreraient leurs décisions sur la seule création de valeur pour l'actionnaire. Si l'UE ou les organismes réglementaires nationaux élaborent des textes dans l'optique IASB, c'est-à-dire finalement à forte influence anglo-saxonne, il serait alors possible de comptabiliser des produits futurs éventuels ! Il ne s'agirait plus alors du principe de prudence, mais peut-être bien de celui d'imprudence. Dans un tel contexte, n'y a-t-il pas oubli des autres partenaires de l'entreprise que sont les stakeholders (clients, salariés, fournisseurs, etc.) ? Ne risque-t-on pas de voir des « Enron bis » ou autre scandale du type Worldcom ou Parmalat ? Autrement dit, de simples considérations basées sur des éventualités du marché (déjà si complexes) pourraient permettre de comptabiliser des produits et donc de distribuer des dividendes à partir de profits à peine probables ou fortement aléatoires.

D'autre part, cette convergence de normes engendre des conséquences empiriques. Tout d'abord, le changement de règles de comptabilisation entraîne un besoin important de formation. Ensuite, les collaborateurs comptables – en cabinet ou en entreprise – doivent changer leurs pratiques traditionnelles. Cette prépondérance de l'économique s'oppose à certains principes de base du plan

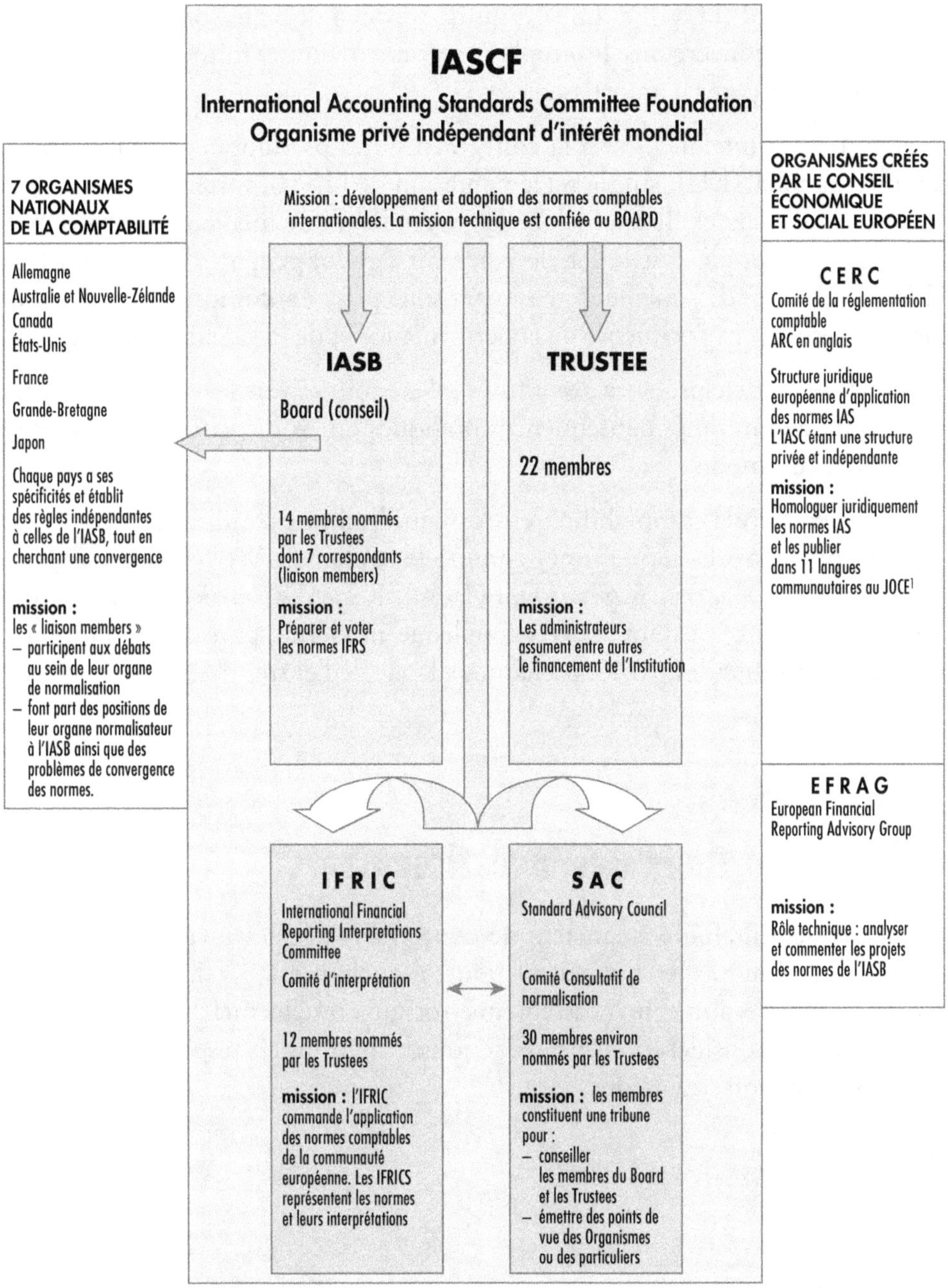

1. JOCE : Journal Officiel des Communautés Européennes

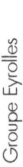

Figure 9.5 – Organismes nationaux et internationaux de normalisation

Source : Maillet et Le Manh, *Les Normes comptables internationales IAS/IFRS*, Foucher, 2006.

comptable général (PCG), et un surplus de travail a déjà été constaté suite à ces mouvements de convergence (exemple : le retraitement des immobilisations dans l'élaboration des plans d'amortissements).

En définitive, la tendance est à la convergence des pratiques comptables sur le plan international. L'UE suit la réglementation de l'IASB, fortement inspirée de principes anglo-saxons. Il semble que la recherche d'une meilleure traduction de la réalité économique soit le fer de lance du développement des normes IAS/IFRS dans le monde : meilleure comparaison, prise en compte des réalités du marché, mesure plus pertinente de la performance et de la valeur des entreprises.

Toutefois, ce modèle présente des limites : il est tourné vers les porteurs de parts et engendre de multiples conséquences pratiques qui vont peut-être dévoiler les insuffisances du modèle.

Quoi qu'il en soit, la comptabilité reste aujourd'hui une condition sine qua non du développement du capitalisme, comme le soulignait Werner Sombart dans son ouvrage *Der moderne Kapitalismus* (1969). Reste désormais à fixer un cadre au développement constant de ce capitalisme moderne, afin de répondre à la satisfaction de toutes les parties prenantes à la vie de l'entreprise.

Thème d'actualité : évaluation et choix des investissements

Les calculs de rentabilité financière ne concernent que les investissements dits productifs (techniques et financiers) pour lesquels il est possible d'estimer les gains attendus. Les autres investissements (sociaux, intellectuels) sont décidés sur la base d'autres considérations : satisfaction du personnel, respect de la législation, préoccupation stratégique.

L'investissement

Définition

L'investissement correspond à l'engagement d'un capital dans une opération de laquelle on attend des gains futurs, étalés dans le temps, avec un objectif de création de valeur. Un investissement est acceptable dès lors que les gains attendus sont supérieurs au capital investi.

Caractéristiques d'un projet d'investissement

Le capital investi

Il s'agit d'une dépense que doit supporter l'entreprise pour réaliser le projet. Il comprend :
- le prix d'achat hors taxe ;
- les frais accessoires (transport, installation) ;
- la TVA non récupérable (si le droit de déduction est inférieur à 100 %) ;
- l'augmentation du besoin en fonds de roulement (BFR). En effet, tout projet d'investissement augmente l'activité de l'entreprise, accroissant la différence entre la somme des stocks et des créances d'exploitation d'un côté, et les dettes d'exploitation de l'autre. Ainsi, cela augmente le BFR d'exploitation (BFRE) et, par conséquent, appelle un financement nouveau. Cette somme engagée au titre de l'augmentation du BFR n'est pas amortie et est récupérée au terme de la vie du projet.

Durée de vie

Elle est, en principe, égale à la durée de vie économique.

Les flux de trésorerie générés par le projet

La notion de cash-flow (flux de liquidités), ou flux nets de trésorerie

L'entreprise attend d'un projet d'investissement qu'il apporte des rentrées nettes d'argent ou qu'il permette de réaliser des économies au niveau de certains coûts d'exploitation.

En principe, les flux nets de trésorerie (FNT) sont générés de manière continue, mais pour simplifier les calculs, on admet qu'ils sont obtenus, globalement, à la fin de chaque exercice.

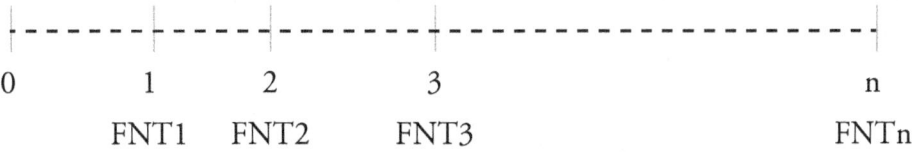

Figure 9.6 – Flux de trésorerie générés par le projet

Évaluation des FNT

Ils sont évalués prévisionnellement et sont entachés d'une certaine incertitude. Le calcul des FNT doit se faire indépendamment du mode de financement. La décision d'investir et celle du choix du financement sont deux décisions distinctes et successives. Le coût du financement est pris en compte par le taux d'actualisation.

Les FNT sont calculés nets d'impôt :

FNT = chiffre d'affaires (CA) − charges décaissables
FNT = résultat net + dotations aux amortissements

Si le résultat est déficitaire, on admet que cette perte est imputée sur les bénéfices réalisés au niveau des autres activités. Exemple : si le déficit est égal à - 3 000 alors le déficit net d'IS est évalué à - 2 000.

Valeur résiduelle

Désormais, les dotations aux amortissements sont calculées sur la valeur d'acquisition diminuée de la valeur résiduelle attendue. Il n'existe donc plus de plus-value ou de moins-value dans les projets d'investissement sauf au moment de l'acquisition, en cas de cession d'un ancien équipement. Dans ce dernier cas, le produit de cession net d'impôt doit être ajouté au premier flux net de trésorerie.

Critères d'évaluation des projets d'investissement

On effectue une comparaison du capital investi (I) à l'ensemble des FNT. Cela se fait à une même date, en général la date 0.

Il existe quatre critères principaux d'évaluation : la valeur actuelle nette (VAN), l'indice de profitabilité (IP), le taux de rentabilité interne (TRI) et le délai de récupération du capital investi (DRCI).

La VAN

Définition

Elle correspond à la différence entre les FNT Actualisés (FNTA) à la date 0 et le capital investi (I).

$$\text{VAN} = \sum_{p=1}^{n} FNTp(1+t)^{-p} - I$$

Taux d'actualisation

Il représente le taux de rentabilité minimum exigé par l'entreprise. Théoriquement, il s'agit du coût des capitaux utilisés par l'entreprise.

> *Calcul de la VAN d'un projet nécessitant un capital investi (I) de 1 000 avec un taux d'actualisation de 10 % :*
>
> *VAN = 500 (1,1)$^{-1}$ + 300 (1,1)$^{-2}$ + 200 (1,1)$^{-3}$ + 400 (1,1)$^{-4}$ - 1 000*
> *= 125,95*

Interprétation

Pour qu'un projet d'investissement soit acceptable, la VAN doit être positive. Elle mesure l'avantage absolu susceptible d'être retiré d'un projet d'investissement. Un projet d'investissement est d'autant plus intéressant que sa VAN est plus grande.

L'indice de profitabilité (IP)

Définition

L'IP mesure l'avantage relatif, c'est-à-dire l'avantage induit par 1 € de capital investi. Il s'agit donc du quotient de la somme des FNTA par le montant du capital investi.

$$\text{IP} = \sum \text{FNTA} \,/\, \text{Capital investi}$$

Ou de manière plus détaillée :

$$\text{IP} = \frac{1}{I} \sum_{1}^{n} FNTp(1+t)^{-p}$$

> *Calcul de l'IP du même projet que l'exemple précédent :*
>
> *IP = [1/1000] [500 (1,1)$^{-1}$ + 300 (1,1)$^{-2}$ + 200 (1,1)$^{-3}$ + 400 (1,1)$^{-4}$] = 1,13*

Interprétation

> *La réalisation de l'investissement considéré consiste à recevoir 1,13 € par € décaissé.*

Pour qu'un projet d'investissement soit acceptable, il faut que l'IP soit supérieur à 1. Un projet d'investissement est d'autant plus intéressant que son IP est grand.

$$IP = \frac{VAN}{I} + 1$$

Le taux de rentabilité interne (TRI)

Définition

Le TRI x est le taux pour lequel il y a équivalence, à la date 0, entre le capital investi (I) et l'ensemble des FNT.

$$I = \sum_{p=1}^{n} FNTp(1+x)^{-p}$$

> *Dans notre exemple, cela donne :*
>
> $1\ 000 = 500\ (1 + x)^{-1} + 300\ (1 + x)^{-2} + 200\ (1 + x)^{-3} + 400\ (1 + x)^{-4}$
>
> *Après résolution par essais successifs, $x = 16,16\ \%$.*

Interprétation

Pour qu'un projet d'investissement soit acceptable, il faut que son TRI soit supérieur au taux de rentabilité minimum exigé par l'entreprise. Il est aussi appelé taux de rejet.

Un projet d'investissement est d'autant plus intéressant que son TRI est élevé. Si le TRI est égal au taux de rentabilité minimum exigé par l'entreprise, le projet d'investissement est neutre à l'égard de la rentabilité globale de l'entreprise. Si le TRI est inférieur au taux de rentabilité minimum exigé par l'entreprise, le projet d'investissement entraîne une baisse de rentabilité globale de l'entreprise.

En d'autres termes, le TRI représente le coût du capital maximum susceptible de financer l'investissement. C'est aussi le taux d'actualisation pour lequel la VAN = 0.

Le délai de récupération du capital investi (DRCI)

Définition

Le DRCI d correspond au temps au bout duquel le montant cumulé des FNTA est égal au capital investi (I).

$$\sum_{p=1}^{d} FNTp(1+t)^{-p} = I$$

Investissement = 1 000

FNTA successifs = 455, 248, 150 et 273

Pour trouver le DRCI, il faut regrouper les calculs dans un tableau comme ci-dessous :

Années	1	2	3	4
FNT	500	300	200	400
FNTA	455	248	150	273
ΣFNTA	455	703	853	1 126

Aussi, à la fin de la quatrième année, on aura récupéré une somme supérieure au capital investi (1 000). Le DRCI est ici compris entre 3 et 4 ans. Comment faire pour le situer plus précisément ?

Il suffit d'effectuer une interpolation qui permet de trouver d :

d = 3 + [(1 000 – 853)/273 x 12] soit 6,46... mois

0,46... x 30 = 13,85 donc 14 jours

d'où d = 3 ans, 6 mois et 14 jours.

Interprétation

> Attention, cela n'est pas toujours vrai dans le cas d'un projet à longue durée de vie et dont les FNT les plus importants se produisent tard.

Plus le DRCI est court, plus l'investissement est réputé intéressant. Le risque couru par l'entreprise est d'autant plus faible que le DRCI est court. La rentabilité est d'autant plus grande que le DRCI est plus court.

Utilisation du DRCI

Pour qu'un projet soit acceptable, il faut que d soit inférieur à un délai fixé par l'entreprise. La fixation de ce délai est problématique et il n'existe pas de règles objectives permettant de justifier telle ou telle pratique.

POUR ALLER PLUS LOIN

La décision d'investissement est liée aux calculs des flux nets de trésorerie actualisés (FNTA). Voici une présentation synthétique des quatre étapes de calculs de ces FNTA.

Étape 1 : calcul des capitaux investis

– I (dépenses liées à l'investissement)

– **augmentation du BFRE** (représente la trésorerie consacrée au financement du supplément de stocks et de crédit clients)

Étape 2 : calcul de la capacité d'autofinancement (CAF), c'est-à-dire des flux d'exploitation générés par l'investissement

+ **ventes HT**

– **charges d'exploitation** (décaissées et calculées donc comprenant les amortissements)

= résultat avant impôt

– **impôt sur les sociétés** (IS)

> En théorie financière, les décisions d'investissement sont séparées des décisions de financement. Aussi, les flux générés par le projet étudié doivent être calculés compte tenu des flux liés au financement (intérêts, loyers, etc.).
>
> En principe, les FNT sont générés de manière continue, mais l'on admet pour simplifier les calculs qu'ils sont obtenus globalement à la fin de chaque exercice.

= résultat net

+ dotations aux amortissements

= CAF

Étape 3 : autres flux de trésorerie pouvant être pris en compte

+ **valeur nette de revente d'anciennes immobilisations** (à prendre en compte en début de période)

+ **récupération du BFRE** (on considère qu'en fin de période, le stock est vendu et les créances clients encaissées intégralement, ce qui fait disparaître le BFRE ; il s'agit là d'une hypothèse simplificatrice)

= FNT

Étape 4 : actualisation

Il convient de choisir le taux d'actualisation. Il représente le taux de rentabilité minimum exigé par l'entreprise. Sa détermination se fait par référence au coût moyen des ressources de l'entreprise. Ce taux est également fortement influencé par les taux de rendement qui prévalent sur le marché financier.

= **FNTA**

Chapitre 10

Thème économique, juridique et social (TEJS)

Définitions importantes

Elles sont issues des fiches que j'ai réalisées lors des phases de préparation des épreuves écrites et orales des concours auxquels je me suis présenté. Elles concernent essentiellement des définitions de termes juridiques. Les concepts économiques primordiaux ont été explicités précédemment (voir chapitre 7).

Accord collectif : convention collective de travail conclue dans le cadre d'une entreprise ou d'un établissement (donc à un niveau moindre qu'une convention collective) entre un employeur et une ou plusieurs organisations syndicales représentatives de travailleurs, ayant pour objet de déterminer les conditions de travail et les garanties sociales, ou d'en adapter les dispositions et de prévoir des clauses plus favorables.

Acte juridique : acte accompli en vue de produire un effet de droit. Il y a bien ici une volonté de faire, l'acte est recherché par son auteur (exemples : mandat, prêt, bail, donation, testament, etc.).

Actionnaire : associé propriétaire d'une ou plusieurs actions, dont la responsabilité dans une société par actions est limitée au montant de son apport.

Ad nutum : expression employée pour caractériser la situation d'une personne qui peut être librement révoquée par la seule volonté de celle dont elle tient sa mission.

Affectio societatis : élément constitutif de la société traduisant un lien psychologique entre associés, c'est-à-dire une volonté de collaborer, l'acceptation d'aléas communs et l'absence de lien de subordination.

Amendement : proposition présentée au cours de la discussion en vue de modifier la teneur initiale d'un texte soumis à une assemblée délibérante.

Arrêté : acte général, collectif ou individuel, pris par les ministres, les préfets, les maires et différentes autorités administratives.

Associé : membre d'un groupement constitué sous forme de société dont les droits essentiels consistent à participer aux bénéfices, à concourir au fonctionnement de la société, à être informé de la marche de celle-ci et dont les obligations principales sont la libéralisation de ses apports et la contribution aux pertes.

Attributs du droit de propriété : ils sont au nombre de trois.
- *Usus* : terme latin signifiant « usage » et conférant un droit d'utiliser la chose.
- *Fructus* : terme latin stipulant le « droit de percevoir les fruits d'une chose ».
- *Abusus* : terme latin attribuant à son propriétaire le « droit de disposer de la chose ».

Autonomie de la volonté : théorie fondamentale selon laquelle la volonté de l'homme est apte à se donner sa propre loi (liberté contractuelle).

Chirographaire : démuni de toute sûreté particulière (privilège, hypothèque, gage, etc.).

Clause compromissoire : stipulation d'un contrat, permise seulement en matière commerciale, par laquelle les parties s'engagent à soumettre à l'arbitrage les contestations qui pourraient s'élever entre elles.

Clause d'agrément : clause insérée dans les statuts d'une société qui subordonne la cession des parts ou d'actions à l'assentiment d'un organisme social.

Consensualisme : principe en vertu duquel tous les actes juridiques sont consensuels, c'est-à-dire qu'ils résultent du seul échange des consentements (écrit, oral ou tacite). Concept qui s'oppose au formalisme.

Contrat : convention par laquelle une ou plusieurs personnes s'obligent envers une ou plusieurs autres à donner, à faire ou à ne pas faire quelque chose (article 1101 du code civil).

Contrat de société : acte qui institue la société. Contrat par lequel deux ou plusieurs personnes conviennent d'affecter à une entreprise commune des biens ou leur industrie, en vue de partager le bénéfice ou de profiter de l'économie qui pourra en résulter, tout en s'engageant à contribuer aux pertes (article 1832 du code civil).

Convention collective : convention conclue entre groupements ou organisations afin de définir le comportement respectif de leurs adhérents.

Décentralisation : mode d'aménagement des structures de l'Administration dans lequel le pouvoir de décision est exercé par des organes propres agissant librement sous un contrôle de simple légalité.

Décision (droit communautaire) : acte normatif pris par un organe des communautés européennes (Commission européenne ou Conseil européen) et obligatoire en tous ses éléments.

Déconcentration : mode d'aménagement des structures de l'Administration caractérisé par la remise du pouvoir de décision ou par la délégation de celui-ci à des organes appartenant à la hiérarchie administrative et qui lui demeurent assujettis.

Décret : acte administratif unilatéral pris par les deux plus hautes autorités exécutives de l'État (président de la République et Premier ministre). Il peut être réglementaire si ses dispositions sont générales et impersonnelles, et non-réglementaire si ses dispositions concernent une ou plusieurs situations juridiques individuelles.

Dénonciation (d'une convention collective) : expression unilatérale, par une partie à un accord, de sa volonté de ne plus être liée par cet accord.

Déréglementation : politique visant un retour relatif au libéralisme économique et un recul corrélatif de l'interventionnisme étatique.

Directive européenne : texte qui impose à tout État membre des objectifs à atteindre, dans certains délais, mais en lui laissant toute liberté dans le choix des moyens à utiliser pour atteindre les objectifs fixés. Elle a donc un caractère obligatoire.

Doctrine : opinion communément professée par ceux qui enseignent le droit ou l'écrivent.

Droit de la régulation : droit qui prend en charge la construction, la surveillance, et le maintien de force des grands équilibres dans certains secteurs économiques (finance, santé, télécommunications, alimentaire, etc.). Il se traduit par un ensemble de règles concernant des secteurs gouvernés par la concurrence et autre chose que la concurrence (intérêt général, service public).

Droit de préférence : droit pour certains créanciers d'échapper au concours d'autres créanciers dans la distribution du prix de vente des biens du débiteur, et d'être payés avant ceux auxquels ils sont préférés.

Droit de suite : droit permettant au titulaire de saisir le bien grevé du droit en quelque main qu'il se trouve.

Droit réel : droit qui porte directement sur une chose et procure à son titulaire tout ou partie de l'utilité économique de cette chose.

Égalité : principe selon lequel tous les citoyens sans distinction sont égaux en droit, c'est-à-dire ont les mêmes droits et les mêmes devoirs.

Équité : principe qui commande de traiter également des choses égales, et inégalement des choses qui ne le sont pas, en tenant compte d'éventuelles disparités entre les membres d'une même société. Concept traduisant un sentiment de justice.

Faillite : situation du débiteur dont la cessation des paiements a été constatée par le tribunal.

Fait juridique : fait auquel la loi attache un effet de droit. La volonté des intéressés n'est pas marquée (exemple : un délit engage la responsabilité de son auteur).

Filiale : société dont un pourcentage du capital social appartient à une autre société appelée société mère.

Force obligatoire : qualification que l'on attribue à toute règle de droit, loi, coutume (exemple : les obligations réciproques se trouvant dans un contrat doivent être remplies).

Gage : contrat par lequel un débiteur remet une chose mobilière en la possession du créancier (ou à un tiers convenu) pour sûreté de la dette, et qui donne au créancier le droit de conserver la chose jusqu'au paiement (droit de rétention) ou à défaut de la faire vendre et de se payer sur le prix, par préférence aux autres créanciers.

Garantie d'éviction : obligation pour le vendeur de défendre l'acquéreur contre le trouble apporté par autrui à sa possession et de l'indemniser au cas où la propriété de la chose vendue serait reconnue appartenir à un tiers ou grevée de droits réels.

Garantie du fait personnel : obligation imposée par la loi au vendeur, au donateur ou au bailleur de ne rien faire qui puisse troubler la jouissance de l'acquéreur, du donataire ou du locataire.

Holding : « société de soutien », ayant une activité et un actif purement financier, qui a pour objet de prendre des participations et d'assurer le contrôle et la direction des sociétés dont elle détient une partie des actions.

Hypothèque : sûreté réelle immobilière constituée sans la dépossession du débiteur par une convention, la loi ou une décision de justice en vertu de laquelle le créancier qui a procédé à l'inscription hypothécaire a la faculté de faire vendre l'immeuble grevé en quelques mains qu'il se trouve et d'être payé par préférence sur le prix.

Inopposable : se dit, relativement à une personne, d'un acte ou d'un droit dont cette personne est fondée à ignorer ou à faire écarter les effets.

Intuitu personae : en considération de la personne.

Lésion : grave déséquilibre entre les avantages réciproques stipulés dans un contrat que l'on apprécie au moment de la conclusion du contrat.

Nantissement : contrat réel de garantie par lequel un débiteur remet à un créancier, pour sûreté de sa dette, la possession effective d'un bien, immeuble ou meuble, et lui concède sur ce bien un droit réel.

Opposabilité : aptitude d'un droit, d'un acte, d'une situation de droit ou de fait à faire sentir ses effets à l'égard des tiers en les forçant à reconnaître l'existence des faits, droits et actes dits opposables, à les respecter comme des éléments de l'ordre juridique et à en subir les effets sous réserve de leur opposition lorsque la loi en ouvre le droit.

Ordonnance : règlement pris par le pouvoir exécutif.

Principe de précaution : directive qui, pour la sauvegarde d'intérêts essentiels, recommande de prendre des mesures conservatoires afin d'empêcher la réalisation d'un risque éventuel, avant même de savoir qu'il y a une menace effective.

Principe de primauté : principe qui affirme qu'une autorité supérieure est prépondérante à une source de droit inférieure dans la hiérarchie des normes (exemple : primauté du droit communautaire sur le droit interne).

Principe de subsidiarité : règle directive en vertu de laquelle l'échelon européen n'agit que si les objectifs de l'action envisagée ne peuvent être réalisés de manière suffisante par les États membres et peuvent donc être mieux réalisés au niveau communautaire.

Projet de loi : texte de loi émanant de l'initiative gouvernementale, par opposition à la proposition de loi qui est à l'initiative du Parlement.

Puissance publique : ensemble des pouvoirs de l'État et des autres personnes publiques.

Quasi délit : fait dommageable illicite non intentionnel (accompli par négligence ou imprudence, sans intention de causer un dommage). Ce concept s'oppose à celui de délit, qui est source de responsabilité délictuelle et qui représente un fait dommageable intentionnel.

Règlement (droit communautaire) : texte obligatoire qui a une portée générale tant pour les États membres que pour les particuliers. Il est directement applicable.

Rescision : annulation pour cause de nullité relative.

Résiliation : résolution non rétroactive.

Résolution : action d'anéantir, en principe rétroactive.

Responsabilité civile : englobe la responsabilité délictuelle et la responsabilité contractuelle ; correspond à toute obligation de répondre civilement du dommage que l'on a causé à autrui, c'est-à-dire de le réparer en nature ou par équivalent.

Responsabilité délictuelle : toute obligation pour l'auteur du fait dommageable de réparer le dommage causé par un délit civil (pénal ou non), en indemnisant la victime, presque toujours par le versement d'une somme d'argent à titre de dommages et intérêts.

Salarié : travailleur rémunéré qui, en vertu d'un contrat de travail, fournit une prestation de travail à l'employeur qui le paie et lui donne des ordres.

Société mère : société qui possède plus de la moitié du capital social d'une autre société, dite filiale.

Solennel : formaliste, application des formalités déterminées par la loi.

Succursale : établissement secondaire sans personnalité juridique propre, mais doté d'une certaine autonomie de gestion.

Textes fondateurs de l'Europe :

- Création du Conseil de l'Europe au lendemain de la Seconde Guerre mondiale.
- 1950 : convention européenne des droits de l'homme.
- 1951 : accord de Paris et création de la Communauté européenne du charbon et de l'acier (CECA).
- 1957 : traité de Rome et création de la Communauté européenne de l'énergie atomique (CEEA) et de la Communauté économique européenne (CEE) pour les échanges de biens.
- 1986 : acte unique européen. Mise en place d'un espace économique sans frontières avec harmonisation de normes, augmentation du pouvoir de décisions des institutions communautaires.
- 1992 : traité de Maastricht, mise en place d'une Union européenne (UE) politique, économique et monétaire.
- 2000 : Charte des droits fondamentaux de Nice : dignité, liberté, égalité, solidarité, citoyenneté et justice.

Thème d'actualité n° 1 : le développement durable

Le thème du développement durable est véritablement central aujourd'hui. Vous trouverez ici des informations complémentaires au sujet « Comment protéger efficacement l'environnement ? », traité dans la deuxième partie de l'ouvrage (chapitre 6).

Histoire du développement durable

— La préhistoire du développement durable :
  - Platon (IVe siècle avant J.-C.) pose déjà la question des rapports homme/nature,
  - Antiquité romaine (écrits sur les dangers de la surexploitation forestière),
  - les physiocrates (XVIIIe siècle ; exemples : Quesnay, Turgot) placent la terre comme seul facteur à l'origine de valeur.
— 1951 : l'IUCN (Union internationale pour la conservation de la nature) met l'accent sur la dégradation de l'environnement.
— 1970 : le club de Rome s'interroge sur les conditions de développement de nos sociétés et sur le modèle producto-consumériste occidental : élaboration du rapport *Halte à la croissance* de Denis et Donella Meadows (1972). « *Chaque jour pendant lequel se poursuit la croissance exponentielle rapproche notre écosystème mondial des limites ultimes de sa croissance. Décider de ne rien faire, c'est décider d'accroître le risque d'effondrement.* »
— 1972 : premier sommet de la Terre à Stockholm (Conférence internationale sur l'environnement) : déclaration sur « l'écodéveloppement » ; en décembre, création du Programme des Nations unies pour l'environnement (PNUE).
— 1979 : première conférence internationale sur l'homme et le climat.
— 1985 : convention pour la protection de la couche d'ozone.
— 1987 : rapport Brundtland, *Notre avenir à tous*, commandé par les Nations unies. Définition du concept de développement durable : « développement qui répond aux besoins du présent sans compromettre la capacité des générations futures à répondre aux leurs. » Constat de la faillite de notre gestion de l'environnement et plaidoyer en faveur d'un développement durable.

- 1992 : deuxième sommet de la Terre à Rio ; définition du champ d'application du développement durable, de ses principes, du programme d'action (Agenda 21) et des institutions ; convention sur les changements climatiques et sur la biodiversité.
- 1997 : conférence sur l'effet de serre et signature du protocole de Kyoto par lequel chaque pays s'engage à limiter ses émissions de gaz à effet de serre de 6 % par rapport au niveau de 1990.
- 2002 : troisième sommet de la Terre à Johannesburg. Pas de décision concrète.

Textes à portée normative concernant le développement durable

- Conventions internationales ;
- Droit communautaire (708 textes juridiques communautaires – 266 directives, 124 règlements et 318 décisions – ont été adoptés dans ce domaine) :
  - acte unique européen (1986) ;
  - traité de la Haye (1987) ;
  - traité de Maastricht (1992) ;
  - traité d'Amsterdam (1997) ;
  - cinquième programme européen pour l'environnement *Pour un développement durable* (1992-2000) et directives ou règlements adoptés en application de ce programme.
- Loi du 02/02/1995 concernant le renforcement de la protection de l'environnement. Le développement durable est reconnu comme un objectif politique (article L110 du code de l'environnement).
- Politiques sectorielles (1995 : aménagement du territoire, 1999 : agriculture, 2000 : urbanisme, 2001 : forêt).
- Réforme constitutionnelle avec l'adoption le 1er mars 2005 de la Charte de l'environnement, qui traduit l'aboutissement d'un processus de reconnaissance juridique du développement durable.

Du développement durable à la responsabilité sociale de l'entreprise (RSE)

- La RSE correspond au concept de développement durable appliqué au monde de l'entreprise. Le terme RSE est traduit de l'anglais Corporate Social Responsibility qui inclut tout à la fois des notions sociales, sociétales et environnementales. La RSE présente donc un triple objectif de performance.

- Les entreprises françaises sont invitées à adhérer au Pacte mondial des Nations unies (Global compact), lancé par Kofi Annan en 2000 et destiné avant tout aux entreprises multinationales. Il s'agit d'un engagement volontaire en matière de respect des droits humains, de l'environnement et de lutte contre la corruption.

- La loi sur les nouvelles régulations économiques (NRE, 2003) impose, par son article 116, aux entreprises françaises cotées de publier chaque année un certain nombre d'indicateurs rendant compte de la façon dont elles gèrent leurs impacts sociaux et environnementaux.

- Des indices financiers liés au développement durable ont été créés (Dow Jones Sustainability Index en 1999, FTSE4GOOD en 2001). Ce sont des indices socialement responsables sélectionnant les entreprises présentant à la fois la meilleure gestion des risques et opportunités au niveau économique, social et environnemental.

PLUS LOIN

POUR ALLER

Article L. 110-1 du code de l'environnement

I. - Les espaces, ressources et milieux naturels, les sites et paysages, la qualité de l'air, les espèces animales et végétales, la diversité et les équilibres biologiques auxquels ils participent font partie du patrimoine commun de la Nation.

II. - Leur protection, leur mise en valeur, leur restauration, leur remise en état et leur gestion sont d'intérêt général et concourent à l'objectif de développement durable qui vise à satisfaire les besoins de développement et la santé des générations présentes sans compromettre la capacité des générations futures à répondre aux leurs. Elles s'inspirent, dans le cadre des lois qui en définissent la portée, des principes suivants :

1º **Le principe de précaution**, selon lequel l'absence de certitudes, compte tenu des connaissances scientifiques et techniques du moment, ne doit pas retarder l'adoption de mesures effectives et proportionnées visant à prévenir un risque de dommages graves et irréversibles à l'environnement à un coût économiquement acceptable ;

2° **Le principe d'action préventive et de correction**, par priorité à la source, des atteintes à l'environnement, en utilisant les meilleures techniques disponibles à un coût économiquement acceptable ;

3° **Le principe pollueur-payeur**, selon lequel les frais résultant des mesures de prévention, de réduction de la pollution et de lutte contre celle-ci doivent être supportés par le pollueur ;

4° **Le principe de participation**, selon lequel chacun a accès aux informations relatives à l'environnement, y compris celles relatives aux substances et activités dangereuses, et le public est associé au processus d'élaboration des projets ayant une incidence importante sur l'environnement ou l'aménagement du territoire.

Charte de l'environnement de 2004[1]

Article 1er. – Chacun a le droit de vivre dans un environnement équilibré et respectueux de la santé.

Article 2. – Toute personne a le devoir de prendre part à la préservation et à l'amélioration de l'environnement.

Article 3. – Toute personne doit, dans les conditions définies par la loi, prévenir les atteintes qu'elle est susceptible de porter à l'environnement ou, à défaut, en limiter les conséquences.

Article 4. – Toute personne doit contribuer à la réparation des dommages qu'elle cause à l'environnement, dans les conditions définies par la loi.

Article 5. – Lorsque la réalisation d'un dommage, bien qu'incertaine en l'état des connaissances scientifiques, pourrait affecter de manière grave et irréversible l'environnement, les autorités publiques veillent, par application du principe de précaution et dans leurs domaines d'attributions, à la mise en œuvre de procédures d'évaluation des risques et à l'adoption de mesures provisoires et proportionnées afin de parer à la réalisation du dommage.

Article 6. – Les politiques publiques doivent promouvoir un développement durable. À cet effet, elles concilient la protection et la mise en valeur de l'environnement, le développement économique et le progrès social.

Article 7. – Toute personne a le droit, dans les conditions et les limites définies par la loi, d'accéder aux informations relatives à l'environnement détenues par les autorités publiques et de participer à l'élaboration des décisions publiques ayant une incidence sur l'environnement.

---

1. Loi constitutionnelle n° 2005-205 du 1er mars 2005, article 2. Source : http://www.conseil-constitutionnel.fr/textes/constit.doc.

Article 8. – L'éducation et la formation à l'environnement doivent contribuer à l'exercice des droits et devoirs définis par la présente Charte.

Article 9. – La recherche et l'innovation doivent apporter leur concours à la préservation et à la mise en valeur de l'environnement.

Article 10. – La présente Charte inspire l'action européenne et internationale de la France.

Le développement durable occupe aujourd'hui le devant de la scène : les responsables politiques ne jurent que par lui, et la plupart des entreprises s'engagent dans cette voie.

Il existe une opposition entre notre société qui est incontestablement une société du « tout-jetable », dans laquelle il est souvent moins coûteux de jeter que de réparer, et le concept de développement durable.

Des signes alarmants sont bien présents : épuisement des zones de pêche, fonte des glaciers, baisse des nappes phréatiques, etc. ; on assiste à une destruction progressive de notre environnement. Dans un tel contexte, le développement durable apparaît comme le concept salvateur.

> « Nous ne recevons pas la terre en héritage, nous l'empruntons à nos enfants. »
> Antoine de Saint-Exupéry.

Thème d'actualité n°2 : le droit de la concurrence

> Le droit de la concurrence a une place prépondérante dans la vie des affaires. Il semble essentiel de maîtriser ses lignes directrices, tant au niveau national qu'international.

Le droit de la concurrence est lié à l'économie de marché et à son fonctionnement, il organise la compétition entre entreprises. La concurrence commence dès qu'il existe des offres et des demandes sur un marché. Du point de vue de l'entreprise, la concurrence commence dès qu'il existe une clientèle au moins potentielle.

En 1791, une loi française pose le principe de la liberté du commerce et de l'industrie qui permet une libre entrée sur le marché. La concurrence possède une double dimension :
– offensive (acquérir une clientèle) ;
– défensive (conserver sa clientèle contre les attaques des concurrents).

Cependant, la concurrence n'est pas faite que de rivalités. Sur de nombreux marchés oligopolistiques, les entreprises recherchent plutôt un statu quo confortable où chacune respecte le territoire de l'autre. Ainsi, la concurrence peut être remplacée par des rapports de coopération.

Le droit de la concurrence

L'objectif du droit de la concurrence est de mettre en place une situation médiane, c'est-à-dire une économie de marché où la concurrence ne soit ni trop présente, ni trop peu.

Le droit de la concurrence correspond à un ensemble de règles juridiques qui organisent le jeu des rapports de rivalité et de coopération entre entreprises, dans le cadre de leur démarche de conquête ou de préservation d'une clientèle (définition inspirée des travaux d'Azéma et Paillusseau).

La science économique s'interroge toutefois quant à la place et au rôle du droit de la concurrence. Est-il réellement nécessaire, voire souhaitable, que le droit s'intéresse aux rapports de concurrence entre agents économiques pour en fixer les règles du jeu ? N'est-il pas préférable de laisser faire librement plutôt que d'intervenir pour encadrer, permettre ou interdire tel ou tel type de comportement ?

Pour Proudhon, il ne faut pas que la concurrence tue la concurrence ! En effet, poussée à l'extrême, elle peut avoir tendance à s'autodétruire.

Aussi, nous pouvons présenter quelques problématiques éventuelles liées au droit de la concurrence : l'équilibre à trouver apparaît-il naturellement ou appartient-il à l'État d'intervenir pour le maintenir ? Quel est l'état optimal de cette concurrence que l'on entend protéger par des règles du jeu d'origine étatique ?

Le débat est nourri par l'influence américaine. Le droit antitrust moderne a été inventé aux États-Unis avec le Sherman Act (1890).

Plusieurs modèles économiques de la concurrence ont été successivement mis en avant par différentes écoles. Le modèle fondateur est celui de la concurrence pure et parfaite, développé par les économistes néoclassiques. Par opposition à cette situation idéale, le monopole, l'oligopole ou le cartel sont des situations non concurrentielles qu'il s'agit de combattre pour les faire cesser.

Plutôt que de chercher une perfection idéale de la concurrence, qui apparaît très éloignée de la réalité, l'école de Harvard tente de s'en approcher par le modèle de concurrence praticable qui s'intéresse à la structure des marchés : plus un marché est concentré, plus la concurrence risque d'être faussée par des entreprises qui vont acquérir un pouvoir de marché leur permettant de réaliser des profits excessifs. Cette approche aboutit à combattre tout ce qui va permettre la création ou le renforcement d'un pouvoir de marché excessif.

D'un autre côté, l'école de Chicago adopte comme seul critère celui de « l'efficacité économique » et propose de s'intéresser à la contestabilité des marchés : un marché est contestable, et donc concurrentiel, si son accès est libre (entrée/sortie).

Enfin, les nihilistes voient dans les forces du marché les seuls instruments admissibles de régulation de la concurrence et réfutent tout interventionnisme public.

Sinon, toutes les écoles admettent avec des nuances la nécessité d'un encadrement juridique de la concurrence, mis en œuvre par des autorités étatiques ou supra-étatiques.

Le droit de la concurrence, tant en France qu'au niveau de l'Union européenne (UE), poursuit deux objectifs fondamentaux :

- **la liberté de la concurrence**, qui est l'expression d'un certain libéralisme économique. En France, les principes juridiques visant à réaliser cet objectif de libre concurrence ont été posés par l'ordonnance du 1er décembre 1986 relative à la liberté des prix et de la concurrence, aujourd'hui intégrée au sein du nouveau code de commerce (promulgué en 2000). Sur le plan communautaire, cet objectif de liberté de la concurrence est intégré dans le traité de Rome ;
- **la loyauté de la concurrence** est un objectif plus ancien qui se fonde sur une certaine morale de la vie des affaires. La loyauté semble indispensable à toute relation de concurrence dans une économie de marché. Celle-ci ne peut, en effet, fonctionner en l'absence des paramètres de confiance et de moralité. En France, les règles de loyauté ne reposent pas sur un texte législatif mais sur une pure création prétorienne, c'est-à-dire d'origine jurisprudentielle. Le principe de loyauté des marchés n'est pas absent du système de concurrence institué par le traité de Rome.

Nous traiterons dans un premier temps les règles de protection de la liberté de la concurrence, puis nous aborderons les règles de protection de la loyauté de la concurrence.

Protection de la liberté de la concurrence

Le traité de Rome (1957) crée un marché commun et témoigne d'une volonté d'intégration économique. En France, l'ordonnance de 1986 a été intégrée au livre IV du nouveau code de commerce.

Nous constatons deux types d'atteintes à la liberté de la concurrence : les pratiques anticoncurrentielles et les pratiques restrictives de concurrence (uniquement en droit français).

Les **pratiques anticoncurrentielles** relèvent du droit antitrust. Elles faussent le mécanisme du marché. Elles procèdent d'une analyse macroéconomique consistant à définir le marché des produits ou des services concerné (marché pertinent), pour y rechercher ensuite si les pratiques relevées ont pu porter atteinte à son fonctionnement normal. Dans cette catégorie, nous trouvons l'entente illicite et l'abus de position dominante.

Les **pratiques restrictives de concurrence** sont condamnables en elles-mêmes, quel que soit leur effet sur le marché. Elles influent directement et individuellement sur la capacité concurrentielle d'une entreprise. L'approche est ici microéconomique (exemples : revente à perte, prix minima de revente imposé, pratique discriminatoire, opacité tarifaire).

Protection des agents économiques contre les pratiques anticoncurrentielles

Les pratiques anticoncurrentielles correspondent à des procédés ou comportements par lesquels des agents économiques vont chercher à influer sur le marché, en se concertant entre eux (entente) ou en abusant de la puissance économique qu'ils exercent sur un marché ou un partenaire (abus de domination).

L'interdiction de ces pratiques anticoncurrentielles est l'un des axes essentiels du droit de la concurrence tant français que communautaire. Les textes applicables au niveau national et européen sont très proches.

Les autorités compétentes

En France, les autorités compétentes sont multiples. Le Conseil national de la concurrence (CNC) représente l'organe de régulation de la concurrence en France. Il s'agit d'une Autorité administrative indépendante (AAI), disposant d'un pouvoir de décision et de sanction en matière d'ententes et d'abus de domination et d'un rôle consultatif en matière de fusion et de concentration d'entreprise.

Les enquêtes de concurrence sont confiées à la Direction générale du commerce, de la concurrence et de la répression des fraudes (DGCCRF).

Les juridictions civiles et commerciales (tribunal de grande instance et tribunal de commerce) sont compétentes pour réparer le préjudice subi par la victime d'une pratique anticoncurrentielle, ou pour prononcer la nullité d'un acte juridique ou d'un contrat qui aurait un objet ou des effets anticoncurrentiels.

Enfin, les tribunaux correctionnels sont compétents pour condamner les personnes physiques ou morales coupables du délit de pratiques anticoncurrentielles.

En Europe, le droit communautaire de la concurrence est mis en œuvre par la Commission européenne et se caractérise par deux règles fondamentales :
- **l'application directe** : possibilité offerte à tout citoyen et à toute entreprise d'un État membre de saisir les juridictions de cet État et d'invoquer devant elles le droit communautaire ;
- **le principe de primauté** : il invite les autorités et juridictions nationales à éviter de prendre des décisions qui iraient à l'encontre de la décision envisagée dans une procédure intentée par la Commission.

Les concepts d'entreprise et de marché

L'entreprise est définie comme une entité exerçant une activité économique et dotée d'une autonomie suffisante de décision pour la détermination de son comportement sur le marché, que cette entité soit une personne physique, une personne morale ou un ensemble de moyens humains et matériels sans personnalité juridique.

Il est aussi nécessaire de délimiter ce marché que l'on qualifie de pertinent. En effet, c'est à l'intérieur de ce cadre que l'on mesure l'atteinte portée à la concurrence, que l'on apprécie si cette atteinte est suffisamment sensible ou non (notion de seuil de sensibilité).

Le marché pertinent peut être considéré comme le lieu où se rencontrent l'offre et la demande relatives à des produits ou services substituables entre eux, mais non substituables à d'autres biens ou services. Le caractère anticoncurrentiel est apprécié en fonction de la mesure du marché pertinent.

Qualification des pratiques anticoncurrentielles

L'entente

L'entente est définie en droit français et en droit communautaire. La notion de seuil de sensibilité a une importance non négligeable.

Pour que l'on puisse conclure à l'existence d'une entente en droit français, il faut une concertation, c'est-à-dire un accord de volontés entre plusieurs entreprises autonomes, qui a pour objet ou pour effet suffisamment sensible d'entraver le jeu de la concurrence sur un marché pertinent.

L'ordonnance du 25 mars 2004 précise la notion de seuil de sensibilité : sont d'importance mineure les accords et pratiques pour lesquels la part de marché cumulée des entreprises en cause ne dépasse pas :
- 10 % du marché considéré s'il s'agit d'une entente horizontale ;
- 15 % du marché considéré s'il s'agit d'une entente verticale.

Toutefois, cette disposition nouvelle ne vise que les ententes et ne s'applique pas lorsque sont constatées des restrictions graves. De même, il est important de noter que l'entente peut être justifiée par un bilan économique positif qui lui permet d'échapper à la sanction.

En droit communautaire, le texte est très proche du droit français. Il contient un élément constitutif supplémentaire : l'entente doit affecter le commerce entre États membres. À l'instar du droit français, le droit communautaire ne s'intéresse qu'aux ententes d'une certaine importance (mêmes seuils de sensibilité que précédemment). Par ailleurs, dans le but de favoriser la coopération entre PME, les PME de moins de 250 salariés qui ont un chiffre d'affaires (CA) inférieur à 40 millions d'euros ou un total de bilan inférieur ou égal à 27 millions d'euros restent en dehors du champ d'action de la Commission. Cependant, la Commission a dressé une liste noire des restrictions de concurrence qui sont systématiquement poursuivies.

Les abus de domination

En droit français, il existe deux sortes d'abus de domination (l'abus de position dominante et l'abus d'état de dépendance économique).

Pour qu'on puisse conclure à l'existence d'un **abus de domination**, il faut une situation de domination dont il est fait une exploitation abusive qui a pour objet ou pour effet d'entraver le jeu de la concurrence sur un marché pertinent.

La position dominante de l'entreprise n'est pas en elle-même répréhensible, seul l'abus de cette position dominante peut être poursuivi et sanctionné.

La notion d'**abus d'état de dépendance économique** a été introduite en 1986 pour pouvoir sanctionner certains comportements dans la grande distribution (abus de la puissance de la centrale d'achats). Aujourd'hui, la pratique et la jurisprudence distinguent deux types de dépendance :
– la dépendance d'un distributeur vis-à-vis d'un fournisseur ;
– la dépendance d'un fournisseur vis-à-vis d'un client (si la part du CA réalisé avec le client dépasse 25 % du CA total).

Le droit communautaire ne connaît pas la notion d'abus d'état de dépendance. Seul l'abus de position dominante est sanctionné. Le régime est ici très proche de celui en vigueur dans le droit français.

Sanctions des pratiques anticoncurrentielles

L'exemption des pratiques anticoncurrentielles justifiées

Il est donc possible de justifier une pratique anticoncurrentielle. Voici les conditions d'exemption possibles d'une entente :
– existence d'un progrès économique ;
– partage du profit tiré de l'entente entre ses membres et avec les utilisateurs du produit ou du service sur le marché pertinent considéré ;
– maintien d'une concurrence suffisante ;
– caractère indispensable de l'entente pour atteindre l'objectif de progrès invoqué.

La condamnation des pratiques anticoncurrentielles

En droit français, elle varie en fonction de l'instance saisie :
- Le **Conseil de la concurrence** peut prendre plusieurs mesures :
  - des sanctions pécuniaires (10 % du CAHT mondial consolidé s'il s'agit d'une entreprise, 3 millions d'euros si cela concerne une autre organisation) ;
  - des injonctions : ordonner de cesser leurs pratiques anticoncurrentielles ;

- La **loi NRE** a mis en place une procédure de clémence encourageant la dénonciation des pratiques anticoncurrentielles et une procédure de non-contestation. Le Conseil de la concurrence peut réduire de moitié le montant des sanctions encourues dès lors que l'auteur des pratiques anticoncurrentielles ne conteste pas la réalité des griefs qui lui sont notifiés et s'engage à cesser ces pratiques.
- Les **juridictions commerciales ou civiles** réparent le préjudice subi par l'allocation de dommages et intérêts à la victime ou en annulant l'acte juridique lié à une pratique anticoncurrentielle.
- Les **juridictions pénales** ne peuvent prononcer une condamnation que sur la base d'une incrimination spécifique (exemple : délit de participation personnelle à une entente).
- En **droit communautaire**, la Commission peut infliger des sanctions pécuniaires (amendes de 1 000 à 1 000 000 d'euros avec un maximum de 10 % du CAHT mondial consolidé) et des injonctions de faire ou de ne pas faire.

Prévention des pratiques anticoncurrentielles

La prévention des pratiques anticoncurrentielles passe par des exemptions par catégorie ou par un contrôle des concentrations.

Les exemptions par catégorie

Elles sont prévues en droit français et communautaire mais, pour le moment, il n'y a eu que très peu de règlement d'exemption.

Le contrôle des concentrations en droit français

C'est uniquement lorsque sont franchis certains seuils que peut être mis en œuvre ce contrôle préventif :
- le CAHT mondial de l'ensemble des entreprises impliquées dans le projet de concentration doit être supérieur à 150 millions d'euros ;
- deux au moins de ces entreprises doivent réaliser en France un CA cumulé supérieur à 50 millions d'euros.

La loi NRE a rendu obligatoire la notification préalable au ministre de l'Économie de toutes les opérations de concentration qui entrent dans le champ d'application de la réglementation.

Le contrôle des concentrations en droit communautaire

L'objectif est de maintenir une concurrence réellement praticable à l'échelle européenne. Le règlement européen ne s'applique qu'aux opérations de concentration de dimension communautaire, c'est-à-dire qui dépassent un triple seuil :
- le CA mondial cumulé des entreprises qui participent à la concentration doit être supérieure à 5 milliards d'euros ;
- le CA réalisé individuellement dans la Communauté par au moins deux entreprises concernées doit être supérieur à 250 millions d'euros ;
- aucune des entreprises concernées ne doit avoir réalisé plus de 2/3 de son CA européen dans un seul État membre.

POUR ALLER PLUS LOIN

Toutefois, une opération de concentration qui n'atteint pas cette grande taille communautaire peut quand même entrer dans le domaine du règlement et doit alors être notifiée.

La Commission examine dans ce cas si la concentration entrave de manière significative une concurrence effective sur le marché considéré et peut, le cas échéant, déclarer la concentration incompatible ou ordonner une mesure de déconcentration si l'opération a déjà été réalisée.

Protection des agents économiques contre les pratiques restrictives de la concurrence

Elles apparaissent sous le titre 4 du livre IV du code de commerce. Elles sont interdites, quel que soit l'effet produit sur le marché pertinent. Le droit communautaire ne reconnaît pas les pratiques restrictives de concurrence. Le dispositif s'applique surtout aux relations entre grande distribution et fournisseurs.

La loi NRE a créé une Commission d'examen des pratiques commerciales. Sa mission est d'observer et de donner des avis ou formuler des recommandations sur les pratiques entre producteurs, fournisseurs et revendeurs. La réglementation des relations interentreprises est très complexe.

Règles relevant d'une certaine police des prix

Il existe une certaine police de prix, d'origine étatique, qui est contrôlée par la DGCCRF.

Revente à perte

Le fait pour tout commerçant de revendre ou d'annoncer la revente d'un produit en l'état à un prix inférieur à son prix d'achat effectif est puni de 75 000 euros d'amende. Le prix d'achat effectif correspond à la somme du prix d'achat, des taxes et des charges de transport, diminuée des réductions acquises à la date de vente et directement liées à celles-ci.

En cas de revente à perte, des sanctions civiles et pénales, ainsi qu'une éventuelle publication du jugement prononcé peuvent être prises.

Prix abusivement bas

La règle ici en vigueur s'est inspirée d'une jurisprudence communautaire traitant des « prix prédateurs ». En effet, selon le Conseil de la concurrence, un prix prédateur est un prix inférieur à la moyenne des coûts variables. Le texte ne vise que les prix de vente aux consommateurs. Des sanctions pécuniaires sont applicables.

Prix minima de revente imposés

L'article L442-5 du code de commerce prohibe le fait d'imposer un prix minima de revente (sanctions civiles et pénales).

Règles relevant d'un principe général de non-discrimination

L'égalité dans la concurrence est le gage de la liberté de la concurrence.

Interdiction des pratiques discriminatoires

Les éléments constitutifs de la discrimination sont au nombre de quatre :
- une discrimination ;
- un objet ;
- sans contrepartie réelle ;
- qui crée un désavantage dans la concurrence.

Ce qui est discriminatoire, ce n'est donc pas d'appliquer des conditions différentes à ses différents clients, mais de ne pas leur appliquer les mêmes conditions pour des prestations équivalentes. L'Administration est particulièrement méfiante à l'encontre des accords de coopération commerciale qui peuvent dissimuler de nombreuses discriminations.

La loi NRE a instauré la responsabilité de celui qui abuse de la relation d'échange. Une pratique discriminatoire n'est pas sanctionnée pénalement mais exclusivement civilement.

Validité de principe du refus de vente et des ventes liées

Le refus de vente peut encore faire l'objet de sanctions :
- s'il se traduit par un refus de communiquer le barème de prix et les conditions générales de vente à celui qui le demande ;
- si la pratique semble anticoncurrentielle ;
- s'il se caractérise par l'intention de nuire d'un fournisseur.

Validité de principe du refus d'achat : référencement et déréférencement

Les comportements de référencement et de déréférencement, qui matérialisent l'exploitation injustifiée d'une puissance d'achat ou d'une puissance d'enseigne, se traduisant par exemple par l'octroi d'avantages injustifiés au profit des distributeurs, sont interdits.

Examen de la transparence tarifaire en tant que moyen de prévention et de contrôle des pratiques restrictives de concurrence

La transparence tarifaire en tant que moyen de prévention

Tout producteur, prestataire de services ou grossiste est tenu de communiquer à tout acheteur pour une activité professionnelle qui en fait la demande, son barème de prix et ses conditions de vente (conditions de règlements et le cas échéant rabais et ristournes). Des sanctions civiles et pénales sont prévues en cas de non-respect de ce principe.

La transparence tarifaire en tant que moyen de contrôle

Factures et accords de coopération constituent les deux piliers du système français de surveillance économique.

Le trade marketing s'est développé, et par conséquent le distributeur n'a plus pour seule fonction la revente, mais aussi d'autres services qu'il peut rendre au fournisseur (exemple : prestation de mise en avant de produits). Nonobstant, la rémunération du service spécifique ne figurant pas sur la facture de livraison des produits, elle ne peut être prise en compte dans le calcul du seuil de revente à perte en l'abaissant. Dès lors, les produits des fournisseurs sont revendus à des prix uniformes et les distributeurs voient leur marge arrière augmenter.

Protection de la loyauté de la concurrence

Un marché ne peut pas fonctionner si certains usages sont malhonnêtes. La concurrence doit donc être loyale.

La concurrence déloyale : fondements et sanctions

La responsabilité civile, fondement de l'action en concurrence déloyale

La qualification de concurrence déloyale postule l'existence d'un lien de concurrence entre deux acteurs économiques, l'un étant déloyal envers l'autre. Les acteurs sont libres de s'affronter pour conquérir et conserver une clientèle mais tous les coups ne sont pas permis. C'est l'élément moral qui prédomine.

La responsabilité civile délictuelle, fondement du droit de la concurrence déloyale

Afin de pouvoir sanctionner les comportements déloyaux dans les relations de concurrence, les juges ont, depuis le XIXe siècle, fait application des articles 1382 et 1383 du code civil. L'action en concurrence déloyale est donc exclusive de tout lien contractuel entre les parties. Il appartient à la victime d'apporter la preuve de l'existence des trois éléments de la responsabilité civile : faute, dommage et lien de causalité.

Les sanctions de la concurrence déloyale

Des sanctions classiques existent (dommages et intérêts, cessation du comportement déloyal et publication de la décision) et des sanctions indirectes (sanctions pénales lorsqu'il y a infraction).

Typologie des comportements de concurrence déloyale[1]

L'imitation

Il s'agit de la création par une entreprise d'une confusion avec une entreprise concurrente. Les droits de propriété intellectuelle tels les marques, les brevets, les dessins et les modèles bénéficient d'une protection juridique particulière par le biais de l'action en contrefaçon.

Le déposant bénéficie d'un monopole d'exploitation protégé juridiquement pour une durée de 20 ans non renouvelable pour le brevet, de 10 ans indéfiniment renouvelable pour la marque et de 25 ans prorogeable une fois pour le dessin ou le modèle. Ces droits constituent des facteurs de compétitivité, et toute atteinte portée à ces droits représente une menace pour l'image et le patrimoine de ces entreprises.

Le dénigrement

Il correspond à la recherche de la dépréciation d'une chose ou d'une personne en en disant du mal. Le dénigrement peut aussi bien viser l'entreprise concurrente ou ses produits, que la personnalité même du concurrent, que ce soit une personne physique ou une personne morale.

En 1992, un texte spécifique fut adopté autorisant la publicité comparative comme aux États-Unis et en Grande-Bretagne, mais sous certaines conditions (voir article 121-8 du code de la consommation).

La désorganisation

Tout d'abord, elle peut concerner la désorganisation d'une entreprise concurrente. Différents moyens de désorganisation peuvent être déterminés : corruption, débauchage, divulgation d'un secret de fabrication ou d'un savoir-faire, détournement des commandes d'un concurrent ou encore suppression de la publicité d'un concurrent.

D'un autre côté, elle peut aussi s'appliquer au marché : revente à perte, non-respect des obligations fiscales ou sociales ou du principe de fermeture dominicale.

---

1. Cette typologie a été élaborée par le doyen Roubier.

Le parasitisme

Le parasite économique vit aux dépens d'autrui. Commet un acte parasitaire fautif « quiconque, à titre lucratif et de façon injustifiée, s'inspire sensiblement ou copie une valeur économique d'autrui individualisée et procurant un avantage concurrentiel, fruit d'un savoir-faire, d'un travail intellectuel et d'investissements. »

Conclusion

Vous disposez désormais de très nombreuses informations indispensables pour réussir toutes vos épreuves d'économie et de gestion :

- **une méthodologie de travail fiable et pertinente** que vous adapterez en fonction de votre profil ;
- **une méthodologie de la dissertation complète et efficace** que vous aurez à maintes reprises l'occasion de mettre en pratique et qui sera appréciée par le jury ;
- **des sujets traités en temps réel** qui vous montrent clairement comment procéder et ce qu'il faut faire pour obtenir une bonne note ;
- **un ensemble de connaissances primordiales** pour traiter les sujets que vous rencontrerez lors de vos futurs examens ou concours ;

Quel que soit votre objectif (préparation d'un examen, d'une unité de valeur ou d'un concours) et votre spécialité (gestion comptable et financière, mercatique, communication administrative, informatique de gestion, etc.), **nous espérons que cet ouvrage a atteint son but, qui était de vous aider à réussir.**

Appuyez-vous sur ce guide tout au long de votre formation, et, surtout, gardez à l'esprit les trois éléments essentiels que doit maîtriser un bon candidat :

- des connaissances théoriques ;
- une réflexion personnelle qui s'appuie sur des exemples empiriques ;
- des solutions réalistes et opérationnelles répondant aux problèmes posés.

Il vous appartient désormais de mettre en pratique les précieux conseils contenus dans cet ouvrage.

N'oubliez pas que cela prend du temps, qu'il faut persévérer et bien souvent s'armer de patience, mais que c'est bel et bien le passage obligé pour réussir.

Plus la tâche est rude, plus la réussite est belle ! Quel bonheur d'atteindre ses objectifs !

ANNEXES

Annexe 1

Les concours

Cette première annexe décrit à l'aide d'un schéma et de tableaux les différents concours de recrutement des professeurs d'économie et gestion (CAPLP, CAPET et Agrégation). Les multiples voies d'accès sont présentées, permettant au lecteur de se faire une idée du contenu des épreuves et de s'orienter vers l'un ou l'autre de ces concours.

Des liens Internet vous permettront de vous renseigner sur les modalités précises d'inscription ou de suivi administratif de votre carrière. J'ai volontairement souhaité aller à l'essentiel en vous transmettant l'adresse de sites officiels très complets qui répondront à vos attentes.

Enfin, je vous livrerai mes impressions au sujet de chaque niveau de concours, ainsi que quelques réflexions sur le métier d'enseignant en lycée professionnel et en lycée technologique.

Panorama des différents concours

	CAPLP	CAPET	Agrégation	CAFEP-CAPLP	CAFEP-CAPET	CAERPA
Concours de l'enseignement public	✓	✓	✓			
Concours de l'enseignement privé				CAER-CAPLP	CAER-CAPET	
	- externe	- externe	- externe	- 3ᵉ concours	- 3ᵉ concours	
	- interne	- interne	- interne			
	- 3ᵉ concours	- 3ᵉ concours				
	- concours réservé	- concours réservé				

CAPLP	Certificat d'aptitude au professorat de lycée professionnel
CAPET	Certificat d'aptitude au professorat de l'enseignement technique
Agrégation	Concours de haut niveau permettant d'obtenir un poste d'enseignant en lycée ou de postuler pour des postes d'enseignement supérieur en université (poste de PRAG)
CAFEP	Certificat d'aptitude aux fonctions d'enseignement dans les établissements privés sous contrat (= concours externe de l'enseignement privé)
CAER	Concours d'accès à l'échelle de rémunération (concours interne de l'enseignement privé)
CAERPA	Concours d'accès à l'échelle de rémunération des professeurs agrégés (agrégation interne de l'enseignement privé)
3ᵉ concours	Concours réservé aux candidats qui ont acquis une expérience dans l'exercice d'une activité professionnelle de droit privé, d'un mandat d'élu local ou d'une activité associative
Concours réservé	Concours réservé aux enseignants non titulaires des établissements publics d'enseignement (maître auxiliaire, contractuel ou vacataire)

Figure 11.1 - Présentation des différents concours en économie et gestion

Le Certificat d'aptitude au professorat de lycée professionnel (CAPLP)

Le CAPLP est un concours de recrutement de professeurs en lycée professionnel. Le CAFEP-CAPLP et le CAER-CAPLP concernent l'enseignement privé mais portent sur les mêmes épreuves que celles du CAPLP externe et interne.

Trois spécialités existent en économie-gestion :
- Communication administrative et bureautique ;
- Comptabilité et bureautique ;
- Vente.

Quatre types de concours sont proposés pour chaque spécialité.

> Les programmes des différents concours de niveau CAPLP sont consultables au lien suivant : http://www.education.gouv.fr/siac/siac2/programmes/menu.htm (puis suivre les liens indiqués).

Le CAPLP vu par l'auteur

Ce concours attire un nombre assez élevé de candidats. En effet, il n'est pas rare de voir une même personne s'inscrire à la fois à l'Agrégation, au CAPET et au CAPLP. Les programmes étant relativement proches, principalement pour le CAPET et le CAPLP, cela me semble être un bon choix. D'une part, le candidat se donne ainsi une chance supplémentaire, et d'autre part, cela lui confère un bon entraînement pour les épreuves d'admission suivantes ou d'éventuelles sessions ultérieures…

> **MON CONSEIL**
>
> Je conseille vivement aux candidats de s'inscrire à plusieurs concours (dans la mesure du possible) et de composer de la manière la plus sérieuse qui soit, quand bien même la préparation n'aurait pas été optimale.

Ce concours semble plus technique au niveau de sa première épreuve d'admissibilité que l'étude de cas proposée au CAPET. D'un autre côté, les connaissances requises en économie et en droit sont d'un niveau inférieur à celui demandé au CAPET. Les membres du jury sont très hétérogènes : inspecteurs de l'Éducation nationale, professeurs de lycée professionnel, professeurs certifiés et professeurs agrégés. Toutefois, lors de l'épreuve sur dossier, les membres du jury essayent de projeter le candidat dans un lycée professionnel et testent alors des compétences davantage relationnelles. Ce point est très important, puisque les élèves des lycées professionnels ne sont pas toujours faciles.

Le lauréat à ce concours peut être amené à enseigner au niveau BEP ou baccalauréat professionnel dans les filières tertiaires, hôtelières ou industrielles. Le public peut donc être aussi bien à dominante masculine, féminine ou mixte, et âgé de 16 à 22 ans en général.

Comme tout jeune lauréat de concours, vous pouvez être amené à être affecté loin de chez vous, principalement en région parisienne et dans la moitié nord de la France.

> **MON CONSEIL**
>
> Considérez chaque poste comme une expérience. Il y a toujours quelque chose de positif à prendre dans un poste. Vous aurez plein de possibilités de mutations ou de promotions si vous le souhaitez.

> En ce qui concerne la grille de rémunération et la progression de carrière, vous trouverez toutes les informations nécessaires au lien suivant :
> http://www.education.gouv.fr/cid2654/carriere.html

Le CAPLP externe

Conditions d'inscription

Toute personne justifiant d'une licence, d'un diplôme équivalent (de niveau Bac+3) ou de cinq années de pratique professionnelle en qualité de cadre du secteur privé ou dans des sections professionnelles, d'un diplôme de niveau Bac+2 (BTS, DUT…) et cinq années de pratique professionnelle.

> Pour davantage de précisions, vous pouvez consulter le lien suivant :
> http://gsiac2.adc.education.fr/gsiac2/fguide

Les épreuves

Épreuves	Durée	Coefficient
Épreuves écrites d'admissibilité		
Épreuve technique	5 h	6
Composition sur un sujet d'économie d'entreprise	3 h	4
Épreuves orales d'admission		
Épreuve orale portant sur les problèmes économiques généraux	30 mn (préparation 1h)	3
Entretien sur la discipline de spécialité du candidat (Communication administrative et bureautique ; Comptabilité et bureautique ; Vente) avec ou sans document fourni aux candidats	30 mn (préparation 30 mn)	3
Épreuve sur dossier	45 mn - exposé : 15 mn maximum - entretien : 30 mn maximum (préparation 1 h)	4

Le CAPLP interne

Conditions d'inscription

Le CAPLP interne concerne les fonctionnaires titulaires ayant au moins trois années de service public.

> Vous trouverez toutes les informations nécessaires au lien cité à la page précédente et au lien suivant :
> http://www.educnet.education.fr/ecogest/concours/caplp/default.htm

Les épreuves

Épreuves	Durée	Coefficient
Épreuve écrite d'admissibilité Épreuve scientifique et technique Les questions relèveront obligatoirement : - d'une part du champ professionnel correspondant à la section ; - d'autre part du domaine économique et juridique	4 h	1
Épreuve orale d'admission Exploitation pédagogique d'un thème Le thème porte sur le champ professionnel et peut comporter des aspects économiques et juridiques.	1 h - exposé : 30 mn maximum - entretien : 30 mn maximum (préparation 3 h)	2

Le troisième concours

Conditions d'inscription

Il faut justifier d'une ou de plusieurs activités professionnelles accomplies dans le cadre d'un contrat de droit privé. La durée des activités professionnelles doit être de cinq ans au moins, appréciée à la date de clôture des registres d'inscription.

Nature des épreuves

Épreuves	Durée	Coefficient
Épreuve écrite d'admissibilité Épreuve technique (même programme que celui de l'épreuve correspondante du CAPLP externe)	5 h	1
Épreuves orales d'admission Épreuve orale portant sur les problèmes économiques généraux	30 mn (préparation 1h)	1
Épreuve sur dossier	45 mn - exposé : 15 mn maximum - entretien : 30 mn maximum (préparation 1 h)	1

Le CAPLP réservé

Conditions d'inscription

Il s'adresse aux enseignants non titulaires (maîtres auxiliaires, contractuels ou vacataires) des établissements publics d'enseignement. Aucune condition d'âge n'est imposée, mais il faut justifier de deux conditions cumulatives de durée de services publics ainsi que de titres, diplômes, ou reconnaissance d'une expérience professionnelle au 1er septembre qui suit l'éventuelle admission.

Nature des épreuves

L'examen professionnel nécessite la production d'un rapport d'activité rédigé par le candidat et relatif à son expérience professionnelle.

Ce rapport, qui ne doit pas excéder cinq pages dactylographiées, doit contenir une description des responsabilités qui ont été confiées au candidat dans la limite de ses huit dernières années d'exercice, notamment dans un ou plusieurs domaines ci-après :

- enseignement d'une ou de plusieurs disciplines ;
- actions de formation continue ou d'insertion.

L'épreuve comporte un exposé suivi d'un entretien avec les membres du jury. Elle dure au maximum 40 minutes, dont 10 minutes pour l'exposé et 30 minutes pour l'entretien.

Le Certificat d'aptitude au professorat de l'enseignement technique (CAPET)

Le CAPET d'économie-gestion est un concours de recrutement de professeurs en lycée technique. Le CAFEP-CAPET et le CAER-CAPET concernent l'enseignement privé, mais portent sur les mêmes épreuves que celles du CAPET externe et interne.

> Pour les conditions d'inscription au CAPET, CAFEP-CAPET ou CAER-CAPET : http://gsiac2.adc.education.fr/gsiac2/fguide

Quatre spécialités de CAPET existent en économie-gestion :
- Économie et gestion administrative ;
- Économie et gestion comptable ;
- Économie et gestion commerciale ;
- Économie, informatique et gestion.

Quatre types de concours sont proposés pour chaque spécialité.

> Les programmes des différents concours du CAPET sont consultables au lien suivant : http://www.education.gouv.fr/siac/siac2/programmes/menu.htm (puis suivre les liens indiqués).

Le CAPET vu par l'auteur

Le CAPET demande des connaissances plus solides en économie et droit que le CAPLP. Les compétences techniques demandées sont plus diversifiées, mais s'éloignent un peu du côté professionnel des tâches demandées au candidat au CAPLP.

Le nombre d'épreuves du CAPET et leur durée sont assez proches du CAPLP, tant au niveau du concours interne qu'au niveau du concours externe.

Vous pouvez préparer le CAPET en intégrant l'IUFM de votre académie ou d'une académie limitrophe.

> **MON CONSEIL**
>
> Renseignez-vous sur les postes offerts au concours et sur les statistiques passées (nombre d'inscrits, de candidats présents, d'admissibles, d'admis, etc.) afin de mesurer les « forces » en présence et le niveau d'exigence.

Le CAPET d'économie-gestion vous destine au métier de professeur en lycée technologique. Vous pouvez intervenir en classe de seconde (option IGC), de première ou terminale STG, voire dans d'autres formations technologiques (SMS, hôtellerie-restauration, etc.), ainsi qu'en classe de techniciens supérieurs du secteur tertiaire ou industriel.

Un professeur certifié peut enseigner plusieurs disciplines : l'économie, le droit, le management des organisations, l'informatique de gestion, la communication, la mercatique, la gestion, la comptabilité, etc. Le métier est à la fois très riche et très exigeant. L'actualité économique, juridique, managériale et du monde de la gestion est abondante et intéressante. Le professeur d'économie et gestion doit sans cesse pratiquer la veille informationnelle et actualiser ses supports de cours ou de travaux dirigés.

Il existe un côté stratégique dans le choix d'une épreuve d'admissibilité. En effet, le candidat peut opter pour une épreuve d'économie générale et/ou d'entreprise et une épreuve de droit et/ou d'économie d'entreprise.

> **MON CONSEIL**
>
> Ne perdez pas de vue que l'épreuve non choisie pour l'écrit constituera une épreuve d'admission à l'oral. Réfléchissez bien à cela au moment de l'inscription !

Les préparations lors des épreuves orales sont d'une durée assez courte et vous devez impérativement vous entraîner à élaborer des plans très rapidement. Vous devez bien avoir en tête les notions essentielles du programme et aller à l'essentiel.

> **MON CONSEIL**
>
> Il est impossible de parler de tout en quinze minutes, soyez synthétique et efficace.

Votre réussite au concours vous permettra d'être professeur stagiaire. Dès cette première année d'enseignement, vous enseignerez, mais suivrez également de nombreuses formations (disciplinaire ou interdisciplinaire). À la fin de cette année et si vous donnez satisfaction, vous serez titularisé et devrez participer au mouvement interacadémique (du moins pour les lauréats du concours externe).

> Pour les informations sur les modalités de la carrière, vous pouvez consulter le lien suivant : http://www.education.gouv.fr/pid82/promotion-mutation-affectation-des-stagiaires.html

Le CAPET externe

Conditions d'inscription

Toute personne justifiant d'une licence, d'un diplôme équivalent (de niveau Bac+3) ou de cinq années de pratique professionnelle en qualité de cadre du secteur privé peut se porter candidate.

> Pour davantage de précisions, vous pouvez consulter le lien suivant : http://gsiac2.adc.education.fr/gsiac2/fguide

Nature des épreuves

Épreuves	Durée	Coefficient
Épreuves écrites d'admissibilité Composition d'économie-droit au choix du candidat formulé lors de son inscription : - économie générale et/ou économie d'entreprise - droit et/ou économie d'entreprise.	4 h	4
Étude de cas spécifique à l'option choisie.	5 h	6
Épreuves orales d'admission Interrogation en économie-droit portant sur le couple de disciplines non choisi pour la première épreuve d'admissibilité.	30 mn (préparation 30 mn)	3
Épreuve scientifique et technique spécifique à l'option choisie.	30 mn (préparation 1 h)	3
Épreuve sur dossier	45 mn - exposé : 15 mn maximum - entretien : 30 mn maximum (préparation 1 h)	4

Le CAPET interne

Conditions d'inscription

Le CAPET-interne concerne les fonctionnaires titulaires ayant au moins trois années de service public.

> Vous trouverez toutes les informations nécessaires au lien suivant :
> http://www.educnet.education.fr/ecogest/concours/capet/default.htm

Nature des épreuves

Épreuves	Durée	Coefficient
Épreuve écrite d'admissibilité Épreuve scientifique et technique Les questions relèveront obligatoirement : - d'une part, du champ de l'économie générale, de l'économie d'entreprise et du droit ; - d'autre part, du champ des sciences de gestion et des techniques correspondant à l'option.	5 h	1
Épreuve orale d'admission Exploitation pédagogique d'un thème Le thème porte sur l'économie générale et/ou l'économie d'entreprise et/ou le droit et/ou les sciences de gestion et les techniques correspondant à l'option choisie.	1 h - exposé : 40 mn maximum - entretien : 20 mn maximum *(préparation 3 h)*	2

Le troisième concours

Conditions d'inscription

Il faut justifier d'une ou de plusieurs activités professionnelles rémunérées accomplies dans le cadre d'un contrat de droit privé. La durée des activités professionnelles doit être de cinq ans au moins, appréciée à la date de clôture des registres d'inscription.

Nature des épreuves

Épreuves	Durée	Coefficient
Épreuve écrite d'admissibilité Composition d'économie-droit au choix du candidat formulé lors de son inscription : - économie générale et/ou économie d'entreprise - droit et/ou économie d'entreprise.	4 h	1
Épreuves orales d'admission Épreuve scientifique et technique spécifique à l'option choisie.	30 mn (préparation 1 h)	1
Épreuve sur dossier	45 mn - exposé : 15 mn maximum - entretien : 30 mn maximum (préparation 1 h)	1

Le CAPET réservé

Conditions d'inscription

Il s'adresse aux enseignants non titulaires (maîtres auxiliaires, contractuels ou vacataires) des établissements publics d'enseignement. Aucune condition d'âge n'est imposée, mais il faut justifier de deux conditions cumulatives de durée de services publics ainsi que de titres, diplômes, ou reconnaissance d'une expérience professionnelle au 1er septembre qui suit l'éventuelle admission.

> Pour les modalités précises de ces conditions, vous pouvez consulter le lien suivant :
> http://gsiac2.adc.education.fr/gsiac2/fguide

Nature des épreuves

L'examen professionnel nécessite la production d'un rapport d'activité rédigé par le candidat et relatif à son expérience professionnelle. Ce rapport, qui ne doit pas excéder cinq pages dactylographiées, doit contenir une description des responsabilités qui ont été confiées au candidat dans la limite de ses huit dernières années d'exercice, notamment dans un ou plusieurs domaines ci-après :

- enseignement d'une ou de plusieurs disciplines ;
- actions de formation continue ou d'insertion.

L'épreuve comporte un exposé suivi d'un entretien avec les membres du jury. Elle dure au maximum 40 minutes dont 10 minutes pour l'exposé, et 30 minutes pour l'entretien.

L'Agrégation

L'Agrégation d'économie et gestion est un concours de recrutement (Agrégation externe) ou de promotion (Agrégation interne) qui permet d'obtenir un poste d'enseignant en lycée technique. Elle permet également de postuler pour des postes de l'enseignement supérieur en université (poste de PRAG). Le CAERPA concerne l'enseignement privé mais porte sur les mêmes épreuves que celles de l'Agrégation interne.

> Pour connaître les conditions d'inscription à l'Agrégation, il convient de consulter le lien suivant : http://gsiac2.adc.education.fr/gsiac2/fguide

- Les candidats à l'Agrégation externe ont le choix au moment de leur inscription entre quatre options : Économie et gestion administrative (option A), Économie et gestion comptable et financière (option B), Économie et gestion commerciale (option C) et Économie, informatique et gestion (option D). Les candidats font l'objet d'un classement distinct selon l'option choisie. Il y a donc bien un nombre spécifique de postes offerts à chaque option.
- À l'inverse, à l'Agrégation interne, bien que chaque candidat soit amené à faire un choix quant à l'option retenu au moment de l'inscription (option A, B, C ou D, comme précédemment), les candidats font l'objet d'un seul classement. Autrement dit, il y a un nombre global de postes offerts au titre de l'Agrégation interne d'économie et gestion et non un nombre de postes dédiés à chaque option du concours.

> Depuis la session 2004, il est possible de s'inscrire à la fois au concours externe et au concours interne.

L'Agrégation vue par l'auteur

C'est incontestablement le concours le plus difficile, tant sur le plan psychique que sur le plan physique. L'Agrégation externe comporte 35 heures d'épreuves, et l'Agrégation interne 23 heures ! Il s'agit d'un concours de haut niveau qui nécessite une préparation sérieuse et de longue haleine[1].

---

1. Il existe de multiples manières de la préparer (voir en annexe).

La difficulté majeure réside dans le volume de connaissances à maîtriser. Le programme de ce concours est tellement vaste qu'il peut très vite décourager les candidats.

> Il est consultable au lien suivant : http://www.education.gouv.fr/siac/siac2/programmes/menu.htm (vous devrez toutefois cliquer sur plusieurs liens successifs avant de pouvoir accéder aux informations souhaitées).

En résumé, l'Agrégation d'économie et gestion demande des compétences multiples dans différents domaines : l'économie générale, le droit, la discipline de spécialité (gestion administrative, comptable, mercatique ou informatique), la sociologie et le management des organisations (pour l'Agrégation externe uniquement). Aussi, le candidat doit disposer d'un socle minimum de connaissances dans chaque matière[1].

> **MON CONSEIL**
>
> Face à la grande quantité de notions à maîtriser, je vous conseille de commencer par travailler vos points faibles. Vous pouvez par exemple lister tous les thèmes d'une matière qui vous paraissent obscurs, puis les rayer au fur et à mesure que vous avancez. Ainsi, vous aurez le sentiment de progresser.

Les épreuves orales de l'Agrégation sont très particulières. Vous avez droit à vos documents de travail (cours, exercices, livres divers, dictionnaires, etc., mais pas d'ordinateur portable pour ne pas créer d'inégalité majeure entre les candidats). Contrairement à ce que nous pourrions croire, ce n'est pas un avantage ! Le candidat a en effet tendance à emmener énormément de choses, au point de se perdre dans tous ses documents. Or ce n'est pas lors de la préparation du sujet que vous devez découvrir vos documents ! Chaque élément emporté doit être connu, et vous ne pouvez pas vous permettre de perdre 30 minutes pour retrouver quelque chose.

---

1. Vous trouverez en annexe une bibliographie indicative par matière qui vous permettra d'assimiler des connaissances fondamentales.

> **MON CONSEIL**
>
> Préparez votre malle de manière minutieuse. Elle doit contenir vos fiches et réalisations personnelles (dissertations, plans détaillés, problématiques, etc.), les ouvrages de travail que vous connaissez le mieux, des livres de synthèse, un dictionnaire de français courant, des lexiques en fonction du type d'épreuve et des magazines traitant de sujets d'actualité.

Une bibliothèque bien fournie est à votre disposition sur le lieu de l'épreuve et peut donc compléter ce que vous avez apporté avec vous.

Vous avez face à vous un jury de trois à cinq personnes. Les membres du jury ont des profils différents : inspecteurs généraux de l'Éducation nationale, professeurs des universités, professeurs agrégés et maîtres de conférences. Le jury est particulièrement habile pour déceler vos carences.

Vous devrez lui montrer vos qualités pédagogiques (bonne utilisation des supports visuels), faire preuve d'une bonne diction, d'un vocabulaire riche, d'une écriture soignée, élaborer un plan structuré en utilisant des couleurs, respecter les règles d'usage en matière de communication (apostrophe aux membres du jury), etc. Il ne faut rien négliger pour montrer que vous méritez sur tous les plans le statut de professeur agrégé.

Un professeur agrégé d'économie-gestion enseigne dans les mêmes classes que les professeurs certifiés, c'est-à-dire en classe de seconde (option IGC), de première ou de terminale STG, ou alors en classe de techniciens supérieurs du secteur tertiaire, voire industriel. Il peut également poser sa candidature à un poste de PRAG (professeur agrégé dans l'enseignement supérieur) ou en classe préparatoire (prépa au Diplôme de comptabilité et de gestion, prépa HEC, etc.).

> Vous trouverez les informations concernant le niveau de rémunération et la progression de carrière au lien suivant :
> http://www.education.gouv.fr/cid2654/carriere.html

L'Agrégation externe

Conditions d'inscription

Toute personne justifiant d'une maîtrise, ou d'un titre ou diplôme sanctionnant un cycle d'études postsecondaires d'au moins quatre années, acquis en France ou dans un autre État et attesté par l'autorité compétente de l'État considéré, peut se porter candidate.

> Pour davantage de précisions concernant les conditions générales et spécifiques d'inscription, vous pouvez consulter le lien suivant :
> http://gsiac2.adc.education.fr/gsiac2/fguide

Nature des épreuves

Épreuves	Durée	Coefficient
Épreuves écrites d'admissibilité		
Composition portant sur l'économie générale.	6 h	3
Composition portant, au choix du candidat formulé lors de l'inscription : - soit sur les éléments généraux du droit et sur le droit de l'entreprise et des affaires ; - soit sur les éléments généraux de l'analyse des organisations et sur l'économie de l'entreprise.	2 h	3
Composition portant sur la gestion des entreprises et des organisations. Cette épreuve consiste en l'étude d'une situation pratique relative au domaine de l'option choisie par le candidat.	7 h	4
Épreuves orales d'admission		
Exposé portant sur un thème économique, juridique ou social (épreuve dite de TEJS).	1 h maximum - exposé 40 mn maximum - entretien 20 mn maximum (préparation 5h)	4
Exposé sur le management et la gestion des entreprises et des organisations (épreuve dite de MAGE).	1 h maximum - exposé 40 mn maximum - entretien 20 mn maximum (préparation 4h)	3
Étude comportant l'utilisation de techniques de gestion spécifiques à l'option choisie.	1 h maximum - exposé 40 mn maximum - entretien 20 mn maximum (préparation 4h)	3

L'Agrégation interne

Conditions d'inscription

L'Agrégation interne concerne les fonctionnaires titulaires ayant au moins cinq années de service public.

> Vous trouverez toutes les informations nécessaires au lien cité à la page précédente et au lien suivant :
> http://www.educnet.education.fr/ecogest/concours/agreg/default.htm

Nature des épreuves

Épreuves	Durée	Coefficient
Épreuves écrites d'admissibilité		
Exploitation pédagogique d'un thème relatif à l'économie et à la gestion des entreprises et des organisations portant sur l'option choisie par le candidat au moment de l'inscription.	6 h	1
Composition portant, au choix du candidat exprimé lors de son inscription, sur l'économie générale ou sur les éléments généraux du droit et sur le droit de l'entreprise et des affaires.	6 h	1
Épreuves orales d'admission		
Épreuve sur un thème économique, juridique ou social (épreuve dite de TEJS).	1 h maximum - exposé 40 mn maximum - entretien 20 mn maximum (préparation 5h)	1
Épreuve sur les techniques de gestion spécifiques à l'option choisie.	1 h - exposé 30 mn maximum - entretien 30 mn maximum (préparation 4 h)	1

Annexe 2

Organismes de préparation aux concours

Vous trouverez ici les différents organismes de formation (en présentiel, par correspondance mais aussi par le biais d'Internet) permettant de préparer les différents concours d'enseignement en économie et gestion (CAPLP, CAPET et Agrégation).

Organismes de préparation en présentiel

Formations académiques (concours interne)

De nombreuses académies proposent, dans le cadre du PAF (plan académique de formation), des préparations aux concours internes.

Les objectifs de la formation sont multiples :
– favoriser la réussite au concours, en donnant les moyens aux enseignants de notre discipline d'améliorer leurs compétences professionnelles ;
– développer la promotion interne des professeurs d'économie et gestion ;
– renforcer les compétences disciplinaires en économie et gestion.

Les formations sont réparties, en général, de septembre à avril et se déroulent souvent le même jour de chaque semaine. Les professeurs inscrits à la préparation doivent donc demander à être libérés de toute activité pour cette journée dans leur emploi du temps. Certaines options ne peuvent pas proposer de module spécifique en raison du nombre insuffisant d'inscrits.

La durée totale prévue de la formation avoisine les 150 heures et comprend des phases d'entraînement aux épreuves. Ces séances sont fort intéressantes car elles

> Le programme de l'Agrégation interne d'économie et gestion ne peut être traité intégralement « en présentiel » et nécessite une auto-formation complémentaire.

placent le candidat dans des situations déstabilisantes, assez proches de celles rencontrées dans la réalité (surtout les oraux blancs).

S'engager dans un tel projet est un investissement personnel important. Les formateurs sont, pour la plupart, à votre disposition pour vous aider à construire un parcours de formation efficace.

MON CONSEIL

Vous pouvez suivre d'autres formations en parallèle. N'hésitez pas à le faire si vous avez obtenu un congé de formation.

Certaines formations académiques marient des cours « en présentiel » et un dispositif en ligne proposant des ressources et une animation autour des différents regroupements périodiques. Pour toute information complémentaire, contactez le service formation de votre rectorat.

MON AVIS

J'ai assisté à de nombreuses formations, pour la plupart au sein de l'académie d'Amiens. Les intervenants sont de très bons enseignants exerçant dans l'enseignement supérieur (classe préparatoire au DECF, BTS, voire à l'université). Certains d'entre eux sont – ou étaient – membres du jury des concours de l'enseignement dans le domaine de l'économie et de la gestion.

Il est particulièrement intéressant de s'adresser à des personnes qui connaissent bien les modalités du concours et qui vous parlent de leur expérience de candidat, mais surtout de membre du jury.

Il est également très enrichissant de se retrouver « de l'autre côté du bureau ». Vous rencontrerez d'autres candidats, et je ne peux que vous encourager à travailler en groupe, à partager vos ressources et à élaborer ensemble une progression de travail.

J'ai toujours privilégié les formations « en présentiel ». Il y a un contact direct avec les intervenants que vous ne pouvez pas avoir par le biais de formations en ligne ou par correspondance. Tout dépend de votre profil, du temps que vous avez à votre disposition et de votre niveau de motivation.

L'École normale supérieure (ENS) de Cachan

Le département d'économie et de gestion de l'ENS propose aux étudiants une double formation en économie et en gestion.

Les étudiants apprennent les fondements de l'analyse macroéconomique et les principales théories de base de la dynamique économique. En deuxième année, ils ont la possibilité de se former à plusieurs théories économiques grâce à un grand nombre de cours (finance, économie de l'entreprise, macroéconomie internationale, économie de l'environnement, histoire des faits économiques, etc.). Ils reçoivent aussi une base solide quantitative avec des cours d'économétrie, de statistiques avancées et de séries temporelles.

La formation en gestion allie à la fois une formation quantitative en informatique, comptabilité, fiscalité, finance d'entreprise et des concepts spécifiques à l'entreprise comme la théorie des organisations, le marketing, le contrôle de gestion ou la gestion des ressources humaines.

Au cours de la troisième année, les élèves se concentrent sur la préparation à l'Agrégation d'économie et gestion. Certains d'entre eux rejoignent l'antenne de Bretagne de l'ENS de Cachan pour y suivre la préparation à l'Agrégation en option marketing (C) ou organisation administrative (A).

Le département d'économie-gestion accueille des élèves issus de deux concours d'entrée (en première et en troisième année), ainsi que des auditeurs libres, notamment pour la préparation à l'Agrégation.

Informations accessibles au lien suivant : http://www.ens-cachan.fr/

MON AVIS

Cette prestigieuse école dispense d'excellentes formations. Si j'avais à refaire mon parcours, il est certain que je tenterais le concours d'entrée dès que possible !

Les étudiants y sont très bien préparés à l'Agrégation, leur taux de réussite est très élevé et ils sont en général reçus en étant classés parmi les premiers de chaque concours.

> Aussi, préparer l'Agrégation en tant qu'auditeur libre peut être très pertinent. Toutefois, cela demande de se rendre en région parisienne ou à Rennes (pour les options A et C), ce qui n'est pas toujours simple lorsqu'on est installé en province et que l'on exerce déjà une activité professionnelle.

La préparation à la Sorbonne

Une préparation à l'Agrégation d'économie et gestion est organisée par l'Université Paris 1 Panthéon-Sorbonne.

Les cours ont lieu le mercredi et le samedi à partir du mois de septembre.

Elle comporte des cours d'économie générale, d'économie d'entreprise, de droit, et dans les matières spécifiques à chaque option. Des épreuves « blanches » sont mises en place pour placer le candidat dans des conditions similaires à celles du concours.

> Vous trouverez des informations complémentaires (dossier de candidature et planning de travail) au lien suivant : http://www.univ-paris1.fr/formation/eco_gestion/ufr06/formations/rubrique198.html (puis choix du lien « préparation à l'Agrégation d'économie et gestion »).

> **MON AVIS**
>
> Cette préparation est intéressante pour les enseignants exerçant en région parisienne ou dans des régions limitrophes en raison de leur proximité géographique. Par ailleurs, les intervenants dispensent des cours de qualité d'un bon niveau universitaire. Les chances de réussite de ceux qui suivent de manière assidue les différentes séances de préparation augmentent sensiblement.

Le Centre national d'enseignement à distance (CNED)

Le CNED possède une solide expérience : plus de soixante ans au service des candidats aux différents concours.

> Le site du CNED accessible au lien suivant http://www.cned.fr/ vous aide à vous repérer et à choisir la préparation qui correspond le mieux à votre projet professionnel.

La préparation du CNED est intensive. Elle comprend : des supports rédigés par des spécialistes, des outils méthodologiques et des exercices d'entraînement (devoirs) dans les conditions du concours.

Les tarifs proposés comprennent l'enregistrement de votre inscription, la livraison des différents supports à votre adresse, le tutorat pendant toute la durée de votre préparation, les corrections personnalisées et l'accès à des ressources en ligne.

Il est possible de choisir le mode de préparation qui convient le mieux à votre besoin :

– préparation complète ;

– cours à la carte ;

– mise à niveau par matières.

La préparation du CNED offre un entraînement aux épreuves d'admissibilité et d'admission de l'Agrégation externe et interne, du CAPET – sauf les épreuves spécifiques de l'option D, Économie et Informatique de gestion – et du CAPLP.

Sont proposés pour chaque épreuve :

– des conseils méthodologiques contenant des références bibliographiques, une présentation du programme en vigueur, des méthodes et des démarches de travail ;

– des directions de travail centrées sur les contenus disciplinaires couvrant les points importants du programme ;

– des devoirs à réaliser tout au long de la préparation et qui feront l'objet d'une correction personnalisée vous permettant de vous positionner par rapport au niveau général du concours et de repérer les points sur lesquels vous devez progresser. Pour chaque devoir, un corrigé type est proposé.

Une liste de diffusion spécifique pour chacune des options (A,B,C), outil d'échanges entre inscrits d'une part, et entre inscrits et un tuteur d'autre part, contribue à réduire l'isolement des candidats.

Les tarifs du CNED varient en fonction de votre situation et du mode de financement retenu. À titre d'information, de 321 à 1070 euros pour la session 2008.

> **MON AVIS**
>
> Les préparations du CNED sont très bien structurées. Les supports sont complets et clairs. Cependant, il faut être capable de se discipliner afin de rédiger les devoirs avant les dates butoirs de remise, ce qui n'est pas toujours simple lorsque l'on enseigne déjà.
>
> En effet, vous gérez vos priorités et la plupart du temps vos obligations de service passeront avant. Or si vous ne réussissez pas à effectuer le travail proposé par le CNED dans le délai prévu, vous recevrez la correction du sujet, mais vous n'obtiendrez pas de remarques personnalisées.
>
> Notons que les services en ligne proposés par le CNED représentent un plus indéniable pour tout candidat.

Préparation et ressources en ligne

Agreg on line

Un dispositif de formation ouverte et à distance a été mis en place depuis quelques années à l'université de Rennes pour tous les concours internes et externes (options A, B et C).

L'objectif est de permettre aux candidats ne pouvant suivre les cours en « présentiel » de se préparer dans les meilleures conditions, au moyen d'une formation personnalisée.

Ce site de ressources ne fait pas que proposer des cours « magistraux », il donne aussi de précieux conseils méthodologiques et traduit le véritable esprit du concours.

Le candidat trouvera en effet :
– des documents présentant des éléments de base et d'approfondissement ;
– des bibliographies indicatives ;
– de multiples exercices autocorrectifs ;
– des évaluations ;
– des sujets ou cas d'annales corrigés téléchargeables ;
– des classes virtuelles en différé ;
– et des vidéoconférences.

Une progression indicative est proposée pour chaque matière du concours avec des travaux à effectuer selon un rythme hebdomadaire et des devoirs à rendre (en général toutes les cinq semaines). Chaque candidat peut contacter son tuteur par mail et/ou par téléphone (un par module), afin de lui demander des explications complémentaires ou une assistance dans le travail.

Des regroupements sont effectués :
– une journée fin août pour la présentation du dispositif et des conférences en économie ;
– cinq jours pendant les vacances de la Toussaint pour des conférences, des rencontres avec les tuteurs et des séances méthodologiques ;
– des simulations d'épreuves orales, en mars pour les concours internes, en mai pour les concours externes ;
– en fonction de la demande : une journée avant les écrits pour les concours externes.

Il est également possible d'assister à des classes virtuelles en direct, de participer à des forums de discussion animés par un enseignant ou encore de s'inscrire à une liste de diffusion afin de se tenir informés de toutes nouvelles dispositions ou faits d'actualité, et d'échanger ses points de vue.

Les étudiants inscrits à la préparation en ligne peuvent librement assister aux cours de la faculté de Rennes en économie, management et étude de cas B, ainsi qu'au cycle de conférence à l'École normale supérieure en économie et droit.

Les tarifs proposés s'élèvent à environ 460 euros (droits de base et frais de scolarité complémentaires).

> Pour toute information complémentaire, consultez le site Agreg' on line à l'aide du lien suivant : http://concours.eco.univ-rennes1.fr/

MON AVIS

Le contenu de la formation est très riche et bien adapté à la préparation des épreuves du concours.

Le candidat peut cependant rencontrer le même type de difficultés que celles liées à une inscription au CNED, inhérentes à toute formation non présentielle. En effet, il s'agit d'une formation en ligne qui nécessite une bonne implication et organisation du candidat. Il doit réaliser

> les travaux demandés afin de bénéficier des conseils transmis lors des corrections. C'est cela qui fait véritablement progresser un candidat. Il faut sans cesse se placer en situation réelle d'examen ou de concours et ensuite tenir compte des critiques formulées par les correcteurs.
>
> J'ai moi-même été inscrit à cette formation et j'ai pu constater la qualité des supports. Mais, là encore, j'ai rencontré des difficultés dans la réalisation des travaux demandés dans le délai fixé.

Sites de professeurs agrégés

Profecogest.com

Sylvie Mantel, professeur agrégée d'économie et gestion (option C) présente sur son site les différentes épreuves aux concours, des conseils méthodologiques, des fiches de cours, des bibliographies et, en accès payant, ses propres réalisations.

Elle a été pendant 18 ans cadre commercial dans l'industrie privée avant d'enseigner.

Son site est très clair et ses fiches permettent de donner des éléments intéressants sur de nombreux thèmes au programme.

Managmarket.com

Gérard Lécrivain, professeur agrégé d'économie et gestion (option C), présente des supports de cours et différentes productions recouvrant des aspects notionnels et factuels du management des organisations et de la démarche marketing. Ces supports sont exploités lors de ses différents cours et interventions en sections supérieures.

L'auteur met également en ligne ses copies de management des organisations et d'économie générale (session 2003 de l'Agrégation externe d'économie-gestion), ainsi que de bonnes copies réalisées par d'autres professeurs.

sarah.rezenthel.free.fr

Sarah Rezenthel, professeur agrégée d'économie et gestion (option D) propose des ressources en économie générale, management, ainsi que pour l'étude de cas D (Économie, Informatique et Gestion) et une bibliographie.

Son site présente également quelques réflexions et plans synthétiques pour les épreuves orales de TEJS et de management.

Elle est issue de l'École normale supérieure de Cachan et vient de passer avec succès le concours de l'Agrégation externe d'économie et gestion option informatique en 2006.

Annexe 3

Guide des ressources

Bibliographie

Économie

Ouvrages

Silem A., Albertini J-M., *Lexique d'économie*, Dalloz, 2006.

Guerrien B., *Dictionnaire d'analyse économique*, La Découverte, 2002.

Montoussé M., *Théories économiques*, Bréal, 1999.

Montoussé M., *Nouvelles théories économiques*, Bréal, 2002.

Coulomb F., Longatte J., Vanhove P., *DCG 5 Économie*, Dunod, 2007.

Bosserelle E., *Économie Générale*, Hachette, 2006.

Combe E., *Précis d'économie*, PUF, 2007.

Chamblay D., Monthoussé M. et Renouard G., *50 fiches pour comprendre les débats économiques actuels*, Bréal, 2007.

Mayeur A., *Les grands économistes contemporains - Problèmes d'actualité et réponses de la recherche moderne*, PUF, 2003.

Clerc D., *Déchiffrer l'économie*, La Découverte, 2007.

Plihon D., *Le nouveau capitalisme*, La Découverte, 2004.

Michaud Y., *Université de tous les savoirs - L'économie, le travail, l'entreprise*, Odile Jacob, 2002.

Michaud Y., *Université de tous les savoirs - Le pouvoir, l'État, la politique*, Odile Jacob, 2002.

Beitone A., Buisson J., Dollo C., Le Masson E., *Économie*, Sirey, 2006.

Philip A., Philip L., *Histoire des faits économiques et sociaux de 1800 à 1945*, Dalloz, 2000.

Beitone A., Gilles P., Parodi M., *Histoire des faits économiques et sociaux de 1945 à nos jours*, Dalloz, 2006.

Legrand E., *Économie générale et d'entreprise au CAPLP et au CAPET*, Corroy, 2006.

Payelle N., Delgay-Troïse D., Fermon B., Gueguen C., Le Floch P., Shi Y., *Économie générale et d'entreprise*, Corroy, 2002.

Périodiques

Le Monde (principalement l'édition du mardi avec son supplément « Économie »).

Alternatives économiques (mensuels et hors-série).

Les Cahiers Français, La Documentation française.

Management

Ouvrages

Charron J-L., Sépari S., *DCG 7 Management*, Dunod, 2007.

Plane J-M., *Management des organisations*, Dunod, 2003.

Plane J-M., *Théories des organisations*, Dunod, 2003.

Hounounou A., *100 fiches pour comprendre l'organisation et la gestion de l'entreprise*, Bréal, 2005.

Le Duff R., *Encyclopédie de la gestion et du management*, Dalloz, 2007.

Detrie J-P., *Strategor*, Dunod, 2005.

Cohen E., *Dictionnaire de gestion*, La Découverte, 2001.

Jarrosson B., *100 ans de management*, Dunod, 2004.

Kennedy C., *Toutes les théories du management*, Maxima, 2003.

Bressy G., Konkuyt C., *Économie d'entreprise*, Éditions Sirey, 2006.

Darbelet M., Izard L., Scaramuzza M., *Notions fondamentales de management*, Foucher, 2006.

Alberto T., Combemale P., *Comprendre l'entreprise*, Armand Colin, 2005.

Leroy F., *Les Stratégies de l'entreprise*, Dunod, 2003.

Parrat F., *Le Gouvernement d'entreprise*, Dunod, 2003.

Lehmann P-J., *Bourse et marchés financiers*, Dunod, 2005.

Hassid O., *La Gestion des risques*, Dunod, 2003.

Martory B., Crozet D., Solnik B., *Gestion des ressources humaines*, Dunod, 2005.

Thévenet M., Neveu J-P., *L'Implication au travail*, Vuibert, 2002.

Ghannad H., *La Stratégie d'entreprise*, De Vecchi, 2004.

Véret C., Mekouar R., *Fonction : risk manager*, Dunod, 2005.

Périodiques

Économie et Management, CNDP.

Les Cahiers Français, La Documentation française.

Le Figaro du lundi (supplément « Entreprises »).

Management.

Capital.

Gestion

Ouvrages

Cohen E., *Dictionnaire de gestion*, La Découverte, 2001.

Le Duff R., *Encyclopédie de la gestion et du management*, Dalloz, 2007.

Delahaye J., Delahaye F., *DCG 6 Finance d'entreprise*, Dunod, 2007.

Disle C., Maéso R., Méau M., *DCG 9 Introduction à la comptabilité*, Dunod, 2007.

Obert R., Mairesse M-P., *DCG 10 Comptabilité approfondie*, Dunod, 2007.

Alazard C., Sépari S., *DCG 11 Contrôle de gestion*, Dunod, 2007.

Maillet-Baudrier C., Le Manh A., *Les Normes comptables internationales IAS/IFRS*, Foucher, 2006.

Babel D., Carrié M., Raobadia S., *Réussir l'épreuve étude de cas de gestion*, Ellipses, 1998.

Corroy C., Haemmerlé D., Lieutier A., *Annales d'études de cas de CAPLP*, Corroy, 2007.

Collet P., *Annales d'études de cas de CAPET*, Corroy, 2007.

Joncour A., Breluzeau M-O., *Annales d'études de cas de CAPLP et CAPET*, Corroy, 2006.

Moysan C., *L'informatique de gestion aux examens*, Corroy, 2002.

Périodiques

Économie et Management, CNDP.

Les Cahiers d'économie et gestion, Revue de l'Association nationale des Professeurs de Communication, d'Économie et Gestion (http://www.apeg.info).

La Revue Française de Gestion.

La Revue Française de Comptabilité.

Droit

Cornu G., *Vocabulaire juridique*, PUF, 2007.

Collectif, *Droit de l'entreprise*, Lamy, 2006.

Ray J-E., *Droit du travail, droit vivant*, Éditions Liaisons, 2007.

Bocquillon J-F., Mariage M., *DCG 1 Introduction au droit*, Dunod, 2007.

Guiramand F., Héraud A., *DCG 2 Droit des sociétés*, Dunod, 2007.

Bauvert P., Siret N., *DCG 3 Droit social*, Dunod, 2007.

Disle E., Saraf J., *DCG 4 Droit fiscal*, Dunod, 2007.

Aubert J-L., *Introduction au droit*, Sirey, 2006.

TEJS

En plus des ouvrages économiques et juridiques cités précédemment, je vous recommande les livres suivants :

Ouvrages

Rey A., *Dictionnaire historique de la langue française*, Le Robert, 2006.

Dollo C., Alpe Y., Beitone A., Lambert J-R., Parayre S., *Lexique de sociologie*, Dalloz, 2005.

Tourelle-Randon C., Sauviat C., *TEJS*, Corroy, 2007.

Pérès R., *Thèmes d'actualité économiques, politiques et sociaux*, Vuibert, 2007.

Pérès R., *Thèmes d'actualité sanitaires et sociaux*, Vuibert, 2007.

Périodiques

Les Cahiers Français, La Documentation française.

Webographie indicative

En complément des trois sites que nous venons de présenter, de très nombreuses ressources existent en ligne (sites institutionnels, de professeurs, etc.). Vous trouverez ci-dessous les principaux liens qui vous mèneront vers des connaissances intéressantes. De plus, la plupart de ces sites comportent également une rubrique « liens » qui vous transmettra d'autres adresses Internet.

> **MON CONSEIL**
>
> N'oubliez pas que trop d'information peut « tuer » l'information et vérifiez toujours la fiabilité de votre source d'information.

En économie

- Site Économie2000
  Présentation des théories économiques ; site payant
  http://www.economie2000.com
- Site de l'émission *L'Économie en question*
  Version audio ou en direct le lundi de 19h30 à 20h30 sur France Culture
  http://www.radiofrance.fr/chaines/france-culture2/emissions/economie
- Site du magazine *Alternatives Économiques*
  http://www.alternatives-economiques.fr
- Site du Conseil d'analyse économique
  http://www.cae.gouv.fr
- Site de l'Université de Tous Les Savoirs
  http://www.canal-u.education.fr/canalu/chainev2/utls
- Site de l'Insee
  http://www.insee.fr

- Site de la Documentation française
  http://www.ladocumentationfrancaise.fr/
- Site de la rubrique économie et gestion de la Documentation française
  http://www.ladocumentationfrancaise.fr/concours/agregation-economie-gestion/
- Site de l'OCDE (Organisation de coopération et de développement économique)
  http://www.oecd.org
- Site du CNAM
  Fiches de lecture en économie mais aussi en management, sociologie, etc.
  http://www.cnam.fr/lipsor/dso/articles/fiches.php
- Site du journal *Le Monde*
  http://www.lemonde.fr
- Site académique présentant certains auteurs et prix Nobel
  http://www.aix-mrs.iufm.fr/formations/filieres/ses/ressourcesdocu
- Site de l'ENS Lettres et Sciences Humaines de Lyon
  Ressources en sciences économiques et sociales
  http://ses.ens-lsh.fr
- Site du ministère de l'Économie, des finances et de l'industrie
  http://www.minefi.gouv.fr

En management

- Site du Centre de Ressources Communication Organisation Management
  http://www.crcom.ac-versailles.fr
- Site du *Journal du Net*
  http://www.journaldunet.com
- Site de Philippe Zarifian
  http://perso.orange.fr/philippe.zarifian
- Site du journal *Les Échos*
  Ressources en management
  http://www.lesechos.fr/formations
- Site d'HEC Paris
  Extraits de conférences
  http://www.hec.fr/hec/fr/groupe/videos

- Site présentant l'ouvrage *Strategor*
  Synthèses et illustrations en management stratégique
  http://campus.hec.fr/strategor
- Site de Christophe Benavent, Professeur des Universités
  Mercatique et stratégie
  http://christophe.benavent.free.fr
- Site traitant le management par projet
  http://perso.orange.fr/m.emery.management
- Site de Nicolas Berland, Professeur des Universités
  Contrôle de gestion, stratégie, finance-comptabilité
  http://www.management.free.fr
- Site de Christian Hohmann
  Conseil international
  http://chohmann.free.fr

En gestion

- Site du Centre de Ressources Comptabilité et Finances
  http://crcf.ac-grenoble.fr

> **MON CONSEIL**
> À consulter impérativement pour les options B !

- Site du Conseil supérieur de l'Ordre des Experts-Comptables.
  http://www.experts-comptables.com
- Site de Christian Zambotto, Professeur agrégé d'économie et gestion
  Finance (niveau DECF/DCG et plus)
  http://c.zambotto.free.fr
- Site de la Banque de France
  http://www.banque-france.fr
- Site de l'Autorité des marchés financiers (AMF)
  http://www.amf-france.org
- Site du Centre de Recherche Européen en FInance et GEstion (CREFIGE)
  http://www.crefige.dauphine.fr

En droit

- Site du service public de la diffusion du droit
  http://www.legifrance.gouv.fr
- Site proposé par la Documentation française
  http://www.vie-publique.fr
- Site du droit français
  http://www.droit.org
- Site de l'Union européenne
  http://europa.eu.int/index_fr.htm

Remerciements

Je tiens tout particulièrement à remercier :

- Paul-André Bucher, Président de l'Association nationale des Professeurs de Communication, Économie et Gestion (APCEG), Professeur agrégé hors-classe d'économie et gestion en classe préparatoire au DCG au lycée Camille Sée de Colmar, pour ses nombreux conseils et la réalisation de la préface de cet ouvrage ;
- Jérôme Moralès, Professeur agrégé d'économie et gestion au lycée Albert Schweitzer de Mulhouse, pour son grand soutien et sa disponibilité au cours de l'élaboration de cet ouvrage ;
- Patricia Gouttefarde, Professeur agrégé d'économie et gestion en classe préparatoire au DCG au lycée Camille Sée de Colmar et ancien membre des différents jurys de concours de recrutement d'enseignants, pour son importante collaboration ;
- Christian Schmitt, Professeur agrégé d'économie et gestion en classe préparatoire au DCG au lycée Camille Sée de Colmar, pour ses pertinentes remarques ;
- Jean-François Bocquillon, Professeur agrégé d'économie et gestion en classe préparatoire au DCG au lycée Édouard Gand d'Amiens, pour m'avoir donné l'envie de développer mes compétences ;
- Les collègues et amis qui m'ont soutenu tout au long de l'élaboration de cet ouvrage.

www.ingramcontent.com/pod-product-compliance
Lightning Source LLC
Chambersburg PA
CBHW082315230426
43667CB00034B/2725